Uruguay

Reiseführer mit Landeskunde
von Günther Wessel

mit 156 Fotos und Textillustrationen
sowie 14 Karten und Plänen
und einem Reiseatlas

MAI VERLAG

Konzeption, Gliederung und Layout wurden individuell für die Reihe »Mai's Weltführer« entwickelt. Sie sind urheberrechtlich geschützt.

Die Deutsche Bibliothek – CIP-Einheitsaufnahme

Wessel, Günther:
Uruguay : Reiseführer mit Landeskunde / von Günther Wessel.
– 1. Aufl. – Dreieich : Mai, 1996
(Mai's Weltführer ; Nr. 5)
ISBN 3-87936-229-7
NE: GT

1. Auflage 1996

Anschrift: Mai Verlag,
Quellenweg 10, D-63303 Dreieich
Tel. 06103/62933, Fax 64885
Umschlaggestaltung, Typographie
und Layout: Gunter Czerny
Satz und Lithografie: PME, Gesellschaft
für Print- und Medienentwicklung mbH,
Kist bei Würzburg
Karten und Pläne: © Verlag Haupka & Co.,
Bad Soden
Druck und Verarbeitung: Verlag Haupka & Co.,
Bad Soden
Lektorat: Christiana Schneider, Dreieich
Printed in Germany

ISBN 3-87936-229-7

Das Farbleitsystem

Inhaltsverzeichnis, Einleitung

Landesnatur und Bevölkerung

Geschichte

Staat und Verwaltung

Wirtschaft

Kulturelle Grundlagen

Gesellschaft und soziales Leben

Uruguays Beziehungen zu den deutschsprachigen Ländern

Anreise und Verkehr

Die Hauptstadt Montevideo

Drei Routen von Montevideo durch Uruguay

Ferien auf einer Estanzia

Informationsteil: Uruguay von A bis Z – Wichtige Anschriften für deutschsprachige Besucher – Kleine Sprachkunde – Bibliographie – Fotonachweis – Register

Reiseatlas: Übersichtskarte mit Blattschnitt – Reiseatlas – Ortsregister

Teil 1: Landeskunde

Einleitung

Landesnatur und Bevölkerung

14 Lage und Größe
14 Landschaft
14 *Oberfläche*
16 *Gewässer*
18 Klima
18 Flora
20 Fauna
21 Naturschutz
22 Bevölkerung

Geschichte

26 Vor der Ankunft der Spanier
27 Die ersten Europäer
27 Umkämpft zwischen Spanien und Portugal
28 Auf dem Weg zur Unabhängigkeit
29 *José Gervasio Artigas – Volksheld im Kampf um die Unabhängigkeit*
30 Die Bürgerkriege
32 Batllismo – Modernisierung und Demokratie
33 Wirtschaftsprobleme
34 *Die Tupamaros heute – Von der Stadtguerilla zur Partei*
35 Die Militärdiktatur
36 Uruguay heute
37 Zeittafel zur Geschichte

Staat und Verwaltung

40 Verfassung und Regierungsform
41 Politische Parteien
43 Gewerkschaften
43 Rechtsordnung
44 Streitkräfte
44 Gesundheitswesen
44 Flagge und Wappen
45 Verwaltung

Wirtschaft

46 Allgemeines
48 Landwirtschaft
48 *Ackerbau*
50 *Viehzucht*
57 Forstwirtschaft
58 Fischerei
58 Bodenschätze
58 Wasser- und Energiewirtschaft
59 Industrie
60 Außenhandel
60 Bankwesen
61 Verkehrs- und Transportwesen
63 Tourismus
63 Der informelle Sektor
64 *Nicolas, ein fliegender Händler in Montevideo*

Kulturelle Grundlagen

66 Sprache
66 Religion
68 *Festtag für Iemanya*
69 Bildung
69 Medien
71 Literatur
73 *Juan Carlos Onetti*
74 *Mario Benedetti*
76 *Eduardo Galeano*

76 Theater und Kino
77 Musik
81 Bildende Kunst und Architektur
84 Sport

Gesellschaft und soziales Leben
86 Sozialstruktur und Identität
88 Familienstruktur und Stellung der Frau
89 Umgangsformen
89 Feste und Bräuche

Uruguays Beziehungen zu den deutschsprachigen Ländern
92 Historischer Abriß
93 Die Deutschsprachigen in Uruguay heute
94 Politische und wirtschaftliche Beziehungen
96 Entwicklungszusammenarbeit

Teil 2: Praktischer Reiseführer

Anreise und Verkehr
98 Reisen nach Uruguay
98 *Flugverbindungen*
99 *Schiffsverkehr*
100 *Straßen- und Busverbindungen*
100 Reisen in Uruguay
100 *Flugverbindungen*
100 *Busverbindungen*
101 *Eisenbahn*
101 *Straßenverhältnisse*

Die Hauptstadt Montevideo
104 Lage und Geschichte
106 *Montevideo – ein sprechender Name*
107 Stadtbild und Orientierung
108 Vier Stadtrundgänge und -fahrten
109 *1. Altstadt*
119 *2. Die neuere Stadt – entlang der 18 de Julio*
126 *Der Gaucho – Symbol für Freiheit und Unabhängigkeit*
128 *Markt auf der Dr. Tristan Navarra*
129 *3. Die Strände – entlang der Rambla*
132 *4. Vom Hauptbahnhof zum Cerro*
135 *Reisen mit der Diligencia*
138 Montevideo von A bis Z
144 Ausflüge in die Umgebung von Montevideo
144 *Minas und seine Umgebung*
144 *Estanzias als Ausflugsziele*

Drei Routen von Montevideo durch Uruguay

148 **Route 1: Von Montevideo bis Punta del Este**
149 Atlántida
152 Atlántida von A bis Z
152 Piriápolis

159 Maldonado
162 Punta del Este
166 Punta del Este von A bis Z

170 **Route 2: Durch den Westen Uruguays**
173 Colonia del Sacramento
182 Mercedes
183 Fray Bentos
187 Paysandú
190 Salto
199 Rivera
202 *Abstecher zum Valle del Eden*
204 Durazno
205 *Abstecher nach Trinidad und zum Lago artificial de Paso del Palmar*
206 Florida
208 Canelones

212 **Route 3: Durch den Osten Uruguays**
216 Zu den Lagunen
217 Rocha
219 *Abstecher zum Cerro Catedral*
219 La Paloma
221 Cabo Polonio
225 Aguas Dulces
228 *Abstecher zur Fortalezza y Parque Nacional de Santa Teresa und nach Punta del Diablo*
235 Treinta y Tres
238 Melo
239 *Abstecher zur Antigua Postal del Chuy und nach Lago Merín*

Ferien auf einer Estanzia
241 Allgemeines
242 *Urlaub als Gaucho*

Informationsteil

Uruguay von A bis Z
250 Adressen
250 Aktiv-Urlaub
250 Arbeitsaufnahme
250 Auswanderung
250 Auto
252 Baden
252 Banken
252 Camping/Caravaning
252 Devisen
252 Einreise- und Aufenthaltsbestimmungen
253 Estanzias
253 Feier- und Festtage
254 Fotografieren
254 Geschäftszeiten
254 Gesundheitliche Vorsorge
255 Hotels
255 Impfungen
255 Information
255 Jugendherbergen
255 Karten
255 Kleidung
255 Maße und Gewichte
256 Post
256 Reisezeit/Wetter

257 Reiten
257 Remates
257 Rundfunk und Fernsehen
258 Souvenirs
258 Speisen und Getränke
259 Sprache
259 Staatsangehörigkeit
259 Stromspannung
259 Taxis
260 Telefon
260 Trinkgelder
260 Trinkwasser
260 Unterkünfte
261 Vogelbeobachtung
261 Währung und Zahlungsmittel
261 Zeitdifferenz
261 Zeitungen und Zeitschriften
261 Zollbestimmungen

Wichtige Anschriften für deutschsprachige Besucher
262 Diplomatische und konsularische Vertretungen
263 Informationsstellen
263 Vereine
263 Schulen
263 Kirchengemeinden
263 Ärzte

264 **Kleine Sprachkunde**

270 **Bibliographie**

273 **Fotonachweis**

274 **Register**

Reiseatlas
278 Übersichtskarte mit Blattschnitt und Zeichenerklärung
279 Reiseatlas 1:950 000
291 Ortsregister

Karten und Pläne

10 Übersichtskarte Uruguay
23 Provinzen und Bevölkerungsverteilung
47 Wirtschaftsstruktur
54 Plan einer Estanzia
110 Stadtzentrum Montevideo
132 Montevideo und Umgebung

Route 1:
148 Übersichtskarte
148 Routenkarte: Montevideo – Punta del Este
165 Stadtplan Punta del Este

Route 2:
170 Übersichtskarte
171 Routenkarte: Durch den Westen Uruguays
175 Stadtplan Colonia del Sacramento

Route 3:
212 Übersichtskarte
212 Routenkarte: Durch den Osten Uruguays

ARGENTINA
URUGUAY
ARTIGAS
SALTO
PAYSANDÚ
RÍO NEGRO
SORIANO
COLONIA
FLORES
SAN JOSÉ
FLORIDA
DURAZNO
TACUAREMBÓ
RIVERA
CANELONES
LAVALLEJA
MONTEVIDEO
BUENOS AIRES
Río de la Plata
Río Uruguay
Río Negro
Río Paraná
Delta del Paraná
Embalse de Salto Grande
Lago Artificial de Baygorria
L. Artifical de Rincón del Bonete
Cuchilla de Belén
Cuchilla de Haedo
Coxilha de Santana
Serra do Cavera
strittiges Gebiet (v. Bras. beanspr.)
Colonia Libertad
Monte Caseros
Barra do Quaraí
Bella Unión
Tomás Gomensoro
Baltasar Brum
Artigas
Quaraí
Javier de Viana
Passo da Guarda
Pedregal
Pampeiro
Raul Pilalo
Santana do Livramento
Rivera
Tranqueras
Harmonia
João Fagundes
San Jaime
San José de Feliciano
Chajarí
Belén
Termas del Arapey
Campamento
Ferreira
Federal
Miñoes
Constitución
Itapebí
Valentín
Concordia
Salto
Chapicuy
San Salvador
Ubajay
Quebracho
El Eucaliptus
Lorenzo Geyres
Constancia
Colón
Paysandú
Guichón
Piñera
Morató
Orgoroso
Casa Blanca
Algorta
Basavilbaso
Concepción del Uruguay
Urdinarrain
San Javier
Sarandí de Navarro
Chamberlain
Young
Tres Bocas
Arroyo Grande
Baygorria
Paso de los Toros
Nuevo Berlín
Gualeguaychú
Fray Bentos
Mercedes
Andresito
Santa Bernardina
Durazno
Carmen
Sarandí del Yí
José Batlle y Ordoñez
Rincón de Palacio
Trinidad
Soriano
Palmitas
Dolores
José Enrique Rodo
Cardona
Ismael Cortinas
Manantiales
Goñi
Sarandí Grande
Ceibas
Agraciada
Nueva Palmira
Ombues de Lavalle
Florencio Sánchez
Carmelo
Tarariras
Rosario
Nueva Helvecia
Colonia Valdense
Colonia del Sacramento
Ecilda Paullier
San José de Mayo
Mal Abrigo
Rodríguez
Florida
25 de Mayo
Sta. Lucía
Canelones
Las Piedras
Delta del Tigre
Sauce
Pando
San Ramón
San Bautista
Migues
San Jacinto
Montes
Fray Marcos
Reboledo
Atlántida
Solymar
Piriápolis
Pan de Azúcar
Solís de Mataojo
Minas
Maldonado
Punta del Este
Zárate
Tigre
Pilar
S. Miguel
San Isidro
Avellaneda
Quilmes
Moreno
Morón
Lomas de Zamora
Berisso
La Plata
Marcos Paz
Cañuelas
Lobos
Brandsen
Gen. Mansilla
Magdalena
Manuel Díaz
Minas de Corrales
Los Rosanos
Tacuarembó
Tambores
Ansina
Piedra Sola
Curtina
Achar
San Gregorio de Polanco
Paso Pereira
La Paloma
Blanquillo
Tupambaé
San Jorge
Carlos Reyles
Cerro Chato
Valentines
Illescas
Capilla del Sauce
Alejandro Gallinal
Pirarajá
Polanco
Mariscala
Cerro Pelado al Este

Übersichtskarte Uruguay

Einleitung

Uruguay: Daß das Land im Süden Lateinamerikas liegt, eingezwängt zwischen Brasilien und Argentinien, weiß man noch aus Schultagen. Auch Montevideo, der Name der Hauptstadt, klingt vertraut. Und nicht nur Karl-May-Lesern ist der Río de la Plata, an dessen Küste sich das Land erstreckt, ein Begriff. Fußballfans sind vielleicht die Namen der beiden Clubs Peñarol und Nacional geläufig, und wer sich für Literatur interessiert, kann in einschlägigen Lexika nachlesen, daß Juan Carlos Onetti, Mario Benedetti und Eduardo Galeano aus Uruguay stammen.

Wer jedoch Genaueres über Land und Leute wissen will, stößt rasch an Grenzen. Es gibt nicht viel Literatur über Uruguay; oftmals wird das Land nur als Anhängsel von Argentinien behandelt.

Uruguay ist seltsam unspektakulär. Ein nationaler Tourismuskongreß im Juni 1994 in Montevideo stand so auch unter dem Motto »Die Fähigkeit, sich über das Unscheinbare zu wundern«. Doch unscheinbar ist Uruguay nicht, man braucht nur Zeit und Ruhe, um das Land zu entdecken. Die Tourismuswerbung schreibt zu Recht vom »pequeño gran pais«, vom kleinen großen Land, denn es gibt genug zu sehen:

Uruguay hat die schönsten Strände im südlichen Lateinamerika, in Rocha wachsen die südlichsten Palmenwälder der Welt, die Hauptstadt Montevideo lockt mit vielen städtebaulichen Kostbarkeiten, auch die Estanzias im

Landesinnern mit ihren riesigen Weiden und Rinderherden sind einen Besuch wert.

Weil es so wenig Informationen über Uruguay gibt, blühen Vorurteile und Klischees; das Schlagwort der »Schweiz Lateinamerikas« macht noch immer die Runde, obwohl heute weder die Sozialgesetzgebung noch die Wirtschaftskraft oder die Sicherheit der politischen Verhältnisse diese Kurzcharakteristik legitimieren. Oft wird von Montevideo das Bild einer Caféhausgesellschaft gezeichnet, gefangen zwischen Lethargie, Phlegma und Tatenlosigkeit, der Realität wird diese versuchte Beschreibung der Mentalität der Uruguayer jedoch nicht gerecht.

In allen Klischees steckt zwar ein Stückchen Wahrheit, die Wirklichkeit ist jedoch wesentlich komplexer. Immerhin ist Uruguay das Land mit den geringsten Unterschieden zwischen arm und reich in Lateinamerika. Das Bildungsniveau ist eines der höchsten des Kontinents – von nur 4 Prozent Analphabeten sprechen die offiziellen Statistiken – und die Lebenserwartung liegt mit 71 Jahren nur ein Jahr unter der in Deutschland. Montevideo gilt

Zusammengetriebene Rinder bei einer Auktion im Landesinnern

als der wichtigste Bankenplatz im südlichen Lateinamerika, Punta del Este als bedeutender Bade- und Konferenzort, und Uruguay hofft, das Verwaltungszentrum des Mercosur, des wirtschaftlichen Zusammenschlusses von Argentinien, Brasilien, Paraguay und Uruguay, zu werden. Schlagworte und schnelle pauschale Urteile helfen beim Verständnis des Landes also nicht weiter. So versucht dieser Reiseführer mit Landeskunde zweierlei: zum einen umfassend über ein unbekanntes Land zu informieren, zum anderen Anregungen für Entdeckungsreisen in das »kleine große Land« zu geben.

Palmenhain im Departemento Rocha

Landesnatur und Bevölkerung

Lage und Größe

Uruguay ist nach Surinam das zweitkleinste Land Südamerikas. Das Land am Río de la Plata und der Atlantikküste Südamerikas umfaßt 176 215 km² und ist damit etwa halb so groß wie Deutschland. Geographisch exakt liegt Uruguay zwischen 30 und 35 Grad südlicher Breite und 53 und 58 Grad westlicher Länge. Der offizielle Staatsname »República Oriental del Uruguay« ist gleichzeitig eine geographische Beschreibung: Republik östlich des Río Uruguay.

Im Westen bildet der Río Uruguay eine natürliche Grenze zu Argentinien, im Norden und Nordosten folgt die Grenze zu Brasilien dagegen nicht natürlichen Vorgaben: Sie verläuft quer durch die weite Ebene und teilt kurz vor der Atlantikküste die Laguna Merín. Im Südosten und Süden erstrecken sich die Wassermassen von Atlantik und Río de la Plata.

Landschaft

Oberfläche

Uruguay ist eine Landschaft mit Übergangscharakter: Im Süden erscheint

das Land wie eine bloße Fortsetzung der argentinischen Pampalandschaft, im Norden reichen die Ausläufer des brasilianischen Berglandes bis weit nach Uruguay hinein.

Anders als in Argentinien ist die uruguayische Pampa keine Aufschüttungsebene, sondern ein durch Abtragungsvorgänge gestaltetes Hügel- und Stufenland. Es ist damit geologisch und morphologisch enger mit Brasilien verwandt. Nur entlang des Unterlaufs des Río Uruguay (etwa ab Paysandú) und entlang des Río de la Plata findet sich ein bis zu 120 km breiter echter Pampastreifen mit dem für die Pampa typischen steinfreien Lößboden. Diese dünne Lößbodenschicht wird an einigen Stellen von kristallinem Untergrund durchbrochen, so beispielsweise durch den 142 m hohen Cerro de Montevideo.

Dieser kristalline Untergrund reicht vom Río de la Plata im Süden bis zur Linie Melo – Durazno – Nueva Palmira im Norden – umfaßt also etwa das südliche Drittel des Landes – und ist meist nur von einer dünnen Humusschicht bedeckt. Häufig tritt der nackte Fels zutage, meist direkt in der Weidelandschaft, aber auch spektakulärer beim höchsten Berg Uruguays, dem Cerro Catedral (513 m) oder beim Pan de Azúcar (Zuckerhut, 389 m) in der Nähe von Piriápolis.

Nördlich der Linie Melo – Durazno – Nueva Palmira ist das kristalline Grundgebirge von über 500 m dicken vulkanischen Trappdecken (Basalt) und noch massiveren Schichten von Sedimentgestein überlagert. So bilden sich teilweise eindrucksvolle Landschaften mit steil abfallenden Hängen und flachen Tafelbergen *(mesas)*.

Von Norden nach Süden ziehen sich quer durch die kristalline Schicht des Landes verschiedene Höhenrücken *(cuchillas)*. Der größte ist die Cuchilla Grande, die gleichzeitig die Hauptwasserscheide des Landes ist. Sie verläuft in einer geschwungenen Linie etwa

Pampalandschaft mit künstlich angepflanzter Bauminsel

Mehrere Höhenrücken durchziehen Uruguay

Sonnenuntergang am Río de la Plata

Wie ein See breitet sich der Río Uruguay bei Fray Bentos aus

von Melo im Nordosten des Landes bis Montevideo.

Der Landstreifen östlich von Maldonado und Punta del Este am Atlantik wird von Schwemmland mit Lagunen und Landzungen gebildet.

Gewässer

Anders als die typische Pampa Argentiniens ist die Hügellandschaft Uruguays von vielen Wasserläufen durchzogen. Die meisten Flüsse haben nur geringes Gefälle. Die Cuchilla Grande ist die Hauptwasserscheide des Landes. Westlich von ihr fließt das Wasser in den Río Uruguay, östlich in den Río de la Plata und in die Laguna Merín ab.

Der Río Negro ist der größte Fluß im Landesinnern, er entwässert mit zahlreichen Neben- und Parallelflüssen etwa zwei Drittel Uruguays in den Río Uruguay.

Der Río Uruguay, der Grenzfluß zwischen Argentinien und Uruguay, ist etwa 1600 km lang. Er entspringt in Brasilien, durchfließt dort das Bergland und bildet dann gemeinsam mit dem Paraná das Paraná-Uruguay-Tiefland. Sein größter Nebenfluß ist der Río Grande, der in ost-westlicher Richtung fast das ganze Staatsgebiet von Uruguay durchfließt. Am Unterlauf wirkt der Río Uruguay nicht wie ein Fluß, eher wie ein See. Er fließt träge dahin und besitzt dort eine Breite von bis zu 10 km. Schiffbar ist er lediglich bis Salto. Dort befinden sich Stromschnellen, die vom Schiffsverkehr nicht überwunden werden können. Oberhalb von Salto wird der Fluß al-

lerdings wieder als Verkehrsweg genutzt.

Nördlich der Stadt Colonia mündet der Río Uruguay in den Río de la Plata, den gemeinsamen Mündungstrichter von Rió Paraná und Río Uruguay. Der Río de la Plata ist ein Zwischending zwischen einer Meeresbucht und einer Flußmündung. Er ist an der schmalsten Stelle – der Mündung von Paraná und Uruguay – etwa 50 km breit, an seiner breitesten – beim Übergang in den Atlantik bei Punta del Este – etwa 200 km. Insgesamt hat er eine Oberfläche von ungefähr 36 000 km^2. »Unvergleichbar den schläfrigen Mündungen des Rheins, des Po, des Ebro, des Tajo, wo man immerhin zur Rechten und zur Linken noch deutlich die Ufer wahrnehmen kann, dehnt sich hier endlos die Weite der Wasser«, so beschrieb Stefan Zweig in seiner Magellan-Biographie den Eindruck, den die ersten europäischen Seefahrer von diesem riesigen Gewässer haben mußten. Der Río de la Plata ist allerdings flach, seine größte Tiefe beträgt 25 m (vor der Mündung des Río Uruguay), meist sogar nur 3–4 m. Da der Río Paraná und der Río Uruguay große Schlammengen mit sich führen, wirkt das Wasser des Río de la Plata schmutzig-gelblich-trüb, und die wichtigsten Schiffahrtswege müssen immer freigebaggert werden. Sein Wasser ist bis etwa 30 km westlich von Montevideo süß, ab dort wird es salzig. Weder die Hochwasser des Río Uruguay und des Río Paraná noch der Gezeitenhub des Meeres wirken sich wesentlich auf den Río de la Plata aus. Auf der uruguayischen Seite ist das Ufer weitgehend eine Steilküste. Westlich von Montevideo werden sogar Höhen von 45 m erreicht.

Klima

Uruguay hat ein subtropisch-vollhumides Klima mit Niederschlägen in allen Jahreszeiten. Die Winter sind mild und die Sommer warm. Im kältesten Monat (Juli) beträgt die mittlere Minimaltemperatur in Montevideo immer noch knapp 7 °C, die mittlere Maximaltemperatur im heißesten Monat (Januar) liegt dort bei 28 °C. Im Landesinnern und vor allem weiter nördlich sind die Temperaturen etwas extremer, dort werden in den heißen Sommermonaten auch schon bis über 40 °C gemessen. In der Grenzregion zu Brasilien kann es im Sommer auch zu langanhaltenden Hitzeperioden mit großer Trockenheit kommen. Schnee ist in Uruguay unbekannt, Frost ist selten. Auffällig sind die häufigen starken Temperaturschwankungen: Bläst der *pampero,* ein kalter stürmischer Wind aus dem Süden, fällt das Thermometer innerhalb von wenigen Stunden um bis zu 20 °C. Begleitet wird der vorwiegend im Frühjahr wehende *pampero* häufig von wolkenbruchartigen Regengüssen. Ansonsten sind die Niederschläge recht gleichmäßig über das Jahr und Land verteilt, sie betragen (in Montevideo) ungefähr 1000 mm jährlich, die feuchtesten Monate sind März und April (etwa 100 mm), der trockenste ist der Juli (knapp 70 mm).

Flora

Das uruguayische Hügel- und Stufenland war ursprünglich eine lichte Waldsteppe. Hartgräser, dazu Büschel von bis zu 2 m hohem Pampagras sowie niedrigere Bäume prägten das Landschaftsbild. Nicht erst die Kolonialzeit, aber diese besonders, hat aus dieser Natur- eine Kulturlandschaft gemacht. Die Feuer der Indigenas, die Beweidung und die Grasbrände der Viehzüchter und der Holzbedarf der Stadt- und Landbewohner hat die Hartgräser, Sträucher und Bäume vernichtet. Statt eines Waldlandes ist Uruguay heute ein weitgehend hügeliges Grasland mit einzelnen Bauminseln. Natürliche Wälder *(montes)* kommen in Uruguay meist nur noch entlang der Flußläufe vor.

Eine Besonderheit Uruguays sind die Palmenwälder *(palmares)* im Departemento Rocha: Große Flächen sind mit Butia-Palmen bewachsen, die hier ganze Palmenhaine bilden. Nach alten Überlieferungen sollen diese Palmenhaine einstmals so dicht gewesen sein, daß sich in ihnen die indianische Urbevölkerung problemlos vor den spanischen Eroberern verstecken konnte.

Ort	Höhe über dem Meeresspiegel	Temperaturen (in °C) Januar Höchst	Januar Tiefst	Juli Höchst	Juli Tiefst	jährliche Niederschläge in mm
Artigas	121 m	32,7	18,6	18,7	7,7	1354
Montevideo	22 m	28,1	17,3	15,2	6,9	1032

Die kürzeren Butia-Palmen werden oft nur 10 m hoch

Ein Baum wie aus dem Märchenbuch: der Ombú

Auch heute stehen die Palmen an einzelnen Stellen noch dicht. Sie sind aber wegen der Viehzucht vom Aussterben bedroht, da die Rinder und Schafe die jungen Palmensprößlinge zerstören. Die Früchte dieser Palmen sind schmackhaft, sie werden, mit Alkohol aufgesetzt, zu einem wohlschmeckenden Schnaps verarbeitet, der an den Straßen verkauft wird.

Ein typischer Kulturbaum Uruguays ist der ursprünglich aus Australien stammende, schnellwachsende Eukalyptus, dessen Nutzholz besonders geschätzt wird. Große Eukalyptusplantagen sind jedoch schädlich: Der Baum laugt durch sein schnelles Wachstum den Boden stark aus. Nach zwei oder drei Generationen von Eukalyptusbäumen ist der Boden erschöpft und für andere Landwirtschaft kaum noch zu gebrauchen.

Leider seltener geworden ist einer der typischen Bäume Uruguays: der Ombú. Kleine Wälder gibt es im Osten des Landes, normalerweise steht der Ombú-Baum jedoch einzeln. Der Ombú besitzt eine ausladende Krone und ist somit ideal als Schattenspender; sein Holz jedoch ist unbrauchbar, es besteht lediglich aus einer Ansammlung von verhärteten Rindeschichten.

Der Seibo-Baum *(bukare, arbol del ceibo)* besitzt eine rote Blüte, sie ist die »Nationalblume« Uruguays. In den Sumpfgebieten *(bañados)* im Osten des Landes wachsen verschiedene Arten von Röhricht und Sträuchern, in den trockenen und steinigen Gebieten Kakteen. Die Sumpfgebiete, ihre Vegetation und Tierwelt sind aber durch den vermehrten Reisanbau bedroht.

Fauna

Auf den weiten Wiesenflächen im Inland leben kleinere Raubtiere wie Marder und Fuchs sowie verschiedene Arten von Gürtel- und Stinktieren. In den Sümpfen von Rocha finden sich Fischotter, Biber und Carpinchos. Carpinchos sind die größten Nagetiere der Welt, sie können mehr als kniehoch werden und sehen dann wie etwas zu groß geratene Meerschweinchen aus.

In der Steppe kann man mit Glück Venados treffen, rehartige Weidetiere, oder seltener noch, den in sumpfigen Niederungen weidenden Ciervo, den Pampahirsch. Vor der Küste sind unterschiedliche Robbenarten zu finden, im Atlantik und im Río de la Plata eine Vielzahl verschiedener Fische.

Etwa 60 cm hoch wird der Carpincho, das größte Nagetier der Welt

Der Ñandu, der Vogel Strauß Lateinamerikas

Besonders artenreich ist die Vogelwelt: Auf den Lagunen leben Flamingos, Störche und zahlreiche Arten von Enten, Reihern, Schwänen und Gänsen, im Land Uhus, Wachteln und kleine grüne Papageien. Auffällig sind die Raben, Geier und Falken, sie begleiten häufig die Rinderherden. Kolibris sind leider nur selten zu sehen.

Vor allem in Norden und Nordosten gibt es zahlreiche Ñandus. Diese südamerikanische Variante des Vogel Strauß lebt gemeinsam mit den Rindern und Schafen auf den riesigen Weiden; sie sind, da ihr Fleisch nicht schmackhaft ist, wenig vom Menschen bedroht. Überall in der Pampa finden sich die schwarz-weißen Bienteveo, deren Namen von ihrem Ruf »bien te veo« (ich sehe dich gut) abgeleitet wird.

Naturschutz

Uruguay ist ein Land mit geringen Umweltproblemen, verglichen mit Industrieländern. Im nur dünn besiedelten Landesinnern ist im Laufe der letzten hundert Jahre eine Kulturlandschaft entstanden, die durch die exten-

In den Sumpfgebieten im Osten des Landes leben zahlreiche Entenarten

sive Rinderzucht gekennzeichnet ist. Durch diese nur extensive Nutzung des Landes entwickeln sich manche Umweltprobleme nur geringfügig, z. B. existiert kaum ein Problem der Überdüngung der Böden sowohl mit natürlichen als auch mit künstlichen Nährstoffen.

Schlimmer sieht es hingegen in den Regionen im Osten des Landes aus, die zum großflächigen Reisanbau genutzt werden. Hier wird das Wasser dräniert, wodurch die vorhandenen Sumpfgebiete austrocknen. Wertvollen Tier- und Pflanzenarten wird so der Lebensraum entzogen. Zwar sind große Gebiete dieser Region zum Naturschutzgebiet erklärt worden, aber bisher ist – aus den unterschiedlichsten Gründen – außer der Erklärung dort kaum etwas geschehen.

Die größten Probleme ergeben sich aber in und um Montevideo. Lärm und Luftverschmutzung sind gravierend, auch die Wasserverschmutzung bereitet Probleme. Große Mengen der Abwässer Montevideos fließen ungeklärt in den Río de la Plata. Die Stadtverwaltung von Montevideo veröffentlicht jedes Jahr Messungen der Wasserqualität, bestimmte Strände bleiben jedes Jahr für Badende geschlossen. Punta del Este besitzt ebenfalls keine Kläranlage, die Abwässer von jährlich mehreren hunderttausend Besuchern fließen ungefiltert in den Atlantik.

Bevölkerung

Uruguay hat 3,12 Millionen Einwohner. Das entspricht einer durchschnittlichen Bevölkerungsdichte von 17,7 Menschen je km^2. Damit ist Uruguay eines der am dichtesten besiedelten Länder Südamerikas. Diese Zahl ist allerdings relativ zu sehen, denn die Bevölkerungsverteilung im Land ist sehr unterschiedlich. So lebt etwa die Hälfte der Bevölkerung in bzw. in der Umgebung der Hauptstadt Montevideo. Dicht besiedelt sind auch die Regionen im Süden entlang des Río de la Plata

Provinzen und Bevölkerungsverteilung

Einwohner je km²

- 5 bis unter 6
- 6 bis unter 10
- 18
- 19
- 79
- 2470 (Montevideo)

- Staatsgrenze
- Provinzgrenze
- Hauptstadt
- Verwaltungssitz der Provinz

0 50 100 150 km

und entlang des Río Uruguay. Insgesamt leben knapp 90% der Uruguayer in den Städten. Die Landflucht wird aufgrund der besseren Arbeits- und Verdienstmöglichkeiten in den nächsten Jahren weiter zunehmen.

Uruguay wurde recht sprunghaft besiedelt. Lebten 1796 erst 30000 Menschen in dem Land, so waren es 1852 schon 135000 und 1905 bereits eine Million. 1937 war die Zwei-Millionen-Grenze überschritten. Hauptgrund für dieses rasche Bevölkerungswachstum war die Einwanderung. So kamen zwischen 1836 und 1926 über 650000 Menschen nach Uruguay, schon 1852 waren von den 34000 Einwohnern Montevideos 15000 Ausländer.

Die meisten Einwanderer zogen in die Küstengebiete am Río de la Plata und am Río Uruguay. Die ersten waren die Valdenser, Anfang der 1860er Jahre folgten Schweizer, dann vorwiegend Italiener, meist ärmere aus der Region

Tangospieler auf dem Flohmarkt in Montevideo

um Neapel. In den Jahren 1890 bis 1894 waren über 42% aller Einwanderer Italiener.

Die einheimische Bevölkerung Uruguays wurde zu Beginn bis Mitte des 19. Jahrhunderts von den weißen Eroberern weitgehend ausgerottet. Auch die Zahl der Schwarzen gilt als gering. Zwar war Montevideo ab Beginn des 18. Jahrhunderts ein wichtiger Umschlagplatz für afrikanische Sklaven, 1842 wurde aber der Sklavenhandel in Uruguay verboten. Da das Land keine Plantagenwirtschaft kannte, hatte es nur wenige, vorwiegend Haussklaven, gegeben.

Inzwischen wird aber mehr und mehr deutlich, daß Uruguay kein rein weißes Land ist. Der Einfluß der Indigenas und Schwarzen ist stärker als bisher angenommen: In der Provinz Tacuarembó sind beispielsweise 17% der Bevölkerung Schwarze und 21% Indios.

Geschichte

Vor der Ankunft der Spanier

Leider gibt es nur wenige Zeugnisse der präkolumbischen Geschichte Uruguays. Doch als gesichert gilt, daß das Gebiet des heutigen Uruguay bereits 11 000 v. Chr. von Nomaden besiedelt war, die als Jäger und Sammler lebten.

Zur Zeit der Ankunft der Spanier lebten verschiedene indigene Völker auf dem heutigen Staatsgebiet. Es waren vorwiegend Pampa-Indianer wie Yaró, Bohané, Chaná und Charruá. Die größte Gruppe waren die Charruá-Indianer, die als Halbnomaden ein wenig Ackerbau pflegten. Die Charruá werden meist als mittelgroß, wohlgebaut und kräftig, mit dunkler Hautfarbe, großem Mund und platter Nase beschrieben. Sie lebten als Nomaden, als Jäger und Sammler mit kleinerem Feldanbau, ansonsten aber von der Jagd auf Hirsche und Ñandus, Wildschweine und Gürteltiere. Sie blieben in Familienverbänden zu 15 bis 20 Familien zusammen und lebten vorwiegend in zeltartigen Hütten, die schnell auf- und abgebaut werden konnten. Sie benutzten Steinwerkzeuge, Pfeil und Bogen und die Bola, eine Wurfschleuder, bei der zwei oder drei rundliche, etwa faustgroße Steine an langen Lederriemen befestigt waren. Ihre Besiedelungsgebiete lagen entlang der Flußläufe und des Río de la Plata. Sie eigneten sich schnell die von den Europäern nach Amerika gebrachten Pferde an und leisteten den Eroberern als berittene Krieger lange Widerstand, bis sie 1832 beim Vernichtungsfeldzug des Coronel Bernabé Rivera geschlagen wurden.

Denkmal für die Charruá-Indianer in Montevideo

Schon vorher hatte es immer wieder größere Mordaktionen gegen die Urbevölkerung gegeben. Ein französischer Reisender, der 1830 durch Uruguay fuhr, beschrieb die Ermordung von Charrúas lapidar: »Der Polizeichef bereitete sich vor, mit einigen Soldaten auszugehen, um die wenigen Indianer vom Stamm der Charrúas, die in dieser Gegend überlebt hatten, aufzuspüren und zu töten.«

Die meisten anderen Indianervölker wie die Yaró im Südwesten des Landes, im Norden die Bohané, die Quenoa und, entlang des Río Uruguay, die Chaná, fielen hingegen rasch der Conquista zum Opfer. Sie wurden teilweise vertrieben, teilweise umgebracht oder zwangsweise umgesiedelt. Einige Völkerstämme gingen schließlich in der Mischbevölkerung auf.

Aus der Sprache der Guaraní, einer indigenen Volksgruppe, die heute noch in Paraguay lebt, stammt der Name Uruguay. *Guá* bedeutet in ihrer Sprache Ort, *y* heißt Wasser, *urú* kann dagegen zwei Bedeutungen haben: Schnecke oder bunter Vogel. So ist Uruguay entweder der »Ort der Wasserschnecken« oder »Ort des Wassers des Bunten Vogels«, d.h. der »Fluß der bunten Vögel«, wobei die zweite Deutung des Namens wahrscheinlicher erscheint.

Die ersten Europäer

Die ersten Europäer, die in den Río de la Plata kamen, waren Juan Díaz de Solís (1516), Fernando Magellan (1520) und Sebastiano Caboto (1527). Juan Díaz de Solís wurde beim Versuch, auf der uruguayischen Seite des la Plata zu landen, gemeinsam mit einem großen Teil seiner Expedition von den Charruás umgebracht. Magellan war nicht interessiert an der genauen Erforschung des Río de la Plata, erst der italienisch-englische Seefahrer Sebastiano Caboto erkundete, damals noch im spanischen Auftrag, auch das Land und gründete an der Mündung des Arroyo San Juan in den Río Uruguay, nahe an dessen Mündung in den Río de la Plata, die Festung San Salvador, die jedoch zwei Jahre später wieder von den Charrúas zerstört wurde. 1574 wurde von Asunción, der heutigen Hauptstadt Paraguays aus, diese Mündung erneut kurzfristig befestigt. Im Jahre 1624 gründeten Franziskanermissionare die erste Stadt in Uruguay: Santo Domingo de Soriano, heute etwa 40 km westlich von Mercedes an der Mündung des Río Negro in den Río Uruguay gelegen. Weitere Gründungen folgten, mußten aber zum größten Teil wieder aufgegeben werden, da die eingeborenen Indigenas starken Widerstand leisteten.

Das Land des heutigen Uruguay gehörte bis 1776 offiziell zum spanischen Vizekönigreich Peru und stand unter der Verwaltung des Gouverneurs von Buenos Aires. Jedoch interessierten sich die Spanier wenig für das Land östlich des Río de la Plata. Es erschien ihnen wertlos, weil es weder Gold noch Silber besaß. Der wichtigste spanische Beitrag zur Entwicklung des Landes war, daß der spanische Gouverneur von Asunción, Hernando Arias, 1603 östlich des Río Uruguay hundert Rinder und Pferde aussetzen ließ und damit die Grundlage zur heutigen Weidewirtschaft Uruguays legte.

Umkämpft zwischen Spanien und Portugal

Die von Hernando Arias ausgesetzten Herden vermehrten sich rasch, und Gauchos aus Buenos Aires – die Stadt war bereits 1580 gegründet worden – kamen, um die Rinder wegen ihrer Häute zu jagen. Einzelne Siedlungen entstanden, auch Kaufleute ließen sich an der Küste nieder. Nirgendwo jedoch

Reiterstandbild als Denkmal für den Nationalhelden José Artigas auf der Plaza Independencia in Montevideo

war bislang eine offizielle spanische Stadtgründung vollzogen worden. 1680 gründeten Portugiesen gegenüber von Buenos Aires, auf der uruguayischen Seite des la Plata, eine Stadt – Colonia del Sacramento. Zwar hatten die Spanier und die Portugiesen bereits 1494 im Vertrag von Tordesillas ihre jeweiligen Interessengebiete auf der Welt abgesteckt, aber die Grenzen verliefen sehr ungenau, da die geographische Kenntnis Südamerikas bis dahin nicht groß war.

Der langwährende Streit um das Gebiet des heutigen Uruguay begann. Der Gouverneur von Buenos Aires, Bruno Mauricio de Zabala, ließ 1724 die einzige wirklich geschützte Bucht auf der uruguayischen Seite des Río de la Plata besetzen. Dort entstand erst eine Festung und zwei Jahre später die Stadt Montevideo.

Die Auseinandersetzungen zwischen Spanien und Portugal dauerten an, führten zu zahlreichen kriegerischen und diplomatischen Verwicklungen und wurden erst 1777 entscheidend geklärt: Die Portugiesen erkannten im Vertrag von San Ildefonso den Anspruch der Spanier auch auf das Gebiet westlich und nördlich des Río de la Plata an.

Auf dem Weg zur Unabhängigkeit

Zu Beginn des 19. Jahrhunderts versuchten die Engländer zweimal kurz hintereinander, am Río de la Plata Fuß zu fassen. 1806 besetzten sie Buenos Aires und 1807 Montevideo, wurden jedoch beide Male von den Spaniern wieder vertrieben. Dennoch war die spanische Herrschaft über das erst 1776 gegründete Vizekönigreich am Río de la Plata labil geworden. In Uruguay, besonders aber in Argentinien, gab es starke Unabhängigkeitsbestrebungen. Als der Vizekönig von Buenos Aires am 18. Mai 1810 die Besetzung ganz Spaniens durch die Truppen Napoleons bekanntgeben mußte, nutzten die argentinischen Freiheitskämpfer die Gunst der Stunde. Sie setzten am 25. Mai 1810 den Vizekönig ab, und eine nationale Junta übernahm die Regierung. Der Gouverneur von Montevideo allerdings blieb Spanien treu. Von dort versuchten die spanischen Royalisten, ihre Herrschaft über die La-Plata-Länder wiederherzustellen. Aber auch in Uruguay wurde die Unabhängigkeitsbewegung stärker. Führer des Volksheeres war José Gervasio Artigas (siehe Kasten S. 29). Er besiegte am 18.

Mai 1811 die Spanier bei Las Piedras, belagerte dann gemeinsam mit den Argentiniern Montevideo, mußte aber, da die Spanier die Portugiesen als Verbündete hinzugewinnen konnten, vor dieser Übermacht zurückweichen. Nach einer erneuten Belagerung Montevideos waren 1814 die Spanier allerdings geschlagen, Artigas herrschte über Uruguay. Unabhängig war das Land damit jedoch noch nicht, denn die argentinischen Verbündeten versuchten nun, Uruguay Argentinien einzugliedern. Um Uruguay kämpften erbittert Argentinien, Spanien, die nach Unabhängigkeit strebenden Uru-

José Gervasio Artigas – Volksheld im Kampf um die Unabhängigkeit

In jeder noch so kleinen Stadt gibt es eine Artigas-Straße oder einen Artigas-Platz, in jedem Ort wird man auch ein Denkmal für José Artigas finden. Da sitzt er meist zu Pferd, in aufrechter Haltung, den Blick visionär nach vorn. Von der offiziellen Geschichtsschreibung wurde Artigas zum Nationalhelden erklärt und auf einen so hohen Sockel emporgehoben, daß die Beschäftigung mit seinem tatsächlichen Leben und seinen Ideen schwerfällt.

Der uruguayische Schriftsteller Eduardo Galeano zitiert in seinem Werk »Die offenen Adern Lateinamerikas« einen englischen Reisenden, der Artigas um 1815 traf: »Was, glauben Sie, habe ich gesehen? Seine Excellenz, der Beschützer der Hälfte der Neuen Welt, saß auf einem Ochsenschädel neben einem Feuerherd, der auf dem kotigen Boden seiner Hütte brannte, aß Fleisch vom Rost und trank Wacholderschnaps aus einem Kuhhorn. Ein Dutzend in Lumpen gekleideter Offiziere umgab ihn.«

Artigas wurde am 19. Juni 1764 in Montevideo geboren. Er war ursprünglich spanischer Milizoffizier, wandte sich dann gegen die Spanier und war einer der Vorkämpfer für die nationale Unabhängigkeit. Am 18. Mai 1811 schlug das von ihm befohlene Volksheer erstmals die Spanier, danach belagerte er Montevideo, mußte sich aber später zurückziehen. Galeano schreibt über den Rückzug: »Das Volk in Waffen wurde zum Volk auf dem Marsch; Männer, Frauen, Greise und Kinder ließen alles zurück und folgten in einem endlosen Pilgerzug den Fußstapfen des Caudillos.« Das Volk bestand aus Bauern, Gauchos und Indianern, Schwarzen, ehemaligen Sklaven, Mischlingen, vorwiegend Landlosen und Armen. Artigas ging in das Gebiet des heutigen Departemento Paysandú und beherrschte von dort weite Gebiete; es war die kurzlebige »Autonome Regierung der östlichen Provinz«.

Seine wichtigste Tat war eine Agrarreform – die erste Lateinamerikas. Sie folgte dem Grundsatz, daß »die Unglücklichsten die Bevorrechtigtsten werden sollten«. Vor allem die Indianer hatten laut Artigas »das größte Recht«, dann folgten die freien Schwarzen und Kreolen, Bauern und Gauchos. Die Latifundienbesitzer wurden enteignet und erhielten genauso viel oder wenig Land wie alle anderen. Gleichzeitig setzte Artigas erste Schutzzölle gegen Importwaren durch.

Die Großgrundbesitzer und die Handelsoligarchie in Montevideo, jeder mit Einfluß, haßte Artigas. So schrieb der englische Konsul in Montevideo an seine Regierung: »... das System Artigas' ist es, die Stände zu zerstören und das Eigentum zu verteilen ... alle gleich arm zu machen.« Ein französischer Reisender nannte ihn 1830 »den grausamen und wilden Artigas« und die »Gaceta de Montevideo« urteilte über Artigas' Heer gar: »Sein Haufen ist eine Armee von Dieben, Mördern, verächtlichen Verbrechern, ein Faschingstrupp von Gauchos, als Feldmarschälle maskiert.«

1819 wurde Artigas von den vereinigten Truppen Brasiliens und Argentiniens geschlagen und mußte sich ins Exil nach Paraguay zurückziehen. Seine Landschenkungen wurden durch neue Dekrete aufgehoben, die Großgrundbesitzer erhielten das Land zurück.

Artigas starb am 23. September 1850 nach 30jährigem Exil in Asunción. Sein Denkmal steht heute in jeder Stadt, seine Landreform aber war die einzige in der Geschichte Uruguays.

Historiengemälde von Juan Manuel Blanes: Die 33 Orientalen

guayer selbst und Brasilien. 1817 besetzte Brasilien Montevideo. Artigas mußte 1820 nach Paraguay flüchten, und Brasilien annektierte 1821 Uruguay als Provincia Cisplatina.

Am 19. April 1825 überquerten die Treinta y Tres Orientales (die 33 Orientalen) von Argentinien kommend den Río Uruguay. Die Freiheitskämpfer wurden angeführt von Juan Antonio Lavalleja und vereinigten sich mit den Truppen des uruguayischen Heerführers Fructuoso Rivera. Gemeinsam befreiten sie nach und nach weite Gebiete und erklärten am 25. August 1825 in Florida, einer Kleinstadt etwa 100 km nördlich von Montevideo, die Unabhängigkeit Uruguays.

Mit Unterstützung der Argentinier gelang es den 33 Orientales, die Brasilianer zu vertreiben, gleichzeitig aber auch, diesmal die eigenen Verbündeten im Zaum zu halten. Vor allem die Engländer setzten sich für die Unabhängigkeit Uruguays ein. Sie fühlten sich durch den andauernden Krieg im La-Plata-Gebiet in ihren Handelsinteressen gestört und sahen voraus, daß nur ein Pufferstaat zwischen Argentinien und Brasilien, den beiden größten Ländern Südamerikas, den Frieden und den Handel sichern würde.

Am 27. August 1828 erklärten Argentinien und Brasilien in Rio de Janeiro, daß sie die uruguayische Unabhängigkeit anerkennen würden, und am 18. Juli 1830 erhielt die República Oriental del Uruguay ihre erste Verfassung. Diese war allerdings nur eingeschränkt demokratisch: Lediglich die Reichen hatten Wahlrecht. Lohnempfänger und Soldaten, sprich: die einfache Bevölkerung, wurden von der politischen Mitwirkung ausgeschlossen.

Die Bürgerkriege

Trotz der Unabhängigkeit trat im Landstrich am Río de la Plata keine Ruhe ein. Zu unterschiedlich waren die Vorstellungen der neuen politischen Elite Uruguays, von der die einen auf die wirtschaftliche Kraft Montevideos und den internationalen Handel setzten, während die anderen Interessenvertreter der Landoligarchie waren.

Der erste Präsident Fructuoso Rivera (1830–35) war Repräsentant der Handelsoligarchie, sein Nachfolger als Präsident (ab 1835) Manuel Oribe, Vertreter der Großgrundbesitzer. Alle politischen Führer waren gleichzeitig auch Heerführer. 1837 eskalierte der Konflikt zwischen den Großgrundbesitzern und dem Handelsbürgertum. Präsident Oribe klagte seinen Vorgänger Rivera schwerer Gesetzesverstöße an. Rivera mobilisierte daraufhin seine Truppen und besiegte Oribe, der 1838 ins argentinische Exil gehen mußte. Die Truppen von Oribe trugen damals weiße Bänder mit der Aufschrift »Defensores de las Leyes« (Verteidiger der Gesetze), die von Rivera zunächst hellblaue, später rote. Die Blancos (Weißen) und die Colorados (Roten) waren geboren – zwei Parteien, die heute noch die Geschicke Uruguays bestimmen.

Der Blanco-Führer Oribe versicherte sich im Exil der Unterstützung Argentiniens. Er versprach dem argentinischen Diktator Juan Manuel de Rosas, Uruguay als Provinz dem Nachbarland zuzuschlagen. 1843 begann der erste große Bürgerkrieg, der Guerra Grande. Neun Jahre lang belagerten die Truppen Oribes, unterstützt von den Argentiniern, Montevideo. Bei der Verteidigung der Stadt halfen den Colorados unter Rivera Franzosen und Briten, die argentinische Häfen blockierten, Brasilianer, die hofften, sich gleichfalls dabei zu bereichern, und ein italienischer Condottiere, der wenige Jahre später in Europa berühmt wurde: Der Freiheitsheld Giuseppe Garibaldi, der seit 1834 in Südamerika im Exil lebte. Der deutsche Reisende Hermann Burmeister notierte in seinem 1861 in Halle erschienenen Bericht: »Auch wird die Mißgunst der Nachbarstaaten (gemeint waren Brasilien und Argentinien) es unmöglich machen, die Banda Oriental (Uruguay) ihrer Selbständigkeit zu berauben; das kleine Ländchen ist so gut wie Paraguay in seiner Existenz eben dadurch gesichert, daß jeder der großen Nachbarn es haben möchte und darum keiner bekommen wird.«

1851 mußten sich die argentinischen Truppen zurückziehen, 1852 wurde Rosas gestürzt. Zwar hatten sich die Colorados erfolgreich verteidigen können, gewonnen hatte jedoch niemand: Das Land lag darnieder, die kriegerischen Auseinandersetzungen setzten sich im Landesinnern fort.

1865–70 kämpfte Uruguay gemeinsam mit Brasilien und Argentinien gegen Paraguay, aber auch zu diesem Krieg war es letztlich gekommen, weil die Blancos und Colorados immer im Ausland Unterstützung für ihren Krieg gegeneinander suchten.

Es folgte eine Zeit, in der die Colorados meist den Präsidenten stellten, stabil wurden die politischen Verhältnisse aber erst während der Diktatur des Obersten Lorenzo Latorre (1875–79). Der Großgrundbesitz wurde stabilisiert und eingezäunt, die Viehzucht in großen Estanzias wurde zur vorherrschenden Wirtschaftsform. Dadurch wurden große Teile der Landbevölkerung arbeitslos, Kleinbauern verloren ihr Land. Die umherziehenden Gauchos mußten ebenfalls seßhaft werden und sich als Landarbeiter verdingen. Großbritannien wurde zum wichtigsten Kapitalanleger in Uruguay. Briten bauten und bewirtschafteten das Eisenbahn- und das Telegraphennetz, auch die Fleischverarbeitung lag weitgehend in ihren Händen.

Erster ziviler Präsident nach einer längeren Phase der Militärherrschaft wurde Julio Herrera y Obes. 1899 wurde der Colorado-Präsident Cuesta auch mit den Stimmen der Blancos gewählt, und 1903 begann die erste Präsidentschaft von José Batlle y Ordóñez, dem wichtigsten uruguayischen Reformator. Während seiner Regierungszeit wurde der Grundstein gelegt für die folgende, ein halbes Jahrhundert andauernde und für Lateinamerika einmalige politische Stabilität, der Uruguay den Beinamen die »Schweiz Lateinamerikas« verdankte.

Batllismo – Modernisierung und Demokratie

»Unsere Republik muß sich darauf vorbereiten, einen hervorragenden Platz zwischen den zivilisierten Ländern einzunehmen, nicht durch Machtanmaßung, sondern durch ihre rationalen und fortschrittlichen Gesetze, ihren ausgeprägten Gerechtigkeitssinn und durch ihre physische, moralische und intellektuelle Lebenskraft ihrer Bürger.« So José Batlle y Ordóñez programmatisch, und weiter: »Unsere Beschaffenheit als junges Volk erlaubt uns, Ideale der Regierung und soziale Ordnung zu realisieren, die in anderen Ländern mit jahrhundertelanger Tradition nicht ohne die Überwindung enormer Widerstände eingeführt werden können.«

José Batlle y Ordóñez war zweimal Präsident von Uruguay, zunächst von 1903 bis 1907, wobei er sich 1904 eines Putschversuches erwehren mußte, und von 1911 bis 1915. Zwischenzeitlich – die Verfassung erlaubt keinem Politiker zwei Präsidentschaften hintereinander – arbeitete Batlle als politischer Journalist und studierte in Europa verschiedene Regierungsformen, u.a. das Schweizer Kollegialsystem.

Die Reformpolitik Batlles paßte zu dem Wandel, den Uruguay in den letzten Jahrzehnten mitgemacht hatte. Die Bevölkerungsstruktur hatte sich entscheidend verändert. Die Einwanderer siedelten sich hauptsächlich in

Schon in den 20er Jahren war die Playa Pocitos bei den Badenden in Montevideo beliebt

den Städten an, da es auf dem Land kaum Arbeitsmöglichkeiten gab. Gestützt auf die neue städtische Mittelschicht, führte Batlle seine Reformen ein: Er verstaatlichte die großen Banken der Republik, die Elektrizitätsgesellschaft, die Post, die Straßen und die Eisenbahnen. Durch eine aktive Arbeitsmarktpolitik wurden die Inlandsnachfrage gestärkt und gleichzeitig Schutzzölle für einheimische Produkte durchgesetzt. So wurde die Grundlage für eine auf den heimischen Markt konzentrierte Industrialisierung geschaffen.

Wichtigster Teil seiner Reformen aber war die Sozialgesetzgebung. Lange vor Deutschland hatte Uruguay den 8-Stunden-Tag, einen Zwangsruhetag nach fünf Arbeitstagen, eine Arbeitslosenunterstützung, eine Haftpflichtversicherung bei Arbeitsunfällen zu Lasten des Arbeitgebers, Altersrenten (ab dem 60. Lebensjahr) sowie kostenlosen Schul- und Universitätsbesuch. Batlle forderte die Trennung von Staat und Kirche, das Recht der Ehescheidung auch auf Wunsch der Frau und die Abschaffung der Todesstrafe.

Er vergaß allerdings bei seinen Reformen weitgehend die Lage der Landbevölkerung. Zwar griff Batlle in Reden die großen Latifundien an, er rüttelte aber nicht an den bestehenden Eigentumsverhältnissen und ließ auch wenig auf die Einhaltung der Sozialgesetze für die Landbevölkerung achten. Niemals wurde eine Landreform versucht. So stieß seine Politik auch nicht auf Widerspruch der Landoligarchie.

Batlles Reformen wurden durch die riesigen Einkünfte aus dem Fleisch-, Leder- und Wollexport finanziert. Exportzölle für Agrarprodukte füllten die Staatskasse. Die Großgrundbesitzer nahmen es hin, eine Steuer auf Landbesitz oder gar eine Agrarreform wäre sie noch teurer gekommen. Solange die Nachfrage nach den uruguayischen Agrarprodukten groß war, funktionierte dieses System. Als allerdings zur Zeit der Weltwirtschaftskrise 1929 die Agrarpreise verfielen, wurde Uruguays Abhängigkeit vom Weltmarkt schnell deutlich. Im Frühjahr 1933 löste dann der Präsident Gabriel Terra, ein Colorado-Politiker, Parlament und Nationalrat auf und installierte eine zivile Diktatur, allerdings wurde nach den Wahlen 1938 durch den Präsidenten Alfredo Baldomir wieder das alte Kollegialsystem eingeführt.

Wirtschaftsprobleme

Nach dem Zweiten Weltkrieg boomte die Wirtschaft erneut, und das Geld wurde auch zur Verbesserung der Sozialleistungen eingesetzt. Der Korea-Krieg brachte erneute Gewinne, aber danach setzten dramatische Verschlechterungen ein. Die traditionellen Exporterzeugnisse wie Leder und Wolle brachten immer weniger Geld, da inzwischen synthetische Kunstfasern mehr und mehr den Weltmarkt für Textilien überschwemmten. Hinzu kam der Preisverfall für Rindfleisch. Die Krise mit allen ihren Begleiterscheinungen wie defizitäre Handelsbilanz, Aufzehrung der Devisenreserven, Abwertung des Peso, Inflation und Lohnverfall zeigte die Grenzen des Wirtschaftsmodells von Batlle. Die einseitige Abhängigkeit von Fleisch, Wolle und Leder war fatal gewesen, die hohen Schutzzölle für die einheimische Industrie ebenfalls: So hatte es weder im Agrarsektor noch in der Industrie die notwendigen Neuerungen und Investitionen gegeben, um weiter konkurrenzfähig produzieren zu können.

Die Wahlen von 1958 sollten einen Wandel bringen: Zum ersten Mal im 20. Jahrhundert erhielten die Blancos die Mehrheit der Stimmen. Ihre Regierung gab die protektionistische Wirtschaftspolitik auf, was weitreichende

Folgen hatte: Die einheimische Wirtschaft war der Konkurrenz von außen nicht gewachsen, die Produktion stagnierte, die Arbeitslosigkeit wuchs, und die Sozialleistungen wurden abgebaut. An die Zeiten der »Schweiz Lateinamerikas« erinnerte nicht mehr viel.

Ab 1967 regierte Jorge Pacheco Areca, ein Vertreter des rechten Flügels der Colorados. Unter ihm begann der schleichende Weg in die Militärdiktatur. Zunächst wurden die Reallöhne um die Hälfte gesenkt, Streiks und Ausstände waren die Folge. Die Regierung reagierte mit sogenannten

Die Tupamaros heute – Von der Stadtguerrilla zur Partei

Wer heute durch die Calle Dr. Tristan Navarra in Montevideo bummelt, kommt an einem kleinen Büro vorbei: MLN-Tupamaros steht in bunten Buchstaben über der Tür, die meistens geöffnet ist. Nebenan ist eine kleine Buchhandlung. Hier werden vorwiegend Bücher aus dem Verlag Túpac Amaru Editorial (TAE) verkauft, auch die beiden Zweiwochenzeitungen »Tupamaros« und »Mate Amargo«, die abwechselnd erscheinen, liegen aus.

Die vielleicht bekannteste Guerrilla-Organisation Lateinamerikas hat sich gewandelt: Von der Stadtguerilla zur normalen politischen Partei, die sich gemeinsam mit anderen Gruppierungen im Frente Amplio (S. 42) um Parlamentssitze bemüht.

Alles begann mit einem Streik von Zuckerrohrarbeitern Anfang 1962 im Norden Uruguays. Die Auseinandersetzung war hart: Streik, Aussperrung, Geiselnahme und ein Protestmarsch von über 600 km nach Montevideo.

Als Folge des Streiks gründete sich im März 1962 die MLN-Tupamaros. MLN steht für Moviemiento Liberación Nacional (nationale Befreiungsbewegung), Tupamaros leitet sich ab von dem legendären Túpac Amaru, der 1715 die erste Rebellion der Indios in den Hochanden gegen die Fremdherrschaft anführte. Führer der Tupamaros wurde Raúl Sendic.

Die Tupamaros eroberten sich in der Anfangszeit rasch die Sympathien vieler Uruguayer. So kaperten sie 1963 kurz vor Weihnachten den Lieferwagen einer großen Lebensmittelkette und verteilten die Lebensmittel in den Armenvierteln von Montevideo. Oder sie brachen in eine Bank ein, stahlen dort die Kontoführungsbücher, in denen die illegalen Devisengeschäfte der Bank dokumentiert waren, und legten diese Beweise dann der Staatsanwaltschaft vor die Tür.

Gleichzeitig wurden bei Überfällen Geld und Waffen erbeutet. Ziel der Tupamaros war es, mit bewaffneten Aktionen die Macht zu übernehmen. 1969 wurde für einige Zeit die Kleinstadt Pando besetzt, im März 1970 wurden mit einem bewaffneten Überfall gefangene Tupamaros befreit, und im Juli 1970 wurde der Polizeiattaché der amerikanischen Botschaft, Dan Mitrione, entführt und erschossen.

Als sich die bewaffnete Auseinandersetzung zwischen Staat (vertreten durch das Militär) und den Tupamaros zuspitzte, verloren diese langsam die Unterstützung der Bevölkerung. Es war gefährlich, die Tupamaros zu unterstützen, denn wer sich verdächtig machte, wurde den Militärs übergeben. Im September 1973 waren die Tupamaros militärisch zerschlagen: Die meisten Mitglieder hatten Exil im Ausland gesucht oder waren verhaftet worden.

Den Verhafteten ging es schlecht: Folter war an der Tagesordnung, oft über mehrere Jahre hinweg. Neun Führer der Tupamaros, darunter Raúl Sendic, Mauricio Rosencof und Eleuterio Fernández Huidobro, wurden für elfeinhalb Jahre als Geiseln der Militärs in Haft gehalten. Eindrucksvoll berichten Rosencof und Huidobro von dieser Zeit in dem Buch »Wie Efeu an der Mauer«.

Seit 1985 verstehen sich die MLN-Tupamaros als normale politische Partei. Ihre Hauptforderungen sind: Verstaatlichung aller Güter über 2500 ha, Verbot für Ausländer, mehr als 50 ha Land zu besitzen, keine Zahlung der von den Militärs verursachten Auslandsschulden sowie die Verstaatlichung der Banken.

»schnellen Sicherheitsmaßnahmen« (Medidas Prontas de Seguridad), mit denen Verfassungsrechte aufgehoben wurden. 1969 wurden weitere Grundrechte suspendiert, gleichzeitig stieg das Militärbudget, dazu kamen Attentate auf Linke, verübt von den sogenannten Todesschwadronen. Die Präsidentschaft von Jorge Pacheco Areca, der heute einen Flügel der Colorado-Partei anführt, wurde von vielen als Dictadura Constitucional (konstitutionelle Diktatur) bezeichnet.

Aber auch die Linke radikalisierte sich. Die Guerilla-Organisation der Tupamaros (Moviemiento de Liberación Nacional, MLN, nationale Befreiungsfront) verübte zwischen 1968 und 1971 23 Waffendiebstähle, 105 Bombenanschläge, 74 Überfälle auf Banken und zwei auf Spielcasinos (siehe Kasten S. 34). Lange genossen die Tupamaros die Sympathien der Bevölkerung, da sie nicht nur Korruption und staatliche Willkür aufdeckten, sondern auch Robin-Hood-Aktionen durchführten: Nach Überfällen auf Banken verteilten die Tupamaros die Beute in den Armenvierteln von Montevideo.

Bei den Wahlen 1971 zerbrach das Zweiparteiensystem Uruguays. Neben den Colorados und den Blancos kandidierte erstmals ein breites Bündnis der verschiedenen Linksparteien (Frente Amplio). Es erhielt 18% der Wählerstimmen, mit lediglich 22% der Stimmen zum Staatspräsidenten gewählt wurde jedoch der rechtsgerichtete Kandidat der Colorados Juan María Bordaberry. Nach den Wahlen verstärkten die Tupamaros ihre Aktionen. Bordaberry setzte mehr und mehr das Militär ein, und obwohl die Tupamaro-Führung im September 1972 verhaftet worden war, verfügte er am 27. Juni 1973 die Auflösung des Parlamentes: Das Militär übernahm die Macht, Uruguay wurde zur Diktatur.

Die Militärdiktatur

Brutaler und grenzenloser Terror setzte ein. Schon vorher waren die Tupama-

Das Büro der Tupamaros in Montevideo

ros unter Mißachtung jeglicher Menschenrechte verfolgt und gefoltert worden, nun aber richtete sich der Terror gegen jeden Andersdenkenden. Die Pressefreiheit wurde aufgehoben, die Universitäten geschlossen, Berufsverbote wurden verhängt. Die Militärs verboten die Gewerkschaften und die Parteien der Linken; Blancos und Colorados erhielten ein Betätigungsverbot. Zwischen 50 000 und 60 000 Menschen wurden insgesamt festgenommen, von denen 2800 zwischen zwei und zehn Jahren inhaftiert blieben. Zehntausende wurden gefoltert, 32 Menschen bis zum Tode, Menschenrechtsorganisationen registrierten 164 Fälle von »verschwundenen« Personen. Nach Schätzungen verließen knapp 600 000 Uruguayer zwischen 1970 und 1982 das Land.

1976 wurde auch das zivile Aushängeschild Bordaberry von den Militärs abgesetzt, es regierte nun General Aparicio Méndez mit Hilfe des COSENA (Consejo de Seguridad Nacional, Nationaler Sicherheitsrat), der aus dem Präsidenten, dem Innen- und Verteidigungsminister, dem Generalstabchef der Streitkräfte sowie den drei Oberkommandierenden bestand.

Wirtschaftspolitisch versuchten die Militärs die Krise mit neoliberalen Methoden zu überwinden: Sie bauten die Schutzzölle ab, privatisierten viele Staatsbetriebe und Dienstleistungen, versuchten den Export nicht-traditioneller Produkte zu fördern, gaben Vergünstigungen auf dem inländischen Kapitalmarkt und kürzten vor allem die Sozialleistungen. Doch es wuchsen nur die Auslandsschulden, die Inflation (jährlich ca. 66 %) und die Arbeitslosigkeit, der Reallohn sank hingegen zwischen 1970 und 1985 um 50 %.

Nach sieben Jahren Diktatur versuchten die Militärs 1980 ihre Herrschaft per Verfassungsänderung zu legitimieren. In einem Plebiszit sollte die Bevölkerung einem vorgelegten Entwurf zustimmen, der die Macht des Nationalen Sicherheitsrates zementiert hätte. Am 31. Oktober 1980 kam es zur Abstimmung. Die Wahlbeteiligung war hoch (86,8 %), ebenso die Ablehnung des Verfassungsentwurfes: 57,2 % der Uruguayer stimmten gegen die Militärdiktatur.

Diese Niederlage, das Unvermögen, die anhaltende Wirtschaftskrise zu meistern, sowie der Protest der Bevölkerung mit Generalstreiks und Kochtopfkonzerten führten zum allmählichen Rückzug der Militärs. Am 25. November 1984 fanden erstmals wieder Wahlen statt: Sieger wurde der liberal-konservative Colorado-Kandidat Julio María Sanguinetti.

Uruguay heute

Die Rückkehr zur Demokratie änderte allerdings nicht die Wirtschaftspolitik, da auch Sanguinetti an den neoliberalen Rezepten festhielt. Auch innenpolitisch war der Spielraum der Regierung eng: Die Militärs zeigten deutlich, daß sie eine juristische Verfolgung ihrer Menschenrechtsverletzungen nicht zulassen würden. Der Verteidigungsminister der Regierung Sanguinetti, General Medina, weigerte sich beispielsweise, gerichtliche Vorladungen für Militärs weiterzuleiten. Am 20. Dezember 1986 beschloß das Parlament gegen die Stimmen des Frente Amplio und kleinerer Teile der Blancos eine Amnestie für alle unter der Diktatur von Uniformierten (Militär und Polizei) begangenen Verbrechen gegen die Menschenrechte.

Die uruguayische Verfassung ermöglicht aber Volksabstimmungen über Gesetze, wenn sich innerhalb eines Jahres ein Viertel der Wahlberechtigten für ein Referendum eintragen. Trotz Drohungen der Militärs und offensichtlicher Fälschungen bei der

Stimmenauszählung kam das Referendum zustande. Das Volk stimmte schließlich im April 1989 mit Mehrheit (56 %) für eine Straffreiheit der Militärs. Beobachter vermuten, daß viele Uruguayer damals eingeschüchtert wurden. Sie waren schließlich bereit, die Straffreiheit als Preis zur Verhinderung eines erneuten Militärputsches zu zahlen.

Im November desselben Jahres wurde überraschenderweise der Blanco-Vertreter Luis Alberto Lacalle zum neuen Präsidenten gewählt. Aber nicht nur die Blancos, auch der Frente Amplio gewann bei diesen Wahlen: Er erhielt die Mehrheit in Montevideo und stellte mit dem Kinderarzt Tabaré Vázquez den Bürgermeister (Intendente) der Stadt.

Lacalle versuchte, die neoliberale Wirtschaftspolitik seines Vorgängers fortzusetzen, mußte aber im Dezember 1992 einen schweren Rückschlag hinnehmen: In Referendum über weitere Privatisierungen von Staatsbetrieben sprach sich die Mehrheit der Bevölkerung dagegen aus.

Obwohl es Lacalle gelang, die Inflation von knapp 100 % auf zuletzt 43 % zu senken, verlor seine Partei die Wahlen am 27. November 1994. Die Colorados erhielten mit knappem Vorsprung vor den Blancos und dem Encuentro Progresista, in dem der Frente Amplio angetreten war, die meisten Stimmen. Von den drei Colorado-Kandidaten war Julio María Sanguinetti der erfolgreichste; er ist seit 1995 erneut Präsident Uruguays.

Zeittafel zur Geschichte

1509	Vicente Yañez Pinzón fährt die südamerikanische Ostküste hinunter bis zum Río de la Plata
1516	Bei seiner Erkundungsfahrt wird Juan Díaz de Solís von Charrúa-Indianern getötet. Der Strom wird ihm zu Ehren Río Solís genannt
1527	Sebastiano Caboto gründet an der Mündung des Arroyo San Juan in den Río Uruguay, nahe an dessen Mündung in den Río de la Plata, die erste Niederlassung der Spanier. Zwei Jahre später wird diese aber durch die Charrúas zerstört
1603	Der Gouverneur von Asunción läßt östlich des Río Uruguay Pferde und Rinder aussetzen
1624	Franziskaner gründen die Stadt Santo Domingo de Soriano
1680	Portugiesen gründen die Stadt Colonia del Sacramento östlich des Río Uruguay
1724	Spanien besetzt die einzige windgeschütze Bucht am Ostufer des Río de la Plata, zwei Jahre später wird die Stadt Montevideo gegründet
1776	Das Gebiet östlich des Río Uruguay kommt zum spanischen Vizekönigreich am Río de la Plata
1777	Portugal erkennt im Vertrag von San Ildefonso den Anspruch Spaniens auf das Gebiet östlich des Río Uruguay an
1807	Britische Truppen halten Montevideo besetzt
18. Mai 1811	Artigas besiegt bei Las Piedras die Spanier und belagert danach Montevideo
17. Mai 1814	Die spanischen Truppen in Montevideo werden von den Argentiniern geschlagen. Diese halten ab dem 23. Juni Montevideo besetzt, müssen die Stadt aber am 23. Februar 1815 den Uruguayern überlassen
1817	Brasilianische Truppen marschieren in Montevideo ein
1820	Artigas muß nach Paraguay ins Exil flüchten

1821	Brasilien annektiert Uruguay als »Provincia Cisplantina«
19. April 1825	Juan Antonio Lavalleja überquert an der Spitze der »33 Orientales« den Río Uruguay. Die »33 Orientales« erobern Teile des Landes und gründen in der Kleinstadt Florida eine provisorische Regierung
25. August 1825	Lavalleja und Rivera erklären Uruguays Unabhängigkeit
7. September 1825	Die provisorische Regierung schafft die Sklaverei ab
27. August 1828	Im Frieden von Río de Janeiro erkennen Brasilien und Argentinien die Unabhängigkeit Uruguays an. Am 23. April 1829 verlassen die letzten fremden Truppen Montevideo
1. Mai 1829	Die uruguayische Regierung zieht in Montevideo ein
18. Juli 1830	Die Verfassung der Republik Uruguay tritt in Kraft
1832	Coronel Bernabé Rivera führt den letzten großen Vernichtungsfeldzug gegen die Charrúa-Indianer. Nur einige wenige überleben, sie werden teilweise als Schauobjekte nach Europa gesandt
1837	Die Konflikte zwischen den Großgrundbesitzern und dem städtischen Handelsbürgertum eskalieren. Die Parteien der Blancos (Großgrundbesitzer) und Colorados (Stadtkapital) gründen sich. Der Vertreter der Blancos General Oribe wird von Rivera gestürzt, die Bürgerkriege zwischen den Blancos und den Colorados beginnen
1843	Montevideo wird von den Blancos belagert, die von den Argentiniern unterstützt werden. Montevideo verteidigt sich neun Jahre tapfer, u.a mit Hilfe des Italieners Giuseppe Garibaldi. Der französiche Dichter Alexandre Dumas nennt die Stadt 1850 ein »Neues Troja«
1865	Der Colorado Flores erobert mit brasilianischen Truppen Montevideo. Die Dreier-Allianz Uruguay, Argentinien, Brasilien wird gebildet und führt einen Krieg gegen Paraguay
1875	Oberst Latorre unterwirft das Land seiner Militärherrschaft
1903–07	Erste Präsidentschaft von José Batlle y Ordóñez
1911–15	Zweite Präsidentschaft von José Batlle y Ordóñez
1919	Verabschiedung der uruguayischen Verfassung nach Schweizer Vorbild
30. März 1933	Staatsstreich von Gabriel Terra
1938	General Baldomir übernimmt die Regierung. Er leitet die Rückkehr zur Demokratie ein
1942	Unter dem Colorado José Amézaga tritt Uruguay an der Seite der Alliierten in den Zweiten Weltkrieg ein
1958	Wahlsieg der Blancos über die 93 Jahre herrschende Partei der Colorados
1962	Der Rechtsanwalt Raúl Sendic gründet die sozialrevolutionäre Bewegung Moviemiento de Liberación Nacional, aus der später die Stadtguerrilla der Tupamaros hervorgeht
26.11.1966	Die Colorados gewinnen die Präsidentschaftswahl. Präsident wird der General a. D. Oscar Daniel Gestido
1. März 1967	Jorge Pacheco Areca wird Nachfolger des verstorbenen Präsidenten Oscar Daniel Gestido
13. Juni 1968	Pacheco Areca verhängt den Ausnahmezustand
1970	Die Tupamaros entführen den Polizeiattaché der US-amerikanischen Botschaft Dan Mitrione und erschießen ihn später. Mitrione war als Spezialist für Polizeiausbildung ins Land gekommen und galt als »Folterexperte«

26. März 1971	Der »Frente Amplio«, ein Bündnis verschiedener Linksparteien, gründet sich
September 1971	Die Streitkräfte erhalten den Auftrag, die Tupamaros zu zerschlagen
November 1971	Juan María Bordaberry wird Präsident
September 1972	Die Führung der Tupamaros wird verhaftet
2. April 1973	Uruguay schließt ein Handelsabkommen mit der Europäischen Gemeinschaft
27. Juni 1973	Die Militärregierung löst das Parlament auf. Uruguay wird zur Diktatur. Der 15tägige Generalstreik gegen die Militärs bleibt ergebnislos. Am 2. Dezember werden alle Linksparteien verboten
7. März 1974	Die Einzelgewerkschaften werden verboten, die Gewerkschaftsführer verhaftet
30. November 1980	Der Verfassungsentwurf, mit dem die Militärs ihre Herrschaft absichern wollen, wird von knapp 58 % der Bevölkerung abgelehnt
7. Juli 1981	Erste Verhandlungen über die Rückkehr zu einer Zivilregierung zwischen Militärs, Blancos und Colorados
1983	Beginn ziviler Aktionen für die Rückkehr zur Demokratie. Im Juni gibt es einen Landwirtschaftsstreik, am 25. September demonstrieren 100 000 Studenten in Montevideo, und am 27. November fordern 400 000 Montevideaner freie Wahlen
1984	Der Widerstand gegen das Militär verschärft sich. Am 18. Januar kommt es zum ersten Generalstreik. Die Militärs verhängen daraufhin das Kriegsrecht und verbieten erneut die Gewerkschaften. Am 19. März wird das bekannte Gründungsmitglied des Frente Amplio, General Liber Seregni, von den Militärs freigelassen; am 16. Juni kehrt der Präsident der Blancos, Wilson Ferreira Aldunate, aus seinem Exil nach Montevideo zurück. Am 27. Juni findet zum elften Jahrestag des Militärputsches ein 24stündiger Streik statt
25. November 1984	Erste freie Wahlen nach elf Jahren Militärdiktatur. Der Kandidat der Colorados, Julio María Sanguinetti, wird Präsident
1. März 1985	Sanguinetti wird als Präsident vereidigt. Er hebt das Verbot der Parteien und Gewerkschaften auf
20. Dezember 1986	Das Parlament beschließt eine Amnestie aller Verbrechen, die während der Diktatur von Uniformierten begangen wurden. Die Opposition strebt ein Referendum über das Gesetz an
1988	Im Februar wird Uruguay zur Beteiligung am gemeinsamen Markt von Argentinien und Brasilien eingeladen
16. April 1989	Mit einer Mehrheit von 56 % stimmen die Uruguayer bei der Volksabstimmung für die Beibehaltung des Amnestiegesetzes
28. April 1989	Der Gründer der Tupamaros, Raúl Sendic, stirbt in Paris. Im Juni nimmt der Frente Amplio die Tupamaros (MLN-T) in ihr Bündnis auf
26. November 1989	Der Blanco-Kandidat Luis Alberto Lacalle wird zum Präsidenten gewählt, in Montevideo stellt erstmals der Frente Amplio mit dem Kinderarzt Dr. Tabaré Vázquez den Bürgermeister
26. März 1991	Die Gründung des Mercosur wird beschlossen
13. Dezember 1992	Die Wirtschaftspolitik von Lacalle erhält einen schweren Rückschlag. In einem Referendum lehnen 71 % der Uruguayer Lacalles Vorschläge über eine weitere Privatisierung der Staatsbetriebe ab
27. November 1994	Julio María Sanguinetti von den Colorados wird zum Präsidenten gewählt

Staat und Verwaltung

Verfassung und Regierungsform

Nach der heute gültigen Verfassung vom 1. März 1967 ist Uruguay eine präsidiale Republik. Der für fünf Jahre gewählte Präsident – es herrscht Wahlpflicht – ist das Staatsoberhaupt der Republik, dem bei Ausübung der Exekutive der Ministerrat zur Seite steht. Die Legislative liegt beim Zweikammerparlament, dessen 30 Senatoren und 99 Abgeordnete ebenfalls für fünf Jahre gewählt werden.

Die Verfassung von 1967 ist die sechste Verfassung in der heute knapp 170 Jahre alten Geschichte Uruguays. Aber auch sie ist umstritten und soll in einigen Punkten geändert werden. Der zentrale Punkt ist die Auseinandersetzung Präsidentialsystem versus parlamentarisches System. Gleichzeitig soll das Wahlgesetz reformiert werden, da es der aktuellen politischen Lage nicht mehr entspricht. Es war auf ein reines Zweiparteiensystem zugespitzt, heute sind aber drei (oder vier) Parteien im Parlament vertreten. Zwar hatte die Partei der Colorados die meiste Zeit die Vormachtstellung innerhalb des Systems, die Blancos wurden aber durch die *coparticipación* an der Macht beteiligt. So wurde das politische System stabilisiert, gleichzeitig aber die Verwaltung aufgebläht. Denn *coparticipación* bedeutete nicht nur Beteiligung an der Regierungsmacht, sondern auch an der Regierungsausübung: Stellen in der öffentlichen Verwaltung wurden deshalb lange nach einem feststehenden Verteilungsschlüssel unter den beiden großen Parteien aufgeteilt.

Das bestehende Wahlgesetz ist kompliziert. Vereinfacht dargestellt funktioniert es folgendermaßen: Jede wähl-

Das stark verzierte Parlamentsgebäude in Montevideo

bare Liste *(lema)* ist in verschiedene Untergruppen *(sublemas)*, die von Personen angeführt werden, aufgesplittert. Auch die *sublemas* können wiederum in Kandidatenlisten untergliedert sein. Der Wähler gibt seine Stimme einem Kandidaten und wählt damit eine bestimmte Gruppierung innerhalb einer Partei. Bei der Auszählung zählen alle Stimmen für die verschiedenen Kandidatenlisten zusammen für die *sublema* und die Stimmen für die unterschiedlichen *sublemas* einer Partei werden für die Gesamtpartei addiert. Sieger der Wahlen ist die Partei bzw. Liste, die die meisten Stimmen bekommt, und Präsident wird, wer innerhalb dieser Partei die meisten Stimmen erhält. Das kann dazu führen, daß der gewählte Präsident des Landes weniger Einzelstimmen auf sich vereinigt als der Oppositionskandidat. 1930 und 1946 beispielsweise erhielt der Blanco-Kandidat Luis Alberto de Herrera individuell mehr Stimmen als der Colorado-Kandidat, ebenso 1971 der Blanco-Kandidat Wilson Ferreira Aldunante. In diesen Jahren stellten jedoch die Colorados den Präsidenten. Bei allen Wahlen zwischen 1942 und 1989 erreichte der gewählte Präsident nie über 30 % direkter Zustimmung, einzige Ausnahme war 1984 Sanguinetti mit 31,2 %.

Gleichzeitig mit der Exekutive (Präsidentschaftswahl) wird mit demselben Stimmzettel und derselben Stimme die Legislative (die beiden Kammern des Parlamentes) gewählt. Der Wähler bestimmt somit den Präsidenten (und Vizepräsidenten), die 30 Senatoren, die 99 Abgeordneten sowie die Mitglieder der lokalen Wahlbehörde.

Politische Parteien

Bei der Betrachtung der Parteienstruktur wird rasch deutlich, warum es in Uruguay Bestrebungen gibt, das Wahlgesetz zu ändern: Die Parteien sind ideologisch inkonsistent, und bestimmte *sublemas* einer Partei wären vielleicht besser in einer anderen Partei aufgehoben. So decken die Blancos das politische Spektrum von etwa Mitte-links bis etwa Mitte-rechts ab, die Colorados das von Mitte-rechts bis rechts. Das *sublema* »Moviemiento Nacional de Rocha« der Blancos stand der Regierungspolitik des Blanco-Präsidenten Lacalles beispielsweise erheblich kritischer gegenüber als das *sublema* »Unidad y Reforma« der Colorados. Wer nun als Anhänger des »Moviemiento Nacional de Rocha« die Blancos wählte, mußte letztlich mit seiner eigenen Stimmabgabe unzufrieden sein, er hätte vielleicht besser die Mitte-links-Partei Nuevo Espacio gewählt.

Folgende Parteien spielen in Uruguay eine wichtige Rolle:

Partido Nacional: Die gemeinhin Blancos genannte Partei wurde 1838 gegründet. Sie war traditionell mit dem ländlichen Grundbesitz verbunden und ist auch heute noch, stark vereinfacht gesagt, eine Partei der konservativen, agrarischen Interessen. Politisch deckt sie das Spektrum von Mitte-rechts bis Mitte-links ab. Ihre wichtigsten Untergruppen *(sublemas)* sind (von rechts nach links) der Consejo Nacional Herrerista, der Luis Alberto Lacalle, Staatspräsident von 1989 bis 1994, angehört, Por la Patria und das Moviemiento Nacional de Rocha.

Partido Colorado: Die ebenfalls 1838 gegründete Partei ist traditionell mit dem städtischen Großbürgertum und dem liberalen Handelskapital verbunden. Den Colorados gehörte der wichtigste uruguayische Politiker dieses Jahrhunderts, José Batlle y Ordóñez, an; heute ist der wichtigste politische Führer Julio María Sanguinetti. Die Colorados decken mit ihren *sublemas* ein Spektrum von der politischen Mitte bis nach rechts ab: einige kleine Gruppen, die Liste 15 »Unidad y Reforma«, die

Die Stadtverwaltung von Montevideo; auf dem oberen Balkon befindet sich eine Aussichtsplattform

»Union Colorado Battlista« sowie die Gruppe um Jorge Pacheco Areca.

Frente Amplio: Der Frente Amplio (»Breite Front«) wurde 1971 gegründet. Er war während der Diktatur verboten – im Unterschied zu den Blancos und Colorados –, konnte sich aber bei den ersten Wahlen nach der Diktatur wieder behaupten und hat das alte Zwei-Parteien-System Uruguays gründlich gesprengt. Er ist über Stadtteil- und Basiskomitees vor allem in Montevideo verankert, dort bekommt er seine meisten Stimmen, und seit 1989 stellt er dort auch den Bürgermeister. Die populärsten Politiker des Frente sind der Ex-General Liber Seregni, der Kinderarzt und ehemalige Bürgermeister von Montevideo Tabaré Vázquez sowie der Wirtschaftsexperte Danilo Astori. Der Frente Amplio vereinigt zahlreiche Links- und Mitte-links-Parteien: die Sozialistische Partei, die 1911 gegründet wurde und heute stärkste Kraft des Bündnisses ist, die Kommunistische Partei, gegründet 1920, den Vertiente Artiguista, eine Gruppe ehemaliger Christ- und Sozialdemokraten, sowie das Moviemiento Popular Progresista, dem wiederum die MLN (Moviemiento de Liberación Nacional/Tupamaros), die seit 1985 legalisierte ehemalige Stadtguerilla, angehört. Die unterschiedlichen politischen Positionen von Sozialdemokratie bis hin zu den Tupamaros unter einen Hut zu bringen, ist nicht immer leicht. Beobachter sprechen deshalb davon, daß dem Frente in nächster Zukunft einige Zerreißproben bevorstehen werden.

Nuevo Espacio: Er gründete sich aus einer Abspaltung vom Frente Amplio. Der Nuevo Espacio (»Neuer Raum«) versteht sich als vorwiegend sozialdemokratische Partei, zumal eine *sublema* die Partido por el Gobierno del Pueblo (PGP) ist. Diese Partei, eine ehemalige Abspaltung der Colorados, die 1971 Mitglied des Frente Amplio wurde, ist seit September 1992 Mitglied der Sozialistischen Internationale. Ihr Vorsitzender ist Hugo Battalla, einer der populärsten Politiker Uruguays. Weitere *sublemas* sind die Partido Demócratia Cristiana sowie die Union Civica. Die Zukunft des Nuevo Espacio ist ungewiß: Die Partei laviert ein wenig zwischen dem Frente Amplio und den Colorados.

Gewerkschaften

Nach der Übernahme der Regierungsmacht verboten im Juni 1973 die Militärs den alten Gewerkschaftsdachverband Confederación Nacional de Trabajadores (CNT). Seine 400 000 Mitglieder blieben zunächst ohne Organisation. Im Juni 1979 wurde ein neues Gewerkschaftsgesetz verabschiedet, es kam 1981 durch die ersten geheimen und firmeninternen Wahlen zur Gewerkschaftsführung.

Der neue Gewerkschaftsdachverband PIT-CNT (Plenarion Intersindical de Trabajadores-Confederación Nacional de Trabajadores) hatte maßgeblichen Anteil an der Übernahme der Macht durch eine zivile Regierung. 1983 organisierte er den ersten großen Generalstreik, an dem 500 000 Arbeiter teilnahmen. Seit 1985 sind auch andere kleinere Gewerkschaftsverbände und Vereinigungen wieder zugelassen. Die meisten Mitglieder der Gewerkschaften sind Arbeiter und Angestellte der großen Staatsbetriebe, deshalb versucht der PIT-CNT auf die Wirtschaftspolitik des Staates Einfluß auszuüben.

Der PIT-CNT ist weitgehend vom Staat unabhängig. Traditionell haben die beiden großen Parteien der Blancos und Colorados wenig Einfluß auf die Gewerkschaften, größer ist der der traditionellen Linksparteien.

Rechtsordnung

Die Verfassung garantiert die Unabhängigkeit der Justiz. Sie enthält wichtige persönliche Rechte für das Individuum wie beispielsweise die Freiheit des gesprochenen und geschriebenen Wortes, die Gleichstellung ehelicher und nicht-ehelicher Kinder, die soziale Sicherung, Schulpflicht und Schulgeldfreiheit und die Religionsfreiheit.

Die oberste Gerichtsbarkeit wird vom Obersten Gerichtshof (Suprema Corte de Justicia) mit Sitz in Montevideo ausgeübt. Seine fünf Mitglieder werden für je fünf Jahre ernannt. Der Oberste Gerichtshof ist außerdem in Angelegenheiten des Verfassungsrechts, des internationalen Rechts und des Seerechts zuständig.

Außerdem existieren sieben Appellationsgerichte mit je drei Richtern für Zivil- und Strafprozesse.

Insgesamt ist das Land in 220 Friedensgerichtsbezirke eingeteilt. Die Friedensrichter bearbeiten nichtstreitige Angelegenheiten und kleinere Streitfälle. Die ordentlichen Gerichte, die es in jeder Provinzhauptstadt gibt (in Montevideo allein 19), sind für Zivil- und

Handelssachen zuständig. Gerichtsverfahren sind vorwiegend schriftlich, was dazu führt, daß Gerichtsverfahren meist außerordentlich lange dauern. In Uruguay besteht Anwaltszwang, d.h. Zivilklagen können nur durch einen Anwalt erhoben werden.

Streitkräfte

Uruguay kennt keine allgemeine Wehrpflicht. Die etwa 32 000 Angehörigen des Militärs setzen sich aus Berufssoldaten und länger dienenden Freiwilligen zusammen. Uruguay besitzt etwa 22 000 Angehörige der Landstreitkräfte, knapp 7 000 Angehörige der Marine, rund 3 000 Soldaten gehören der Luftwaffe an.

Bis zur Übernahme der politischen Macht 1973 war die Rolle des Militärs im öffentlichen und politischen Leben des Landes gering. Aber auch nach der Rückkehr zur Demokratie hat das Militär nicht alle Macht abgegeben. Es ist weiterhin politisch präsent und konnte durch sein Veto 1986 erreichen, daß ein Gesetz über eine Amnestie sämtlicher von Militärs begangenen Menschenrechtsverletzungen verabschiedet wurde (S. 36)

Gesundheitswesen

Die Gesundheitsfürsorge und -vorsorge ist in Uruguay besser als in vielen anderen lateinamerikanischen Ländern. Die Ärztedichte ist vor allem in Montevideo ausreichend; hier besteht auch aufgrund der umfassenden Sozialversicherung ein öffentlicher Gesundheitsdienst. Im Landesinnern ist die ärztliche Versorgung allerdings teilweise unzureichend.

Krebs, Herz- und Kreislauferkrankungen sind die Todesursachen, die am häufigsten festgestellt werden, was zeigt, daß in Uruguay die gleichen Gesundheitsprobleme vorherrschen wie in den modernen Industrieländern.

Flagge und Wappen

Die uruguayische Flagge ist weiß-blau gestreift; sie besitzt insgesamt neun Streifen, zur Erinnerung an die ehemals neun Provinzen des Landes. Vier Streifen sind blau, als Symbol des Friedens, und fünf weiß, als Symbol der Freiheit. In der linken oberen Ecke befindet sich eine Sonne mit einem Gesicht, es soll die Republik darstellen.

Die uruguayische Flagge

Fläche, Bevölkerung und Bevölkerungsdichte nach Provinzen *

Provinz	Hauptort	Landfläche km²	1963	1975	1985	1963	1975	1985
			Bevölkerung in 1000			Einwohner je km²		
Artigas	Artigas	11 928	52,8	57,9	68,4	4,4	4,9	5,7
Canelones	Canelones	4 536	258,2	325,6	359,6	56,9	71,8	79,3
Cerro-Largo	Melo	13 648	71,0	74,0	78,0	5,2	5,4	5,7
Colonia	Colonia del Sacramento	6 106	105,4	111,8	112,1	17,3	18,3	18,4
Durazno	Durazno	11 643	53,6	55,7	54,7	4,6	4,8	4,7
Flores	Trinidad	5 144	23,5	24,7	24,4	4,6	4,8	4,7
Florida	Florida	10 417	64,0	67,1	65,4	6,1	6,4	6,3
Lavalleja	Minas	10 016	65,8	65,2	61,7	6,6	6,5	6,2
Maldonado	Maldonado	4 793	61,3	76,2	93,0	12,8	15,9	19,4
Montevideo	Montevideo	530	1 202,8	1 237,2	1 309,1	2 269,4	2 334,3	2 470,0
Paysandú	Paysandú	13 922	88,0	98,5	104,5	6,3	7,1	7,5
Río Negro	Fray Bentos	9 282	46,9	50,1	47,5	5,1	5,4	5,1
Rivera	Rivera	9 370	77,1	82,0	88,4	8,2	8,8	9,4
Rocha	Rocha	10 511	55,1	60,3	68,5	5,2	5,7	6,5
Salto	Salto	14 163	92,2	103,1	107,3	6,5	7,3	7,6
San José	San José de Mayo	4 992	79,6	88,0	91,9	15,9	17,6	18,4
Soriano	Mercedes	9 008	77,9	80,6	77,5	8,6	8,9	8,6
Tacuarembó	Tacuarembó	15 438	77,0	84,5	82,6	5,0	5,5	5,4
Treinta y Tres	Treinta y Tres	9 529	43,4	45,7	45,5	4,6	4,8	4,8

* Volkszählungsergebnisse

Das Wappen besteht aus einem lorbeerbekränzten Oval, das von einer Sonne als Zeichen der Republik gekrönt ist. In den vier verschiedenen Sektoren des Ovals sind eine Waage (Symbol der Gerechtigkeit), der Cerro de Montevideo (der Burgberg als Zeichen der Kraft) und die beiden wichtigsten Nutztiere des Landes, ein ungezäumtes Pferd (Symbol der Freiheit) und ein Ochse (Symbol des Überflusses), dargestellt.

Nationalblume ist die rote Blüte des Ceibo, eines Baumes, der vorwiegend in Flußniederungen wächst. Nationalfeiertag ist der 25. August, der Jahrestag der nationalen Unabhängigkeit 1825.

Verwaltung

Wie alle Staaten Südamerikas wird auch Uruguay stark zentralistisch regiert. Alle wesentlichen Entscheidungen werden in der Hauptstadt Montevideo getroffen, hier haben auch alle wichtigen Behörden ihren Sitz. Das Land ist in 18 ländliche Provinzen und die Provinz der Hauptstadt Montevideo unterteilt. Diese Departementos besitzen eine teilweise Autonomie sowie eigene Gesetzgebungs- und Verwaltungsorgane, wobei in der Praxis die Verwaltungsfunktion im Vordergrund steht. Diese Gesetz- und Verwaltungsorgane haben 31 Mitglieder (in Montevideo 65).

Die Wahlen zu den Gesetzgebungsorganen finden gleichzeitig mit den Präsidentschaftswahlen statt. Die Exekutive in den Provinzen übt ein Provinzrat mit fünf Mitgliedern (in Montevideo sieben) aus, an dessen Spitze der sogenannte Intendente steht.

Wirtschaft

Allgemeines

Nicht nur aufgrund der stabilen politischen Verhältnisse galt Uruguay lange als die »Schweiz Lateinamerikas«, auch die wirtschaftliche Stärke schien das zu rechtfertigen.

Auch heute noch unterscheidet sich Uruguay im Lebensstandard von vielen anderen lateinamerikanischen Ländern: Uruguay nimmt im Human Development Report der Vereinten Nationen unter 160 Staaten den 29. Platz ein (1992) und liegt damit deutlich vor allen anderen lateinamerikanischen Ländern – Chile folgt auf Platz 36 und Argentinien auf Rang 43. Die Lebenserwartung ist hoch und der Unterschied zwischen reich und arm in kaum einem Land Lateinamerikas kleiner als in Uruguay. Lediglich 15% der Bevölkerung leben in Armut, auf ganz Lateinamerika bezogen liegt die Armutsquote bei 37%.

Doch Uruguay vergleicht sich nicht mit den Nachbarländern, es vergleicht sich mit der Zeit bis zu den 50er Jahren. Damals war das Land reich, denn Fleisch und Wolle brachten hohe Exportgewinne. Aber die einseitige Fixierung auf den Export von Rindfleisch und Wolle sowie eine industrielle Entwicklung, die nur auf den sehr kleinen Binnenmarkt fixiert war, den Export vernachlässigte und auch die internationale Konkurrenz dank hoher Importzölle ignorieren konnte, schuf Probleme. Heute sind auch in Uruguay lateinamerikanische Verhältnisse Realität geworden. Das Land stöhnt unter Auslandsschulden, und die Inflation ist wesentlich größer als das Wirtschaftswachstum. Die Landflucht wächst, und in Montevideo nimmt die Zahl der *cantegriles*, der Blechhüttensiedlungen, immer mehr zu.

Zwei weitere Probleme verschärfen die Wirtschaftskrise: Die Überalterung der Gesellschaft und der aufgeblähte Staatsapparat. Jeder vierte Uruguayer ist inzwischen Rentner, d.h. mittlerweile arbeitet für einen Renten- oder Pensionsempfänger ein Beitragszahler auch für dessen Rentenversicherung. Als *empleados publicos* (öffentliche Bedienstete) arbeiten ca. 270000 Menschen in Uruguay. Der Staatsapparat ist dermaßen groß, da viele Stellen als Versorgungsstellen für Parteigänger der beiden großen Parteien eingerichtet wurden. Schätzungen gehen davon aus, daß etwa 90000 Stellen, also ca. ein Drittel, überflüssig sind. Insgesamt gibt der Staat fast 70% seiner Einnahmen für Staatsbedienste und die Renten aus.

Die letzten Regierungen Uruguays versuchten, mit neoliberalen Rezepten der Wirtschaftskrise Herr zu werden. Marktöffnung nach außen sowie Reduzierung des Staatseinflusses auf die Wirtschaft und Privatisierung von Staatsunternehmen waren das Ziel. Die Marktöffnung nach außen gelang, sie wurde bezahlt mit einer negativen Handelsbilanz, da durch Senkung der Importzölle große Mengen fremder Waren (u.a. Konsumgüter) ins Land kamen. Die Pläne für Privatisierungen erhielten im Dezember 1992 allerdings einen Dämpfer: Per Volksentscheid wurde zum Beispiel die Privatisierung der wirtschaftlich mit Gewinn arbeitenden Telefongesellschaft ANTEL verhindert.

Seine wirtschaftliche Zukunft sieht Uruguay im Mercosur (Mercado Común de Sur). Im Frühjahr 1991 un-

Wirtschaftsstruktur

terzeichneten Argentinien, Brasilien, Paraguay und Uruguay in Asunción, der Hauptstadt Paraguays, einen Vertrag mit dem Ziel, bis zum Frühjahr 1995 einen gemeinsamen Binnenmarkt zu schaffen. Das angestrebte Ziel ist bis heute nicht vollständig erreicht.

Landwirtschaft

Die Landwirtschaft ist das Rückgrat der uruguayischen Wirtschaft, obwohl ihr Anteil an der Entstehung des Bruttoinlandproduktes seit den 70er Jahren stark rückläufig ist (1992 lediglich etwa 10%). Die wichtigsten Exportgüter sind aber heute noch Landwirtschaftsprodukte wie Fleisch und Schafwolle oder verarbeitete Produkte wie Textilien und Leder. Insgesamt arbeiten nur ca. 15% aller Erwerbstätigen in der Landwirtschaft, da die extensive Weidewirtschaft nur wenige Arbeitskräfte benötigt.

Ackerbau

Der Ackerbau ist der kleinere Teil der uruguayischen Landwirtschaft. Vorwiegend die Regionen um Montevideo – im Departemento Canelones und entlang des Río de la Plata – sowie die Umgebung der Landstädte wird für den Ackerbau genutzt. Insgesamt beträgt der Anteil der als Ackerland genutzten Fläche aber nur etwa 8%. Die

wichtigsten Anbaukulturen sind Weizen und Reis. Reis ist gleichzeitig mit einer Erntemenge von über 600 000 t die größte Exportkultur. Große Reisanbaugebiete finden sich beispielsweise im östlichen Departemento Rocha, in den Feuchtgebieten westlich der Laguna Merín. Hauptabnehmerland für Reis ist genau wie für Braugerste das Nachbarland Brasilien. Zwar ist der Reisertrag in den letzten Jahren gestiegen, der Export ist allerdings rückläufig, da Brasilien sich mehr und mehr zum Selbstversorger entwickelt. Neben Weizen, Reis und Braugerste sind Mais, Zuckerrohr (im Nordwesten des Landes), Zuckerrüben, Sonnenblumen, Erdnüsse, Kartoffeln, Gemüse, Obst und Südfrüchte wichtige Agrargüter. Wein wird hauptsächlich in der östlichen Landeshälfte angebaut.

Die uruguayische Landwirtschaft hat mit drei Problemen zu kämpfen. Das erste ist das Wetter. Es gibt periodisch wiederkehrende Trockenzeiten, die hohe Schäden verursachen. Gleichzeitig kann es aber auch gerade in den Erntezeiten zu großen Niederschlägen kommen. Das zweite Problem ist oft das fehlende Know-how. Teilweise ist die uruguayische Landwirtschaft nicht konkurrenzfähig, weil in anderen Ländern (z. B. Chile) besser und billiger produziert wird. Selbst auf uruguayischen Märkten ist – trotz hoher Importzölle – das chilenische Obst oftmals billiger als das einheimische. Ähnliches gilt für Agrarprodukte aus der Europäischen Gemeinschaft (EG). Diese sind wegen der Subventionspolitik der EG ebenfalls konkurrenzlos billig.

Das dritte Problem sehen Beobachter in der Struktur und den Eigentumsverhältnissen in der Landwirtschaft. Seit jeher sind Großbetriebe vorherrschend, in den letzten Jahrzehnten hat sich diese Tendenz noch verstärkt. Gab es Mitte der 70er Jahre noch 87 000 Produzenten, so ist deren Zahl heute

Reisanbau im Departemento Rocha

In der südlichen Provinz Canelones wird Wein angebaut

auf 52 000 geschrumpft. Aber gerade Klein- und Mittelbetriebe sind für den Ackerbau wichtig. Sie besitzen die notwendige Flexibilität, um Neuerungen schnell durchzusetzen, und sind in der Lage, den aufwendigen und personalintensiven Obst- und Gemüseanbau zu gewährleisten.

Viehzucht

Uruguay lebt auch heute noch weitgehend von der Viehzucht. Insgesamt weiden auf uruguayischen Wiesen etwa 8,9 Mill. Rinder, 26 Mill. Schafe und ungefähr 500 000 Pferde. Der Viehbestand ist abhängig von den Weltmarktpreisen für Fleisch und Wol-

In den Kellern des nördlich von Montevideo gelegenen Weinguts Castel Pujol

le. So ergeben sich häufig Schwankungen von Jahr zu Jahr, allerdings sank der Rinderbestand in diesem Jahrhundert selten unter die 8-Millionen-Marke und stieg ebenso selten über die 10-Millionen-Grenze. Etwa 60 % aller Exporterlöse des Landes entfallen auf die Produktion von Fleisch und Wolle sowie auf Produkte von Industrieunternehmen, die direkt von der Viehzucht abhängen.

Die Viehwirtschaft Uruguays begann im 17. Jh.; sie geht auf den Gouverneur des La-Plata-Gebietes Hernandeo Arias de Saavedra zurück. Er ließ 1603 in der Region des heu-

Rinder und Schafe bei einer Viehversteigerung

tigen Departemento Colonia einige hundert Rinder, Pferde und wohl auch Schafe aussetzen. Die Rinder vermehrten sich rasch, es waren *criollos* genannte Tiere, die zunächst nur der Häute wegen gejagt wurden. Das Vieh galt als herrenlos und durfte von jedermann gejagt, eingefangen und geschlachtet werden. Die ersten Gauchos lebten vorwiegend von der Jagd auf Felle, das Fleisch wurde als wertlos angesehen und nur für den Eigenverbrauch genutzt.

Mitte des 18. Jh. wurde damit begonnen, auch das Fleisch intensiver zu nutzen. Pökelfleisch war im Sommer bei hohen Temperaturen und großer Trockenheit leicht herzustellen. Das Tier wurde zerteilt, die besten Fleischstücke wurden eingesalzen und an der Luft getrocknet. Schon damals war die Fleischindustrie ein wichtiger Wirtschaftszweig. Allein in Montevideo gab es 33 dieser Einsalzfabriken für Rindfleisch, berichtet 1830 ein französischer Reisender von seinem Uruguay-Aufenthalt.

Aber erst mit der Entstehung der modernen Konservierung wurde die Viehzucht interessant. In Fray Bentos entstand 1859 mit englischem und französischem Kapital die erste richtige Fabrik für Salz- und Trockenfleisch, und 1861 führte der deutsche Ingenieur Georg Giebert dort das Verfahren zur Fleischextraktherstellung von Liebig ein. 1864 wurde die Liebigs Extract of Meat Company Ltd. (LEMCO) gegründet. Das Werk verarbeitete jährlich 100000 bis 200000 Rinder. Haut, Hufe, Hörner und Därme wurden verkauft, das Fett und der Talg wurden extrahiert, die Abfälle zu Mehl verarbeitet, das als Viehfutter diente, und das Fleisch wurde zu Extrakt eingekocht. Zwar enthielt dieser Extrakt nicht, wie ursprünglich vermutet, noch die Nährstoffe des frischen Fleisches, aber als Genußmittel war der Fleischextrakt dennoch weltweit ein Erfolg.

1866 gelang es, das Fleisch als Corned Beef direkt zu konservieren, und

Preisgekrönter Zuchtbulle

1877 fuhr erstmals ein Kühlschiff mit Gefrierfleisch von Buenos Aires nach Frankreich. Danach entstanden die großen Gefrierfleischfabriken *(frigoríficos)*, und mit der besseren Verwertung des Fleisches wurde auch mehr Wert auf gute und fleischreiche Rinder gelegt.

Die bis dahin frei lebenden und auch gezüchteten *criollo*-Rinder wurden uninteressant. Sie waren zu starkknochig und dabei fleischarm, zur Veredelung wurden bereits ab 1860 und verstärkt mit Beginn des 20. Jahrhunderts englische Rassetiere der Arten Hereford, Shorthorn und Durham eingeführt. Mit anderen Rassen wie Schweizer Braunvieh oder Schwarz-Bunten (Holländer genannt) bilden sie auch heute noch die Mehrzahl der Fleischrinder.

Heute exportiert Uruguay für etwa 160 Mill. US-$ jährlich Rindfleisch, hinzu kommen für über 110 Mill. US-$ Häute und Felle (natürlich auch von Schafen).

Die Schafzucht begann 1823 mit der Einführung von Merino-Schafen. Seitdem schwankt das Zuchtziel zwischen dem Fleisch- oder Wollertrag, je nachdem wie die Weltmarktpreise sind. Im allgemeinen ist allerdings der Wollertrag wichtiger als die Fleischmenge. War zu Beginn vor allem der Südwesten des Landes Schafzuchtgebiet, so finden sich heute die größten Herden im Zentrum des Landes. Uruguay exportiert zur Zeit jährlich etwa für 18 Mill. US-$ Schaffleisch, dazu für 60 Mill. US-$ Wolle und für über 200 Mill.

Die alten Fleischfabriken von Fray Bentos

Plan einer Estanzia

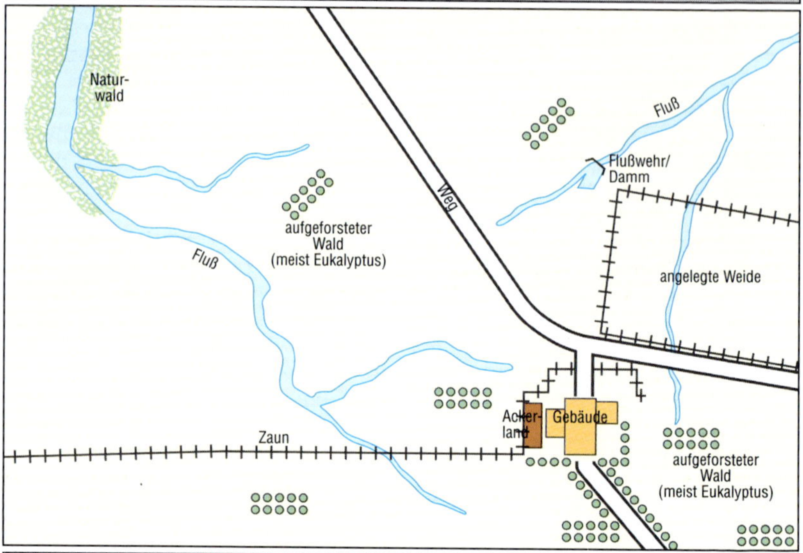

Gebäude einer Estanzia

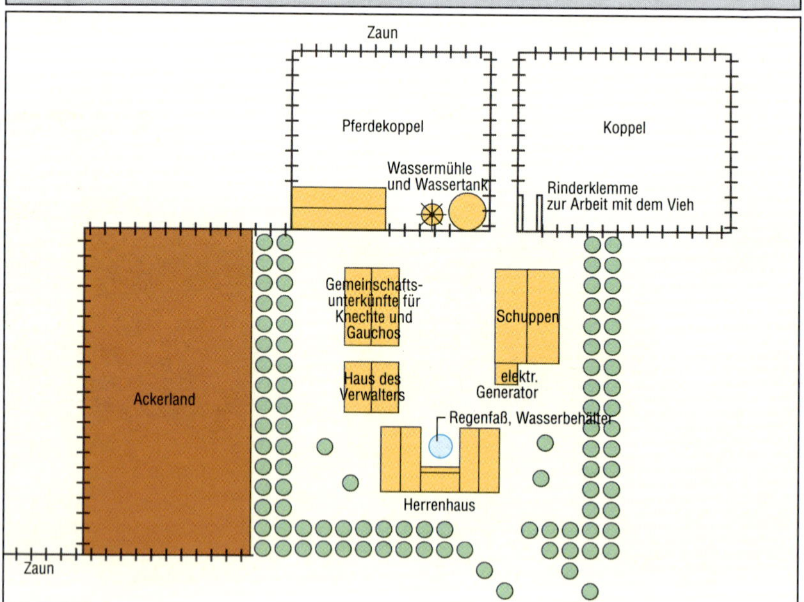

US-$ Kammzüge (grob verarbeitete Rohwolle).

Die Viehzucht findet meist in Großbetrieben statt. Anders als in Europa gibt es in Uruguay auch heute noch märchenhaft große Landgüter. Das hat historische Gründe. Bereits vor der Unabhängigkeit 1825 war das Land aufgeteilt: Zwar mußten Landkäufer viel Geld für Notare und die notwendigen Beglaubigungen zahlen, das Land bekamen sie jedoch fast geschenkt. So entstanden riesige Landgüter, da der Kauf sich um so mehr lohnte, je größer die Landfläche war. Das heutige Departement Flores im Landesinnern (5 144 km^2) beispielsweise war einst ein einziges Landgut. Auch heute sind die Höfe oft noch groß, viele Güter haben über 1000 ha Landfläche.

Zwar haben von den etwa 55 000 Betrieben, die von der Viehwirtschaft leben, über 25 000 unter 50 ha Betriebsfläche, aber bei dieser Statistik werden auch die kleinen *ranchos,* die mit wenigen Kühen Milchwirtschaft betreiben, mitgerechnet. Immerhin bewirtschaften rund 8 000 Betriebe Flächen von 500 bis 5 000 ha, und etwa 200 Betriebe haben sogar eine Größe von über 5 000 ha. Die Landkonzentration ist weit fortgeschritten: So besitzen 7 % aller landwirtschaftlichen Betriebe – das sind die Betriebe mit einer Fläche von mehr als 1000 ha – etwa 56 % der gesamten landwirtschaftlichen Nutzfläche.

Die großen Viehzuchtbetriebe werden Estanzias genannt. Meist im Zentrum der Estanzia liegt der eigentliche Gutshof *(casco),* der aus dem Herrenhaus, Wirtschaftsgebäuden und einigen Nebengebäuden *(ranchos)* für die Gauchos und Knechte *(peones)* besteht. Größere Estanzias besitzen darüber hinaus noch einige kleinere Häuser *(puesto)* weitab des Herrenhauses, in denen Verwalter, Knechte oder Gauchos leben, die sich um die weitab weidenden Herden kümmern.

Die Estanzias entstanden mit der Einzäunung des Landes. Auch vor 1860 gab es zwar schon große Landgü-

Herrenhaus einer Estanzia

ter, allerdings zogen die Viehherden damals relativ ungeordnet durch das Land, und trotz der Brennung der Tiere waren die Eigentumsverhältnisse nicht immer eindeutig geklärt. Erst nachdem sich die Viehzucht zu lohnen begann, wurden ab 1876 unter der Diktatur des Obersten Latorre die Weiden obligatorisch eingezäunt.

Die Bewirtschaftung der Estanzias ist extensiv: Je Rind wird eine Weidefläche von 1,5 ha kalkuliert, je Schaf 0,5 ha, die obligatorischen Pferde zählen nicht. So besitzt ein mittlerer Hof von 1000 ha etwa 700 Rinder, ungefähr 2000 Schafe und 20 bis 30 Pferde. Ohne Pferde ist die Bewirtschaftung einer Estanzia undenkbar. Das Pferd ist Arbeitstier, es dient zum Zusammentreiben der Rinder und als Fortbewegungsmittel. Auf vielen uruguayischen Estanzias arbeiten heute *criollo*-Pferde. Sie sind nicht elegant, eher gedrungen. Sie wirken etwas ruhig, wenig dynamisch, sind aber als ausdauernde Arbeitstiere sehr geschätzt. Sie brauchen keinen Stall und außer der Weide kein zusätzliches Futter.

Criollos und Shetlandponys

Zwei Tage altes Fohlen von einem Shetlandpony

In den 20er und 30er Jahren bedeutete eine solche Estanzia märchenhaften Reichtum: Die Arbeit verrichteten Dienstboten, Arbeiter und Gauchos, im Winter leistete man sich die Fahrt mit dem Luxusliner in das sommerliche Europa.

Zur Bestellung eines solchen Guts reichen heute etwa sechs bis zehn Personen, für Spitzenzeiten werden Saisonarbeiter angeheuert. Die Arbeiter leben gleichfalls am Hof, allerdings nicht im Herrenhaus, sondern in einfachen Nebengebäuden. Sechs bis acht US-$ verdienen sie am Tag, je nach Status: die Gauchos etwas mehr, die einfachen Landarbeiter etwas weniger. Hinzu kommt die Verpflegung: Alle paar Tage schlachten sich die Arbeiter ein Schaf. Der gesetzliche Mindestlohn liegt zur Zeit umgerechnet bei etwa 100 US-$ monatlich, wobei die Kaufkraft seit 1970/71 real um mehr als 60 % gesunken ist.

Forstwirtschaft

Die Forstwirtschaft ist bislang nur wenig entwickelt, wird aber mit staatlichen Mitteln wie Steuerbefreiungen und Subventionen gefördert. Bislang werden jährlich etwa 3,5 Millionen m^3 Holz geschlagen, vom dem aber der überwiegende Teil (mehr als 3 Millionen m^3) als Brennholz bzw. zur Holzkohleherstellung genutzt wird. Ziel ist, bis zum Jahr 2000 insgesamt 160 000 ha aufzuforsten.

Entlang des Río Uruguay entstehen große Aufforstungsgebiete, vorwiegend mit Eukalyptusplantagen. Sie sind umstritten. Zwar wächst der in Uruguay eigentlich nicht heimische Eukalyptus sehr schnell, Kritiker befürchten jedoch, daß er die ohnehin nährstoffarmen Böden in Uruguay zu schnell auslaugt.

Fischerei

Vor allem an der Atlantikküste sind die Bedingungen für den Fischfang recht gut. Die Küsten sind fischreich, allerdings wird wegen der geringen Binnenmarktnachfrage vorwiegend für den Export gefischt. Die Fangmengen lagen 1992 bei etwa 115 000 t, die Exportmenge bei knapp 70 000 t. Hauptfischereihafen ist La Paloma, der Hafen wurde in den letzten Jahren zu einem Zentrum der Fischerei und Fischverarbeitung ausgebaut.

Bodenschätze

Uruguay besitzt nur wenig Bodenschätze. Die meisten mineralischen Vorkommen lohnen nicht den Abbau, zum Teil weil sie nicht ergiebig genug sind, zum Teil weil die Transportmöglichkeiten unzureichend sind. Lediglich Steine und verschiedene Erden werden gefördert, so größere Kalksteinvorräte, die zur heimischen Zementherstellung dienen. Exportiert werden neben den Kalksteinerden auch Marmor und Granit. Im Nordwesten des Landes finden sich zahlreiche Halbedelsteine wie Achate und Amethyste. Sie werden von der heimischen Schmuckindustrie verarbeitet oder exportiert. In Deutschland sind die Schmuckfabriken in Idar-Oberstein ein großer Abnehmer von uruguayischen Halbedelsteinen.

Wasser- und Energiewirtschaft

Wegen des Fehlens von Kohle- und Erdölvorkommen wird in Uruguay inzwischen fast vollständig auf Wasserkraft gesetzt. Sie deckt inzwischen fast 90 % der notwendigen Energie, nur

Im Fischereihafen von La Paloma

Das Wasserkraftwerk bei Rincón del Bonete

noch 10% werden durch thermische Kraftwerke erzeugt. Insgesamt werden etwa 7,8 Milliarden Kilowattstunden Energie produziert.

Das größte Wasserkraftwerk liegt am Río Uruguay, nördlich der Stadt Salto. Das Werk Salto Grande hat eine Kapazität von jährlich 1890 Megawatt. Allerdings wird der hier erzeugte elektrische Strom zu 85 % von Argentinien abgenommen. Andere größere Wasserkraftwerke liegen bei Rincón del Bonete, Rincón de Baygorria und El Palmar am Río Negro.

Industrie

Im industriellen Sektor arbeiten ca. 30% aller Beschäftigten. Er trägt heute zu etwa 20% zum Bruttoinlandsprodukt bei.

Die Industrie Uruguays befindet sich seit mehreren Jahren in einer größeren Krise. Sie war lange Zeit lediglich auf die Deckung des inländischen Marktes ausgerichtet und brauchte dabei auch keine ausländische Konkurrenz zu fürchten, da hohe Importzölle für Fertigprodukte den uruguayischen Markt für ausländische Produkte unattraktiv machten. Aber bereits Mitte der 50er Jahre waren die Wachstumspotentiale einer rein binnenmarktorientierten Industrie ausgeschöpft. Zwar wurde versucht, sich dem Export zu öffnen, aber es wurden die notwendigen Investitionen versäumt, die heute die uruguayischen Industrieprodukte auf dem Weltmarkt konkurrenzfähig machen würden.

Der Abbau der Zollschranken sowie die Integration in den Mercosur machen eine generelle Umstrukturierung notwendig. Es wird befürchtet, daß einige Branchen ganz den Standort Uruguay verlassen werden, da der kleine Markt des Landes auch von Brasilien oder Argentinien gut mitversorgt werden kann.

Der wichtigste Zweig der Industrie ist die Verarbeitung der Landwirtschaftserzeugnisse, vor allem des Rindfleisches. Die größten Standorte sind Montevideo, Paysandú und Fray Bentos. Starke Einbußen vor allem wegen der Krise in Osteuropa mußten die Leder- und die Textilindustrie hinnehmen.

Ein großes Wachstum erlebt dagegen seit einigen Jahren die Bauwirtschaft. Investitionen im Tourismus und Handel haben hier die Konjunktur spürbar verbessert.

Außenhandel

Uruguay war traditionell ein Land mit einem starken Außenhandel (S. 94). Rindfleisch und Wolle wurden exportiert und im Gegenzug industrielle Fertigprodukt importiert. Haupteinfuhrgüter waren und sind Kraftfahrzeuge, Maschinen und Geräte, mineralische Produkte sowie chemische Erzeugnisse und Kunststoffprodukte.

War die uruguayische Handelsbilanz bis zum Zweiten Weltkrieg durchweg positiv, so ist seitdem – abgesehen von einem kurzen Hoch in den 80er Jahren – fast durchweg eine passive (negative) Handelsbilanz festzustellen. Die Importwaren übersteigen durchweg den Wert der Exporte, 1992 betrug das Defizit 345,5 Millionen US-$. Zwar wachsen die Exporte nicht-traditioneller Güter, also von Waren, die nicht direkt von der landwirtschaftlichen Produktion abhängen, dennoch wird sich das Handelsbilanzdefizit voraussichtlich in den nächsten Jahren noch erhöhen, da Uruguay weiter bestehende Zollschranken abbaut.

Die wichtigsten Abnehmerländer Uruguays sind Argentinien (329,9 Mill. US-$), Brasilien (282,9 Mill. US-$) sowie die USA (177,8 Mill. US-$) und Deutschland (131,7 Mill. US-$).

Hauptlieferländer sind Brasilien (496,6 Mill. US-$), Argentinien (375,0 Mill. US-$), die USA (203,2 Mill. US-$), Japan (103,1 Mill. US-$) und Deutschland (97,8 Mill. US-$).

In der Altstadt von Montevideo

Bankwesen

Montevideo ist Sitz zahlreicher ausländischer Banken, da Uruguay auch auf dem Gebiet des Devisenhandels die »Schweiz Lateinamerikas« sein will. Das Bankgeheimnis ist ausgeprägt, es gibt keinerlei Kontrollen. Kritiker werfen Uruguay vor, ein Zentrum der Drogengeldwäsche und von Steuerflüchtlingen in Südamerika zu sein. Zwar muß die Herkunft von Devisen bei Transaktionen von mehr als 10 000

US-$ inzwischen deklariert werden, das Bankgeheimnis bleibt aber unangetastet. Auskünfte über den Kontostand oder den Bankkunden dürfen die Banken nur bei richterlichen Anordnungen geben.

Verkehrs- und Transportwesen

Uruguays Verkehrsnetz ist vollständig auf die Hauptstadt Montevideo ausgerichtet. Die Hauptstraßen laufen von dort strahlenförmig ins Land, ebenso wie die bestehenden Eisenbahnlinien.

Insgesamt ist das Straßennetz gut und dicht. Die Hauptstraßen sind gut asphaltiert, nur die Nebenstraßen sind – vor allem im Nordosten des Landes – Schotterpisten. Der Verkehr ist nicht dicht, auch wenn nahezu alle Güter und Personen über das Straßennetz befördert werden. Die wichtigste Fernstraße ist die Küstenstrecke von Colonia über Montevideo bis zur brasilianischen Grenze. Es existieren Pläne, im nächsten Jahrtausend von Colonia aus

Marktverkäufer auf dem Sonntagsmarkt in der Straße Dr. Tristan Navarra in Montevideo

eine 50 km lange Brücke bis nach Buenos Aires quer über den Río de la Plata zu schlagen.

Das Eisenbahnnetz wurde im vergangenen Jahrhundert von den Briten angelegt. Es verbindet hauptsächlich die Fleischfabriken im Landesinnern untereinander sowie mit dem Hafen in Montevideo. Das Netz ist in schlechtem Zustand, es ist nur geringfügig elektrifiziert, und die meisten Strecken sind inzwischen stillgelegt, da das Geld für die notwendigen Investitionen fehlte. Es gibt keinen Personenverkehr auf Schienen von Montevideo aus.

Der einzige Hochseehafen des Landes befindet sich in Montevideo. Er dient vor allem dem Warenaustausch mit Buenos Aires und Übersee. Die drei Häfen am Río Uruguay in Fray Bentos, Nueva Palmira und Paysandú haben seit dem Ausbau des Straßennetzes an Bedeutung verloren. In La Paloma an der Atlantikküste befindet sich noch ein wichtiger Fischereihafen.

Montevideo besitzt in Carrasco einen internationalen Flughafen, der auch von den großen europäischen Linien angeflogen wird, und ist Sitz der staatlichen Fluggesellschaft PLUNA (Primeras Lineas Uruguayas de Navegación Aerea).

Tourismus

Der Tourismus ist eine der Wachstumsbranchen in Uruguay. Er trägt inzwischen zu 13,5 % zum Bruttoinlandsprodukt bei. Die Deviseneinnahmen durch den Fremdenverkehr liegen bei etwa 380 Mill. US-$, das ist mehr als jede andere Exportsparte aufweisen kann.

79 % der Besucher kommen aus den Nachbarländern Argentinien (72 %) und Brasilien (7 %), 13 % der Besucher sind Uruguayer, die ansonsten ständig im Ausland leben. Danach folgen mit weitem Abstand Chilenen (1 %), Bürger der USA (0,9 %) und andere. Der Anteil der Deutschen ist nicht hoch: Nur 0,4 % aller 1,8 Mill. Besucher (etwa 7 200 Menschen) kommen jährlich aus Deutschland. Haupttouristenzentren sind mit weitem Abstand die Region um Punta del Este und die Stadt Montevideo, danach folgen die Strände am Río de la Plata.

MINISTERIO DE TURISMO

URUGUAY

Das Signet des Tourismusministeriums

Der informelle Sektor

In allen Ländern Lateinamerikas, auch in Uruguay, wächst der sogenannte informelle Sektor. Neben den klassischen Sparten Industrie und Handel entwickeln sich vorwiegend Dienstleistungen, die nicht in den offiziellen Statistiken auftauchen. In Klein- und Kleinstunternehmen, oft in Ein-Mann-Betrieben, wird gekauft und verkauft, ohne Steuern zu zahlen, ohne Sozial- oder Rentenversicherung. Zeitungen oder Kaugummis verkaufen, Schuhe putzen oder Hunde ausführen, Gartenpflege oder für andere vor der Behörde Schlange stehen sind einige Arbeitsfelder im informellen Sektor. In manchen südamerikanischen Ländern trägt dieser inzwischen vermutlich mehr zum Bruttosozialprodukt bei als die konventionellen Wirtschaftsbereiche.

Nicolas, ein fliegender Händler in Montevideo

Es holpert und stinkt, die altersschwachen Plastiksitze sind ungepolstert. Eng ist es auch noch, und durch das offene Fenster dringt die Hitze, mit Abgasschwaden vermischt. Der Bus Nummer 105 quält sich auf seiner Fahrt vom Reichenvorort Carrasco zur Endstation im Hafen über die 18 de Julio, die Haupteinkaufsstraße von Montevideo. Der Schaffner klappert mit Münzen und sortiert seine Peso-Scheine der Größe nach, der Fahrer hupt, bremst und gibt Gas, wer keinen Sitzplatz hat, spürt das dauernde Anfahren und Bremsen in den Kniegelenken.

Wieder eine Haltestelle, zwei weitere Passagiere steigen ein, eine ältere Frau und ein junger Mann. Die ältere Frau nimmt den nächsten Sitzplatz. Der junge Mann dagegen begrüßt den Fahrer und den Schaffner und bleibt dann stehen – breitbeinig, um das Schaukeln des Busses aufzufangen. Er kramt in seiner schwarzen Umhängetasche und zieht eine große Haushaltsschere heraus. Señoras y Señores, disculpe la molestia – Meine Damen und Herren, verzeihen Sie die Störung. Er habe ein Angebot, unglaublich, fast ein Geschenk. Diese Schere, ein Fabrikat aus China, rostfrei und scharf, kostet nur 10 Pesos. Und dafür bekomme man nicht nur die Schere, nein, zusätzlich sogar noch diese kleine Eisensäge, die er nun – geschickt wie ein Zauberkünstler – aus seiner Umhängetasche zaubert.

Das Angebot ist gut, die Inszenierung auch. Einige Passagiere schauen interessiert, eine Hausfrau nimmt prüfend die Schere in die Hand, kaufen will dennoch niemand. So packt er Schere und Säge ein und verläßt an der nächsten Haltestelle den Bus. Vielleicht sitzen im nächsten mehr Kunden.

Der knapp zwanzigjährige junge Mann mit den mittellangen, dunklen Haaren, dem dünnen Vollbart und der kleinen Zahnlücke heißt Nicolas. Er ist einer der vielen fliegenden Händler, die in Montevideo in den Autobussen arbeiten. Seit drei Jahren arbeitet er als vendedor ambulante, als fliegender Händler. Erfahrung mit diesem Metier hat er aber schon lange. Sein Vater war vor dreißig Jahren einer der ersten Busverkäufer in Montevideo, bereits als Elfjähriger half Nicolas ihm bei seiner Arbeit.

So wundert es nicht, daß er heute einer der erfolgreicheren Verkäufer ist. Schon an seinen Produkten ist das zu erkennen. Man arbeitet sich hoch, fängt mit Pfennigwaren wie Kaugummis oder einzelnen Bonbons an, steigert sich über Feuerzeuge, Zahnbürsten oder Taschentücher zu größeren Artikeln wie Brieftaschen und Handtücher. Die absolute Obergrenze für Waren liegt im Augenblick etwa bei zehn Pesos, Teureres kaufen die Buspassagiere nicht. Zehn Pesos, also etwa drei Mark fünfzig, verlangt Nicolas auch für seine Scheren, die aus China stammen.

Fast nur Importwaren, viele nach Uruguay eingeschmuggelt, werden im Bus verkauft. Nicolas holt seine Ware von Großhändlern, und er muß direkt bezahlen. Bei denen einen Kredit zu bekommen, ist fast unmöglich. Denn auch die Großhändler wissen: Die Konkurrenz unter den Straßenhändlern ist groß. Oft bleibt einer auf dem Nähzeug oder den Brieftaschen sitzen, und dann würde auch der Großhändler kein Geld mehr sehen. Nicolas beobachtet daher sehr genau, was andere Händler zu welchem Preis verkaufen, was in den Geschäften billig ist und was die Leute wollen. Verkalkulieren darf er sich nicht, denn Rücklagen hat er nicht. Was er im Großhandel kauft, muß er auch schnell wieder absetzen. Oft greift er daher auf die Erfahrung seines Vaters zurück, denn der kann ihm sagen, was sich wie am besten verkaufen läßt.

Nicolas hat eine ganz normale Arbeitswoche. An sechs Tagen in der Woche ist er jeweils acht Stunden in den verschiedenen Bussen zu finden. Der Sonntag? Der ist natürlich frei, lächelt er. Wieviel er verkauft? Die Scheren laufen zur Zeit ganz gut, 15 Stück am Tag sei schon möglich. Nach Abzug der Kosten bleiben dann etwa 90 Pesos am Tag, das sind im Monat etwa 750 Mark. Der Verdienst ist gut, in einer Fabrik ist bei gleicher Arbeitszeit als ungelernter Arbeiter weniger zu holen. Steuern zahlt Nicolas keine, weil – wie er sagt – niemand sie verlangt. Ansonsten würde er das con gusto, mit Vergnügen, tun. Eine Sozialversicherung zahlt er ebenfalls nicht, weil er die natürlich nicht hat.

Nicolas' Perspektive? Wahrscheinlich wird er Händler in einem Bus bleiben. Seine Aussichten sind nicht gut, und seine Träume sind daher bescheiden. Ein Straßenstand auf der Einkaufsstraße, auf der 18 de Julio, das wäre schon schön.

Mobiler Schlüsseldienst in Montevideo

Kulturelle Grundlagen

Sprache

In Uruguay wird spanisch gesprochen, *castellano,* wie das Spanische in Südamerika genannt wird. Allerdings gibt es in Uruguay – ähnlich wie in Argentinien – viele Varianten zum spanischen Spanisch. Diese Varianten finden sich nicht nur im Wortschatz, sondern vor allem in der Grammatik und in der Aussprache (S. 264).

Im Norden des Landes, in den Grenzorten zu Brasilien, sprechen viele Uruguayer auch zusätzlich portugiesisch.

Religion

Laut offiziellen Statistiken gehört zwar die Mehrheit der Bevölkerung der katholischen Kirche an, sie ist jedoch zum großen Teil nicht kirchenfreundlich eingestellt.

Anders als im Nachbarland Argentinien ist der Einfluß der katholischen Kirche gering. Staat und Kirche sind seit der Verfassung von 1917 (1919 in Kraft getreten) getrennt. Zwar wurde Uruguay noch in der Verfassung von 1830 als katholisches Land bezeichnet, doch die vielen Freimaurer, Anarchisten, Sozialisten und Kommunisten, die ab Mitte des 19. Jh. nach Uruguay einwanderten, begrenzten den Einfluß der Kirche. Mit der Verfassung von 1919 wurden Staat und Kirche endgültig voneinander geschieden. Religion wurde zur Privatsache erklärt, der Religionsunterricht in staatlichen Schulen abgeschafft.

Bereits 1928 schrieb Otto Bürger in seiner »Landeskunde Uruguay« über die Kirche: »Die (katholische) Kirche hat im allgemeinen schon seit langer Zeit einen sehr schweren Stand in Uruguay. Die Bevölkerung, zumal die spottsüchtige niedere, ist nichts weniger als strenggläubig, und die Regierung hat Jahrzehnte das ihre getan, sie der Religion zu entfremden.«

Die Toleranz, mit der die Anhänger der verschiedenen Religionen heute zusammenleben, ist groß. In Montevideo gibt es neben den katholischen auch große evangelische und jüdische Gemeinden. Auf dem Land finden sich zahlreiche Mennonitensiedlungen.

Heiligenfiguren der Göttin Iemanya

Gläubige beim Fest für Iemanya

In den letzten Jahren ist Uruguay und vor allem Montevideo verstärkt zum Missionsgebiet finanzstarker nordamerikanischer Sekten geworden. Viele alte Kinos wurden zu Kirchen umgewandelt, hier feiern heute die Adventisten des Siebten Tages oder die Mission des Göttlichen Lichtes ihre Messen. Die Sekten besitzen inzwischen über 150 Programme in Rundfunkstationen, sie verteilen Flugblätter vor ihren Kirchen und haben immer mehr Zulauf. So soll die Pfingstbewegung inzwischen 100 000 Anhänger haben, die Zeugen Jehovas schätzen die Zahl ihrer Mitglieder auf 20 000.

Viele Anhänger gewinnen auch die afro-brasilianischen Religionen. Sie tauchen in fast keiner Statistik auf und werden häufig nur als Kulte bezeichnet. Viele dieser Religionen sind synkretistisch, d.h. sie verbinden katholische mit animistischen Vorstellungen. Der Vizepräsident der Asociación para el Desarrollo de la Cultura Afro-Uruguay, Roberto Campos, macht in einem Zeitungsinterview die Gründe dafür deutlich: »Die Verbindung der christlichen Heiligen mit den Göttern der ur-

Festtag für Iemanya

Der 2. Februar ist Festtag für Iemanya. Sie ist die gute Göttin des Wassers, Symbol für Fruchtbarkeit und Fortpflanzung in den afrobrasilianischen Religionen.

Nach Einbruch der Dunkelheit haben sich bereits Zehntausende von Menschen am Meer versammelt. Sie werfen Blumen ins Wasser, auch Melonenhälften oder gar geschlachtete Hühner. Auf selbstgebastelten Schiffchen und Pappbrettern werden Kerzen entzündet und auf die Wellen gesetzt. Gläubige graben Löcher in den Sand, setzen Kerzen oder eine mitgebrachte Melone als Opfergabe hinein. Eine Gruppe arbeitet seit mehreren Stunden an einem etwa vier Meter großen Sandrelief der Göttin Iemanya.

Umringt von einer Gruppe hockt ein *pai* im Sand und berät die Gläubigen. Er streicht ihnen zwischendurch immer wieder mit einem grünen Zweig über Kopf, Schultern und Arme. Konzentriert, ohne sich von den Zuschauern ablenken zu lassen, hört er zu. *Pai* ist eigentlich nicht zu übersetzen, es ist – wenn man so will – der Priester oder besser das Medium, über den sich der Kontakt zu den Gottheiten herstellen läßt. Im Gegensatz zu anderen Religionen gibt es in den afro-brasilianischen Kulten die vollständige Gleichberechtigung: Neben den *pae* gibt es die *mae,* die weiblichen Medien. Sie beraten die Gläubigen nicht nur in Glaubensfragen, auch praktische und psychologische Beratung und die Behandlung von Krankheiten durch traditionelle Medizin gehören zu ihrem Programm.

Eine Familie hat es sich im Sand bequem gemacht. Die Mutter sitzt im Campingstuhl, in der Hand das für die Uruguayer typische *mate*-Gefäß. Neben ihr steht eine Thermoskanne, aus der sie hin und wieder heißes Wasser auf ihren *mate*-Tee gießt. Sie schaut den Kindern zu, die ein Loch für Kerzen und Früchte in den Sand graben. Neben den Kindern steht eine Figur des hl. Georg, dargestellt im Kampf mit dem Drachen. Auf der anderen Seite ist eine Iemanya-Figur aufgestellt, die an die klassische Darstellung der Maria erinnert.

Die Teilnehmer an Iemanya kommen aus allen Schichten, in Montevideos Reichenviertel Carrasco wird ebenso am Strand geopfert wie in Pocitos, wo der moderne Mittelstand zu Hause ist. Viele kommen aber auch aus den sogenannten marginalisierten Schichten: So sind beispielsweise viele Homosexuelle oder Transvestiten unter den Anhängern der afro-brasilianischen Religionen zu finden. Der Grund: Hier gibt es keinerlei sexuelle Vorurteile.

Aber auch von offizieller Seite werden diese Religionen mehr und mehr anerkannt. 1993 wurde das Iemanya-Fest erstmals auch vom Oberbürgermeister Montevideos besucht, seit 1994 steht am Strand ein Denkmal für Iemanya.

Wie in Trance wälzen sich einige Gläubige beim Fest für die Göttin Iemanya im Wasser

Die Opfergaben werden beim Iemanya-Fest dem Meer übergeben

sprünglich animistischen Religionen der Afrikaner war für die Sklaven die einzige Möglichkeit, ihre religiösen Vorstellungen zu bewahren.« So habe fast jeder katholische Heilige einen entsprechenden Gott in einer afrobrasilianischen Religion, der hl. Georg ist beispielsweise Ogún. Die Sklaven konnten also zum hl. Georg beten, baten aber in Wahrheit Ogún um Hilfe.

Inzwischen nimmt – so die Schätzungen – jeder zehnte Uruguayer an religiösen Sitzungen teil. »In Montevideo gibt es ungefähr 1200 Gruppen der afro-brasilianischen Religionen, im ganzen Land sind es inzwischen etwa 6000«, weiß Campos. Für ihre Popularität hat er ein ganz entscheidendes Argument: »Die afrobrasilianischen Religionen bieten Lösungen hier und jetzt, sie vertrösten nicht erst auf das Jenseits.«

Bildung

Das Bildungsniveau Uruguays ist hoch. Die Analphabetenquote ist mit etwa 5 % im Verhältnis zum Nachbarland Brasilien (offiziell über 20 %) sehr gering. Das öffentliche Schulsystem ist gut ausgebaut, die öffentlichen Schulen sind wie die Universität kostenfrei, und es herrscht eine neunjährige Schulpflicht. Allerdings ist das Stadt-Land-Gefälle bei den Bildungschancen beträchtlich.

Die einzige Universität des Landes ist in Montevideo. Daneben existieren andere weiterführende Bildungseinrichtungen wie die »Universidad de Trabajo«, eine Art Fachhochschule, oder die private »Universidad Catolica«. Uruguay leidet nicht unter Akademikermangel, vielmehr ist es für Hochschulabsolventen schwierig, eine adäquate Stelle finden. Viele Akademiker verlassen deshalb das Land. Bevorzugte Ziele sind nicht etwa die beiden großen Nachbarländer Argentinien und Brasilien, sondern die USA, Kanada oder Länder in Europa.

Medien

Montevideo ist eine Zeitungsstadt. Bis auf einige unbedeutende Blätter erscheinen alle Zeitungen Uruguays – ein halbes Dutzend verschiedener Tageszeitungen und ebensoviele Wochenblätter – in der Hauptstadt. Eine Tageszeitung kostet umgerechnet 2,50 bis 3 DM, die beiden bekannten Wochenzeitungen »Brecha« und »Busqueda« kosten je 4,40 DM, sehr viel Geld für den Durchschnitts-Uruguayer.

Zusammen erreichen alle tagesaktuellen Zeitungen eine Auflage von etwa 100 000 Exemplaren täglich. Das größte Blatt ist »El Pais«, die Zeitung der Partido Nacional (Blancos) mit einer Auflage von 50 000 Exemplaren. »La Republica« folgt mit einer Auflage von ca. 20 000 Stück, und alle anderen Blätter kommen zusammen auf eine Auflage von etwa 30 000 Exemplaren.

Traditionell dominieren Medien, die von den verschiedenen politischen Parteien abhängig sind. Unabhängiger, nicht parteigebundener Journalismus ist weitgehend unbekannt. Medien

Zeitungskiosk an der Plaza Constitución in Montevideo

entstanden in Uruguay nicht zur Information der Bevölkerung, sondern als Mittel zur Verbreitung der eigenen politischen Haltung. Die Journalisten verstanden sich lange immer nur als schreibende Politiker. Während der Militärdiktatur änderte sich das. Nachdem der Spielraum für die Opposition ab 1980 größer geworden war, entstanden einige kritische Blätter.

Die meisten Zeitungen sind in einer wirtschaftlich unsicheren Lage. Relativ ungefährdet sind die Wochenzeitung »Busqueda« und die Tageszeitung »El Pais«. Alle anderen Printmedien haben große Probleme. So mußte das traditionsreichste Blatt des Landes »El Día« – der Partido Colorado zugerechnet – im Dezember 1990 nach 114 Jahren sein Erscheinen einstellen. »El Pais« hat sich von einer seriösen politisch-sachlichen Zeitung hin zu einem Boulevardblatt gewandelt und setzt nun vor allem auf Anzeigen, und auch »La Republica« setzt mehr und mehr auf Boulevardjournalismus. »Ultimas Noticias«, eine Zeitung, die mittags erscheint und die auch nicht unmittelbar gefährdet ist, hat reiche Geldgeber im Hintergrund: Die Moon-Sekte, die in Montevideo auch das beste Hotel am Platz, das Victoria Plaza Hotel, besitzt.

Radiosender gibt es in Hülle und Fülle. Sie gehören Parteien oder Geschäftsleuten, senden vorwiegend Musik, ein wenig Nachrichten und viel Werbung. In jeder noch so unbedeutenden Kleinstadt gibt es mehrere Sender, in Montevideo Dutzende.

Das Fernsehprogramm wird ebenfalls von privaten Sendeanstalten kontrolliert. Es werden vorwiegend Unterhaltungssendungen, amerikanische Serien und Werbung ausgestrahlt. Eine Spezialität sind die Telenovelas, täglich ausgestrahlte Serien, die sich in allen lateinamerikanischen Ländern, so auch in Uruguay, großer Beliebtheit erfreuen.

Literatur

Eine eigenständige Nationalliteratur Uruguays entstand mit der Unabhängigkeitsbewegung und dem wachsendem Nationalgefühl. Vorher gab es vorwiegend Gesänge der indianischen Urbevölkerung sowie der Gauchos, die aber nicht aufgezeichnet wurden. Erst Bartolomé Hidalgo (1788–1822), der von 1811 bis 1818 zu den Truppen José Artigas' gehörte, brachte Elemente dieser Gauchoweisen in die Literatur ein. Am bekanntesten wurden sei-

Leseland Uruguay: Auf dem Flohmarkt in der Dr. Tristan Navarra in Montevideo bleibt eine Seitenstraße den Antiquariaten vorbehalten

ne *cielitos* – Spottlieder politischen Inhaltes – und die drei Diálogos, die ab 1818 in Argentinien entstanden. Zwei Gauchos kommentieren mit ungewöhnlich farbiger Sprache und ebenso ungewöhnlicher Lebendigkeit das politische Geschehen. Hidalgos Gaucholiteratur beeinflußte wahrscheinlich auch die Arbeit des Argentiniers José Hernández, dessen »Martín Fierro« zum großen Epos der Gauchos wurde.

Der erste große Romanautor Uruguays war Eduardo Acevedo Díaz (1851–1921), der als Blanco-Offizier an den Revolutionen von 1870, 1875 und 1897 teilnahm, sich aber nach 1903 aus der Politik zurückzog. Er schuf in seinen Romanen – zu erwähnen ist besonders »Ismael« (1888) – ein Panorama der uruguayischen Unabhängigkeitskämpfe. Erwähnenswert ist auch seine Erzählung »El combate de la tapera« (1892), die vom Leben der Landbewohner berichtet.

Als »Poet des Vaterlandes« wird oft Juan Zorrilla de San Martín (1855–1931) bezeichnet. Sein Ruhm beruht nicht nur auf der patriotischen Ode »La leyenda patria«, sondern vor allem auf dem Werk »Tabaré« (1888, Überarbeitung 1923). Die lyrisch-epische Dichtung handelt von Tabaré, dem Sohn einer Spanierin und eines Charrúa-Häuptlings. Tabaré verliebt sich in die Tochter eines Eroberers, rettet diese vor einem wilden Häuptling, der sie entführt hatte, und bringt sie zu ihrem Vater zurück. Dieser tötet jedoch Tabaré, weil er ihn für den Entführer hält. Zorrillas Werk lehnt sich sprachlich eng an die spanische Romantik an, besonders der Einfluß Bécquers kann beobachtet werden.

Um 1900 erlebte die uruguayische Literatur eine Blütezeit. Nicht nur Zorrilla de San Martín, auch andere Autoren wie Julio Herrera y Reissig (1875–1910), Florencio Sánchez (1875–1910), Carlos Reyles (1868–1938) und Javier de Viana (1869–1926) veröffentlichten zahlreiche Werke, die sowohl dem Naturalismus als auch dem Modernismus verpflichtet waren. Summierend wird diese Gruppe von Autoren die Generation von 1900 genannt. Julio Herrera y Reissig ist der umstrittenste dieser Autoren, er wird von der Literaturkritik einerseits hochgelobt und als einer der größten Dichter Lateinamerikas bezeichnet, andererseits als überladen und abstrus kritisiert. Delmira Auguatini (1886–1914) mit ihrem Hauptwerk »Los cálices vacíos« (1913, darin das Gedicht »Fiera de amor«) wurde dagegen als Autorin wegen ihrer erotisch-sinnlichen Lyrik bekannt.

Einen großen Einfluß auf die kulturphilosophische Diskussion hatte der Politiker und Schriftsteller José Enrique Rodó (1871–1917). Sein Hauptwerk ist der Essay »Ariel« (1900). Rodó verweist hier auf Shakespeares Drama »Der Sturm«, in dem die beiden Diener Prosperos, Ariel und Kaliban, tragende Rollen spielen. Der Luftgeist Ariel verkörpert für Rodó das universalistische Bildungsideal, das vom griechisch-lateinischen Kulturerbe getragen wird, der mißgestaltete Kaliban dagegen das bloße Nützlichkeitsprinzip. Rodó verknüpft mit dieser Beschreibung eine Charakterisierung von Südamerika (Ariel) bzw. eine Kritik des US-amerikanischen Utilitarismus (Kaliban), den er als bloß technischen Fortschritt angreift.

Ab den 20er und 30er Jahren änderte sich die literarische Szene Uruguays. Die Themen wechselten, statt die Einsamkeit des Landesinnern zu beschreiben, wurde der Erfahrungshorizont Großstadt mehr und mehr thematisiert, ein Reflex auf die veränderten Lebensbedingungen: Montevideo hatte 1924 immerhin 422000 Einwohner und ein reiches Kulturleben, die meisten Autoren und ihre Leser lebten hier. Die Psyche des Großstadtmenschen, sein Verhalten, seine Lebensformen in der steinernen Umwelt wurden von Autoren wie Juan Carlos Onetti (s. u.) beschrieben.

Nach dem Zweiten Weltkrieg änderten sich die Themen erneut. Zwar wird weiterhin das Land- und Stadtleben beschrieben, im Mittelpunkt stehen aber nicht mehr die unmittelbaren Lebenserfahrungen, sondern häufig das Verhältnis der Menschen zur Gesellschaft und zum Staat.

Dabei sind die vermittelten Erfahrungen selten positiv. Die meisten Autoren und Autorinnen zeichnen ein negatives Bild von der Entwicklung der uruguayischen Gesellschaft.

So geht es in Mario Arreguis (1917–85) Erzählungen meist um die Themen Einsamkeit, Lebenskampf und Tod. Sylvia Lago (* 1932) kritisiert die Frustration, Heuchelei und Ziellosigkeit der Gesellschaft, und auch Armonía Somers (* 1914) sieht die menschliche Gesellschaft durch Heuchelei, Unfähigkeit zur Kommunikation und Unterdrückung gekennzeichnet.

Mit Beginn der Militärdiktatur wurde das rege literarische Leben Uruguays empfindlich gestört. Viele Schriftsteller und Schriftstellerinnen wurden festgenommen, teilweise auch gefoltert und lange Jahre inhaftiert oder mußten ins Ausland exilieren. Die meisten kehrten nach Beendigung der Diktatur zurück. Heute stellt vor allem die Wochenzeitung »Brecha« für viele Autoren und Autorinnen ein wichtiges Forum dar.

Viele bekannte uruguayische Schriftsteller sind ins Deutsche übersetzt worden (S. 270).

Juan Carlos Onetti

»Der Mann, der mir die Hälfte seines Büros vermietet hatte – er hieß Onetti, lächelte nicht, trug Brille, legte die Vermutung nahe, daß er nur zu imaginären Frauen oder engsten Freunden symphatisch war – der Mann mit dem gelangweilten Gesicht fragte nie etwas (...) kein Anzeichen für einen Wunsch größerer Vertraulichkeit. Onetti grüßte mich einsilbig, jedoch mit einem unbestimmten Beiklang von Zuneigung, ein unpersönlicher Scherz. Er grüßte mich um zehn, bestellte um elf einen Kaffee, empfing Besuche und telefonierte, prüfte Schriftstücke, rauchte ruhig und unterhielt sich mit einer unveränderlich tiefen und trägen Stimme.«

Diese Beschreibung von Juan Carlos Onetti, des wohl bekanntesten und vielleicht auch bedeutendsten Schriftstellers Uruguays, stammt nicht von einem Kollegen – sie stammt von ihm selbst. In »La vida breve« (Das kurze Leben) findet sich diese Selbstcharakteristik. Sie scheint realistisch, denn Curt Meyer-Clason, einer der deutschen Übersetzer Onettis, zitiert in seinem Nachwort zu Onettis Meisterwerk »Die Werft« den argentinischen Literaturkritiker Luis Harss über Onetti: »Wie die Stadt Montevideo wirkt er müde und mittleren Alters. Er ist groß, hager, graumeliert mit weißen Flecken im Haar, schlaflose Augen irren hinter Hornrandgläsern, qualvoll grimassierende Lippen, hohe professorale Stirn, das Schlurfen eines alternden Beamten. (...) Er lebt zurückgezogen, einsam, ohne Bindungen mit Ausnahme einer Folge von Ehefrauen und seinem treuen Begleiter, dem Alkohol. Diese Isolierung – so erklärt er selbst – habe ihn zum Schriftsteller gemacht, ohne sein Zutun, aus unerklärlichen Gründen, aus Gewohnheit, ›die mein Laster wurde, meine Leidenschaft, mein Unglück‹. Er trägt sein Kreuz, als büße er eine namenslose Schuld, die nie gesühnt oder vergeben werden kann.«

Juan Carlos Onetti wird am 1. Juli 1909 als Sohn eines Zollbeamten in

Montevideo geboren. Er besucht das Gymnasium, verläßt es ohne Abschluß, arbeitet in verschiedenen Berufen, zieht 1930 nach Buenos Aires und kehrt 1934 nach Montevideo zurück. 1933 wird seine erste Erzählung publiziert, 1939 wird er Redakteur der Zeitschrift »Marcha« und veröffentlicht seinen ersten Kurzroman »El pozo« (Der Schacht). Ab 1941 ist er Redakteur bei der Nachrichtenagentur Reuters in Buenos Aires, er bleibt dort bis 1955 und publiziert zwischendurch die Romane »Tierra de nadie« (Niemandsland) und 1950 »La vida breve« (Das kurze Leben). 1951 erscheinen einige Erzählungen, 1955 kehrt er nach Montevideo zurück und wird 1957 Direktor der Bibliothek in Montevideo. 1961 erscheint sein wohl wichtigstes Werk »El astillero« (Die Werft), 1962 (und 1985) erhält er den uruguayischen Nationalpreis für Literatur. 1974 wird Onetti als Jurymitglied der Zeitung »Marcha« von den Militärs verhaftet. Die Zeitung hatte eine als subversiv angesehene Erzählung von Nelson Marra prämiert. Onetti bleibt drei Monate inhaftiert, kann aber danach nach Spanien ausreisen. Von 1975 ab lebt er in Madrid, wo er auch 1980 den Cervantes-Preis, den wichtigsten Literaturpreis spanischer Sprache, erhält. Er stirbt am 30. Mai 1994 in Madrid.

Onettis Selbstbeschreibung und auch die des argentinischen Kritikers sagen viel über sein Werk aus. Die meisten Romane spielen in einer Stadt am Fluß. Santa María heißt sie und vereinigt Züge von Montevideo und Buenos Aires sowie den Landstädten im Río-de-la-Plata-Gebiet. Santa María ist verfallen, genau wie die Werft, die Larsen, ein immer wiederkehrender Held in Onettis Romanen, im gleichnamigen Roman übernimmt. Nichts funktioniert, die Anlagen sind verrottet. »Straßen aus Erde oder Lehm ohne Spuren von Fahrzeugen, schraffiert von den Lichtverheißungen der neuen Beleuchtungsmasten; und in seinem Rücken das unbegreifliche Betongebäude, die von Schiffen, von Arbeitern leere Rampe, die Kräne aus Alteisen, die kreischen und brechen mußten, sobald sie jemand in Bewegung setzte.«

Man kann Onettis Romanwerk als kritisches Abbild der politischen und sozialen Realität Uruguays und Argentiniens lesen. Zugleich ist es aber auch eine düstere Beschreibung der Realität des Lebens an sich. In allen Romanen Onettis ist die Umgebung unwirtlich und abweisend, in ihr lebt jeder erfolglos, einsam und isoliert. Sich dagegen aufzulehnen ist sinnlos. Einige von Onettis Figuren versuchen es zwar, sie scheitern jedoch. Die Welt ist in Auflösung, sie zerfällt, als einzige Sicherheit bleibt der Tod.

Mario Benedetti

Wer hätte mir vorher gesagt,
daß dies mein Schicksal ist.

Den Regen durch spiegelverkehrte Lettern sehen,
eine Wand voller Flecken die an Prominente
denken lassen,
die Dächer der wie Fische glänzenden
Omnibusse
und diese Melancholie die sich auf die
Hupen legt.

Hier gibt es keinen Himmel,
hier gibt es keinen Horizont.

Hier gibt es einen Tisch groß genug für alle Arme
und einen Stuhl der sich dreht wenn ich auf und
davon will.
Ein weiterer Tag geht zu Ende und dies war also
das Schicksal.

Selten daß einer Zeit zur Traurigkeit hat;
immer ertönt eine Anweisung, ein Telephon,
eine Klingel,
es ist nun einmal verboten über den Büchern
zu weinen
denn es macht sich nicht gut wenn die Tinte
verläuft.

Die Welt der Büroangestellten, der Mittelschicht, ist wie in diesem Gedicht »Angelus« eines der Hauptthemen im Werk von Mario Benedetti. Der am 14. September 1920 in Paso de los Toros geborene und heute in Montevideo und Madrid lebende Autor ist mit seinen Prosawerken und seiner Lyrik einer der meistgelesenen Autoren Uruguays. Benedetti besuchte in Montevideo die Deutsche Schule, war kurz Angestellter in einer staatlichen Behörde, danach Journalist, u.a. bei der Zeitschrift »Marcha«. Von 1968–71 leitete er in Havanna (Kuba) das Centro de Investigaciones Literarias. Nach dem Militärputsch 1973 mußte Benedetti das Land verlassen. Er nahm zunächst Exil in Buenos Aires, nach dem Putsch in Argentinien ging er nach Lima (Peru), später nach Havanna, Palma de Mallorca und zuletzt nach Madrid.

Benedettis Gedichte, die teilweise auch vertont wurden, zeigen beispielhaft die Frustration und die Mittelmäßigkeit der Angestelltenwelt. Er benutzt als sprachliches Material Gesprächsfetzen, Floskeln und Formeln, die er teilweise mit viel Sprachwitz kombiniert. Politischer wird seine Lyrik nach der kubanischen Revolution (1961), später werden Exilerfahrungen verarbeitet (ab 1974).

Mann sein Land aus dem Exil betrachtend

Grünes verwundetes Land
wirkliche Heimat
du arm Vaterland

rauhes und leeres Land
frische Grabstatt
Blut über Blut

nahes und fernes Land
Henkers Gelegenheit
die Besten im Block

Geige im Kasten Land
oh Spitalsruhe
oh armer Artigas

tief erschüttertes Land
Faust und Federkiel
Kerker und Weiden

du wirst dich wappnen Land
Zug um Zug
Volk mein Volk

das ich nicht habe Land
wirkliche Heimat du
arm Vaterland

Meisterhaft sind auch Benedettis Erzählungen. Minutiös, sarkastisch und subtil beschreibt er in »Montevideanos« (1959) das Leben in der Großstadt, die alltäglichen Niederlagen, die einengenden Konventionen, die fehlende Energie, die sexuellen Komplexe und die politische Anpassung der Angestelltenwelt. Dabei wird seine Anklage niemals anteilnahmslos, genauso wie er die Mittelmäßigkeit beschreibt, schildert er auch Momente von ungeahnter Größe.

Einer seiner wichtigsten Romane ist »Primavera con una esquina rota« (1982, Frühling im Schatten). Benedetti beschreibt aus fünf verschiedenen Perspektiven die Erfahrung von Folter und (auch eigenem) Exil. Die Zerrissenheit der Familien, das Leiden der Inhaftierten und die Exilerfahrung, die ewige Unsicherheit und Flucht, die auch das schlechte Gewissen und das Mitleid der im Exil lebenden den Inhaftierten gegenüber einschließt, werden sensibel und eindringlich, aber dennoch auch mit Humor beschrieben.

Mario Benedetti ist nicht nur in Gedichten, Erzählungen und Romanen ein politischer Autor. Er hat auch immer journalistisch gearbeitet, beispielsweise bei »Marcha« bis zum Verbot der Zeitung 1973. Heute ist er regelmäßiger Autor für verschiedene lateinamerikanische Blätter und für die spanische Tagezeitung »El Pais«.

Eduardo Galeano

»Die internationale Arbeitsteilung besteht darin, daß einige Länder sich im Gewinnen und andere im Verlieren spezialisieren. Unsere Region der Welt, die, die wir heute Lateinamerika nennen, war frühentwickelt: Schon seit den fernen Zeiten, in denen die Europäer der Renaissance über das Meer vordrangen und ihr die Zähne in die Gurgel schlugen, spezialisierte sie sich im Verlieren. Die Jahrhunderte vergingen, und Lateinamerika vervollkommnete seine Funktion.«

Lateinamerikanische Geschichte, die Geschichte der Ausbeutung, Unterentwicklung und Unterdrückung ist das wichtigste Thema der Arbeit von Eduardo Galeano. Der am 3. September 1940 in Montevideo unter dem Namen Eduardo Hughes Galeano geborene Autor schrieb mit 31 Jahren sein bekanntestes Buch »Las veinas abierta de América Latina«. Es erschien 1971 in Montevideo und wurde später in fast alle Weltsprachen übersetzt. Seit 1973 gibt es das Buch »Die offenen Adern Lateinamerikas«, aus dem auch das obige Zitat stammt, auf deutsch.

»Die offenen Adern Lateinamerikas« ist eines der Standardwerke zur Geschichte des Kontinents, geschrieben voller politischen Engagements, voll wissenschaftlicher Gründlichkeit, aber auch Polemik. Galeano beschreibt die wirtschaftliche Ausbeutung, die Schrecken der Kolonialzeit und der Diktaturen, den Einfluß der internationalen Kapitalgesellschaften und des Weltwährungsfonds mit exakter Geschichtsschreibung, die den Blick auf unbekannte Fakten lenkt und sich nicht in bloßem Zahlenspiel erschöpft.

Eduardo Galeano kam früh zum Journalismus. Bereits mit 20 Jahren wurde er stellvertretender Chefredakteur von »Marcha«, später Direktor der linken Zeitschrift »Epoca«. Von den Militärs verfolgt, ging er 1973 nach Buenos Aires, gründete dort die Zeitschrift »Crisis«, die aber 1976 nach dem Militärputsch in Argentinien verboten wurde. Galeano mußte weiter exilieren, er ging nach Spanien, von wo er 1985 nach Montevideo zurückkehrte. Heute lebt er in Montevideo und ist u.a. Mitherausgeber der Wochenzeitung »Brecha«.

Galeano unterscheidet nicht zwischen Literatur und Journalismus. Ist »Die offenen Adern Lateinamerikas« noch mehr journalistisch angelegt, so ist sein dreibändiges Werk »Memoria del fuego« (1982–86, Erinnerungen an das Feuer) eine Sammlung von literarischen Kleinszenen, Anekdoten und Aphorismen sowie literarischen Zeugnissen vergangener Jahrhunderte. Galeano zeigt hier, wie die in »Die offenen Adern Lateinamerikas« beschriebene Geschichte konkret faßbar für den einzelnen Menschen wird.

Galeano war zweimal Preisträger der kubanischen Casa de las Américas, er erhielt diese wichtige Auszeichnung für seinen Roman »La canción de nosostros« (1975, Wenn die Erde aufsteigt) und für den sehr persönlichen Bericht, vor allem aus seiner Zeit in Buenos Aires »Días y noches de amor y de guerra« (1978, Tage und Nächte von Liebe und Krieg).

Theater und Kino

Obwohl es erst seit 1947 ein festes Nationaltheater in Montevideo gibt, war auch schon vor dieser Zeit das Theaterleben in Uruguays Hauptstadt rege gewesen. Bereits 1856 wurde das Teatro Solís eröffnet, damals einer der schönsten und prunkvollsten Theaterbauten Südamerikas.

Das uruguayische Theater lebte aber bis zum Ende des Zweiten Weltkrieges vorwiegend von Gastspielen internationaler Theaterensembles. Diese brachten ihr Programm mit, eine eigenständige Theaterkultur konnte so nicht entstehen. Bekannt wurde lediglich Florencio Sánchez (1875–1910), der ab 1902 Theaterstücke schrieb. Sein Theater ist weitgehend naturalistisch, das bekannteste seiner 20 Werke ist »M'hijo el doctor« (1902). Sánchez Theater ist sozialkritisch, gegen gesellschaftliche Vorurteile gerichtet, gleichzeitig ist es pessimistisch. Zu Lebzeiten war Sánchez wenig bekannt, erst ab den 20er Jahren wurde sein Werk in der gesamten spanischsprachigen Theaterwelt geschätzt.

Mit der Gründung des Nationaltheaters 1947 ging die systematische Förderung uruguayischer Autoren einher. Carlos Maggi (* 1922), Antonio Larreta (* 1922) und Mauricio Rosencof (* 1933) sind drei der wichtigeren uruguayischen Dramatiker. Maggi schreibt teilweise ins Absurde umschlagende Grotesken, von denen »La biblioteca« (1959), eine Satire auf die Bürokratie, und »La noche de los ángeles inciertos« (1960), ein Stück über einen ehemaligen Boxer, zwei der bekanntesten sind. Larreta hingegen ist ein sozialkritischer Autor. Sein Stück »Juan Palmieri« (1973) wurde mit dem Preis der Casa de las Américas (Kuba) ausgezeichnet. Das Stück erzählt die Geschichte einer Mittelschichtsfrau, die sich – als Mutter eines Tupamaros – zunehmend politisiert. Larreta reflektiert dabei die Geschichte Uruguays zwischen 1967 und 1971. Selbst Mitglied der Tupamaros war und ist Mauricio Rosencof. Er wurde 1972 als einer der Leiter der Tupamaros verhaftet, 13 Jahre in Einzel-, teilweise auch in Dunkelhaft gehalten und immer wieder schwer gefoltert. Seit den 60er Jahren ist Rosencof ein bekannter Theaterautor. Wichtige Werke sind z. B. »Las ranas« (1961) und das Drama »El saco de Antonio« (1985), in dem er eigene Erfahrungen aus seiner Haftzeit verarbeitet.

Zentrum des Theaterlebens ist Montevideo, in den Landstädten gibt es einige private Theatergruppen. Die wichtigsten Häuser sind das Teatro Solís und das Teatro Sodre, dazu kommen viele sehr gute privat betriebene Bühnen wie »El Galpon« oder »La Candela« im Stadtteil Pocitos.

Das Kino lebt vorwiegend von internationaler Produktion. Gegen die amerikanischen Filme aus Hollywood (immer mit Untertiteln) kommt die geringe uruguayische Produktion natürlich nicht an. Kinokarten sind verhältnismäßig teuer, deshalb sehen sich mehr und mehr Kinos zur Schließung gezwungen. Interessant ist die »Cinemateca«, eine Art Videokino, das mit öffentlichen Geldern gefördert wird. Hier wird ein anspruchsvolles, täglich wechselndes Programm gezeigt.

Musik

Von der Musik der einheimischen Charrúa-Indianer ist in Uruguay nichts überliefert. Die nach der Unabhängigkeit entstandene uruguayische Musik läßt sich in die drei Richtungen *musica culta* (ernste Musik), *musica popular* und *canto popular* unterteilen. Die Grenzen sind dabei fließend, vor allem bei den Komponisten, die in ihre ernste Musik Elemente der *musica popular* und des *canto popular* aufnehmen.

Innerhalb der *musica culta* dominierte bis zur Jahrhundertwende die europäische Musik. Vor allem die italienische Oper trat ab 1830 ihren Siegeszug nach Montevideo an. Die uruguayischen Komponisten orientierten sich an europäischen Vorgaben. Wichtige Vertreter dieses Stils waren Tomás Garibaldi (1848–1930), der die erste uruguayische Oper »La Parisina«

Die verschiedenen Formen der musica popular auf einem Wandbild in Montevideo – im Vordergrund der König des Tangos, Carlos Gardel

Candombé-Trommler

(1879) schrieb, und der Komponist der Nationalhymne Francisco Debalí.

Um die Jahrhundertwende wurden mehr und mehr Elemente der nationalen Volksmusik in die *musica culta* integriert. Einer der wichtigsten Komponisten der damaligen Zeit war Eduardo Fabini (1883–1950). Ähnlich arbeitete auch Luis Cluzeau Mortet (1893–1957).

Unter den moderneren Komponisten ist Héctor Tosar Errecart (* 1923) zu nennen. Er pflegt einen internationalen Stil, während Coriún Aharonián (* 1940) mehr als Protagonist einer speziellen lateinamerikanischen Musik gilt. Aharonián studierte in Montevideo, Paris und bei Luigi Nono in Venedig und arbeitet heute unter anderem mit Computerklängen, menschlichen Stimmen und realen Geräuschen. Für ihn ist die Musik auch ein Mittel in der politischen Auseinandersetzung zwischen der sogenannten Ersten und der Dritten Welt, Widerstand wird nicht nur politisch, sondern auch kulturell geleistet.

Montevideo besitzt ein Sinfonieorchester, eine Musikhochschule sowie ein städtisches und mehrere private Konservatorien.

Die *musica popular* wird vorwiegend von zwei Musikrichtungen dominiert, zum einen vom Candombé, der afrouruguayischen Musik, zu anderen vom Tango.

Die Original-Choreographie des Candombé ist heute leider verschwunden. Er war ein Tanz, der ursprünglich zur Krönung der Könige im Kongo aufgeführt wurde. Der Rhythmus wird auf drei oder vier Trommeln geschlagen, die »el chico« (die Kleine), »el repique« (das Glockenläuten), »el piano« (die Leise) und »el bombo« (die Pauke) genannt werden. Zwei oder drei Trommeln halten einen konstanten Rhythmus, die dritte oder vierte improvisiert frei darüber. Der Candombé lebt besonders im Karneval auf, aber auch an Weihnachten oder Silvester/Neujahr ziehen zahlreiche Tanzgruppen durch die Schwarzen-Barrios.

Der Tango ist die Musik der Weißen am Río de la Plata. Er hat zwar auch schwarze Wurzeln, wurde aber schon früh von den Weißen adaptiert. Er war die Musik der Vorstädte, seine Instrumente waren zunächst Flöte, Gitarre und Geige, später kam das Klavier hinzu, dann das Bandoneon, eine Knopfharmonika, die der Krefelder Hans Band (1821–60) um 1845 erfunden hatte; es gab dem Tango seinen unverwechselbaren Klang.

Montevideo streitet sich mit Buenos Aires darum, wo der Tango erfunden wurde, genau wie sich Uruguay und Argentinien nicht darüber einigen können, welche Staatsangehörigkeit der berühmteste Sänger des Tango, Carlos Gardel, nun hatte (er wurde in Frankreich geboren). Einer der bekanntesten Tangos, »La Cumparsita«, wurde jedenfalls von dem Uruguayer Matos Rodríguez komponiert.

»Tango ist eine traurige Musik, die man tanzt, wenn man fröhlich ist, und

Mosaik für Carlos Gardel

dann wird man wieder traurig«, läßt Mario Benedetti in »Frühling im Schatten« das Mädchen Beatriz sagen. Der Tango ist tatsächlich eine traurige Musik, sie entstand in den Armenvierteln, in den Bordellen, die Texte handeln von Armut und Verlust. Zwei Beispiele, die von Carlos Gardel gesungen wurden:

Al pie de la Santa Cruz – Am Fuß des Heiligen Kreuzes

Am Fuß des heiligen Kreuzes
Man ruft den Streik aus,
denn man hungert in den Häusern,
viel Arbeit gibt es
und nur wenig Lohn.
Und nach einem Zusammenstoß
mit blutigem Kampf,
unterwirft man an einen Mann
der Klassenjustiz.
Seine Alten wissen nicht,
daß sie ihn verurteilten,
da mitleidig lügt
seine arme Frau.
Vielleicht bringt ein Wunder
eine Begnadigung
und es kehrt zurück in sein Haus
das Glück der Vergangenheit.

Mi noche triste – Meine traurige Nacht

Meine traurige Nacht
Du hast mich verlassen
in meinen besten Jahren
mich zurückgelassen mit meiner verletzten Seele
und Stacheln in meinem Herzen,
wissend, daß ich Dich liebte,
und Du meine Freude warst
und mein mich versengender Traum,
für mich gibt es keinen Trost
und deshalb besauf ich mich,
um Deine Liebe zu vergessen.

Der Tango war zunächst die Musik der Unterschicht, er wurde geadelt, nachdem er in den Salons von Europa große Triumphe gefeiert hatte. 1907 wurde das erste Tango-Tanzturnier in Paris ausgetragen. Die europäische Oberschicht war begeistert, in Folge auch die am Río de la Plata.

Der Tango wurde populär, die Tanzschritte dem gehobenen Niveau angemessener, weg von der sinnlich-direkten Körpersprache. Musiker wie Carlos Gardel, Ignacio Garsini, Enrique Santos Discépolo, Rosita Quiroga und Tita Merello taten das ihrige dazu, den Erfolg in den 20er und 30er Jahren anzukurbeln. Neuerungen im Tango brachten erst die 50er Jahre. Zunächst Astor Piazzolla, später auch andere verknüpften den Tango mit moderner Klassik, mit Jazz- oder auch Rockklängen.

Der *canto popular* wurzelt im Volkslied des 19. Jahrhunderts. In Uruguay waren besonders die *cielitos* bekannt, kleine Tänze, die viel vom Unabhängigkeitskampf erzählten. Ab 1960 wandten sich in Uruguay wie in Argentinien, aber auch in den USA, Sänger, Dichter und Komponisten dem *canto popular* zu. Die wichtigsten Vertreter waren damals Alfredo Zitarrosa und Daniel Viglietti, die beide ab 1973 ins Exil gehen mußten. Beide wollten mit verständlichen politischen Texten und verständlicher Musik viele Menschen erreichen, ihre Botschaft war einfach zu verstehen. Viglietti:

Weg alle Zäune, weg alle Zäune,
Dieses Land ist unser, es ist deins und meins,
Ist Pedros und Marías, ist Juans und Josés,
Ist Pedros und Marías, ist Juans und Josés.

Andere Formen des *canto popular* bringen die *murgas*, Gesangsgruppen, die vor allem im Karneval auftreten, oder Autoren wie Leo Masliah mit seinen satirischen Texten. Der vielleicht bekannteste Vertreter des *canto popular* ist Jaime Roos. Er mischt Elemente verschiedener Musikrichtungen, Candombé und *murga*-Gesänge sind bei ihm ebenso zu finden wie Rockmusik oder Jazzelemente. Seine Auftritte sind sehr gut besucht, Texte wie der seines

Mit Trommel und Bandoneon: Tango auf der Straße

Stückes »Durazno y Convencion« sind zum Allgemeingut geworden.

Bildende Kunst und Architektur

Aus präkolumbischer Zeit und auch aus der frühen Kolonialzeit sind in Uruguay nur wenige Spuren erhalten. Eine eigenständige, sich an den Vorbildern der Herkunftsländer wie Italien, Spanien oder Frankreich orientierende bildende Kunst entstand ab der Unabhängigkeit.

Der erste bedeutende Maler Uruguays wurde im Jahr der Unabhängigkeit geboren. Juan Manuel Blanes (1830– 1901) malte meist großen Szenen aus der Geschichte des Landes.

Der Säulenvorbau der Banco de la República del Uruguay

Andere wichtige Künstler dieser Zeit waren Diógenes Hequet (1866–1902) und Federico Saez (1878–1901).

Die meisten Künstler Uruguays rezipierten lange die europäischen Kunstrichtungen und Vorgaben. Eine wichtige Ausnahme war Pedro Figari (1861–1938), einer der bedeutendsten Maler Lateinamerikas. Er schuf Bilder mit einer sehr persönlichen Note, stark farbige, ausdrucksvolle Szenen, die sich thematisch viel mit dem Leben der Schwarzen in Montevideo oder auf dem Land auseinandersetzten. Zahlreiche Straßenszenen oder Bilder von Gruppen schwarzer Musiker und Tänzer sind im Museum de Bellas Artes in Montevideo ausgestellt. Ebenfalls einen eigenen Stil, der viele Nachahmer in Uruguay fand, den »Universalismo Constructivo«, kreierte Joaquín Torres García (1874–1949). Rafael (Perez) Barradas (1890–1929) war ebenfalls einer der wichtigsten Zeichner, Illustratoren und Maler seiner Zeit.

Zwischen dem Ende des 19. und der Mitte des 20. Jh. lag auch die Blütezeit der uruguayischen Bildhauerei. Im klassizistischen Stil arbeiteten beispielsweise Zorrilla de San Martín und José Belloni. Ihre Werke wie das Gaucho-Denkmal (auf der 18 de Julio) und das der La Carreta (im Park José Batlle y Ordóñez) finden sich im Stadtbild von Montevideo.

Schulen wie die von Torres García waren in Uruguay allerdings lange die Ausnahme. Erst in den 50er Jahren entstanden Malergruppen, deren Mitglieder heute zu den wichtigsten Künstlern des Landes gehören. Viele Maler leben allerdings heute im Ausland, die relative Abgeschiedenheit Montevideos von den Kunstzentren der Welt mag hierfür der Grund sein. Wichtige uruguayische Maler sind heute: Manuel Espinola Gómez (*1921), Washington Barcala (*1920), Luis Alberto Solari (1918–93), Miguel Angel Pareja (*1908), Oscar Garcio Reino (1910–93), Jorge Páez Vilaró (*1923), Américo Spósito (*1924), José Pedro Costiglio (*1902), Hilda López (*1922), Jorge Damiani (*1931), Nelson Ramos (*1932) José Gamara (*1934) und Hugo Longa (*1934).

Die uruguayische Architektur läßt sich am besten in vier verschiedene Perioden, denen unterschiedliche Zeitepochen entsprechen, einteilen: die koloniale, die *criollo*-Epoche, die kosmopolitische und die internationale.

Anders als in vielen anderen Ländern Südamerikas ist der uruguayische Kolonialstil eher schlicht. Er verzichtet auf barocke Ausprägungen, die Kolonialbauten sind einfach, ohne große Ornamente. Musterbeispiele findet man in der Altstadt von Colonia. Das Haus ist meist ein einstöckiger Patiobau mit kleinen Fenstern. Es wurde aus Ziegelstein und Lehm erbaut, anfänglich mit einem Ziegeldach, später mit einem Flachdach als Söller.

Ab Mitte des 19. Jh. erfährt der Kolonialstil landestypische Abänderungen, der *criollo*-Stil entsteht. Italienische Einwanderer bringen Einflüsse der italienischen Renaissance in die Architektur ein. Die Fenster des Kolonialhauses werden größer, Balkone und Balustraden werden angebaut, Säulen und Friese gliedern den Bau.

Anfang des 20. Jh. entsteht in Folge der engeren internationalen Zusammenarbeit ein neuer Architekturstil. Baustile aus ganz Europa werden übernommen, variiert und miteinander gemischt. Wie in vielen Städten Europas (z. B. in Paris) entstehen auch in Montevideo große, fünf- oder sechsstöckige Gebäude mit Mietwohnungen, Mansarden, eingebauten Gitteraufzügen und vielen kleinen Balkonen mit schmiedeeisernen Balustraden.

Seit den 50er Jahren dieses Jahrhunderts triumphiert auch in Montevideo die internationale Architektur. Wie überall auf der Welt entstanden moderne Bürobauten. Im Unterschied zu vielen anderen Ländern jedoch spielen in Uruguay Naturziegel als Baustoff auch heute noch eine wichtige Rolle.

Gebäude an der Plaza Cagancha, Beispiel für die Architektur des frühen 20. Jahrhunderts

Sport

Die beliebteste Sportart ist Fußball. Es folgen mit großem Abstand Basketball – hier ist Uruguay eine der stärksten Nationen in Südamerika –, der Pferde- und der Radsport, Wassersportarten und Tennis, in Montevideo und Punta del Este gibt es auch Golfplätze und Poloclubs. Eine Besonderheit ist das Paddle-Spiel, eine Art Mischung aus Tennis und Squash, in dem der Ball mit einem Holzschläger gespielt wird. Das in Mitteleuropa unbekannte Paddle ist in Uruguay als Freizeitsport sehr beliebt, überall finden sich Hallen oder Plätze.

Nichts jedoch schlägt die Popularität des Fußballspiels. Schon die Allerkleinsten kicken auf der Straße und in Vereinen und an Wochenenden in den Baby-Fußball-Ligen, wo die Kinder von stolzen Eltern betreut werden. Alle Klubs der ersten nationalen Liga kom-

men aus Montevideo. Die beiden größten sind Peñarol und Nacional, jedes Jahr die Hauptkonkurrenten um die uruguayische Meisterschaft. Beide spielen im Stadion »Centenario«, dessen 60 000 Plätze jedoch nur beim direkten Aufeinandertreffen der Klubs oder bei Länderspielen ausverkauft sind. International scheint Uruguay zur Zeit in einer Krise zu stecken. Die Qualifikation zur letzten Weltmeisterschaft 1994 wurde nicht erreicht, und auch der letzte große internationale Erfolg liegt inzwischen Jahre zurück: 1987 wurde Uruguay Südamerika-Meister.

Die größten Triumphe der uruguayischen Fußballer waren die Olympiasiege 1924 und 1928, der Gewinn der Weltmeisterschaft 1930 im eigenen Land und der Sieg bei der Weltmeisterschaft 1950 in Brasilien. Damals gelang den Uruguayern ihr Meisterstück. Im ausverkauften Stadion von Rio, im Maracaná, führte Brasilien zur Halbzeit des Endspiels vor über 180 000 Zuschauern mit 1:0. Am Ende jedoch trumphierten die Uruguayer, mit 2:1 hatten sie die scheinbar unschlagbaren Brasilianer besiegt.

Sogar auf der Torte findet das Traditionsduell der beiden großen Klubs aus Montevideo, Peñarol und Nacional, statt

Verkauf von Fanartikeln auf dem Flohmarkt in Montevideo

Gesellschaft und soziales Leben

Sozialstruktur und Identität

Uruguay versteht sich traditionell als Land mit einer dominierenden Mittelschicht. Auf die Hauptstadt Montevideo trifft das auch heute noch weitgehend zu. Im Hinterland allerdings, in dem heute immerhin noch die Hälfte der Bevölkerung lebt, ist die Mittelschicht eher verschwindend klein: Es gibt Landbesitzer, teilweise Großgrundbesitzer, und es gibt viele Menschen, die entweder landlos sind oder von kleinsten Grundstücken leben müssen.

Doch auch in Montevideo gerät das Bild der Mittelschichtsgesellschaft allmählich ins Wanken. Die wirtschaftli-

Ruhepause vor der Intendencia in Montevideo; im Hintergrund ein Bronze-Abguß des David von Michelangelo

che Krise verändert die soziale Schichtung. Mehr als 20% der Bevölkerung leben inzwischen unterhalb der Armutsgrenze, und in Montevideo wächst die Zahl der *cantegriles,* der Elendsviertel. Pessimismus ist verbreitet: Bei Umfragen bezüglich der wirtschaftlichen Perspektiven des Landes warten seit 1986 immer mehr Menschen mit düsteren Zukunftserwartungen auf. So waren im April 1992 61% der Meinung, daß die wirtschaftliche Situation in einem Jahr schlechter oder viel schlechter sein werde. Zur Zeit ist Uruguay aber nach wie vor das Land mit den geringsten Unterschieden zwischen arm und reich innerhalb Südamerikas.

Die Angehörigen der Oberschicht leben zumeist in Montevideo, und zwar dort vorwiegend im Ortsteil Carrasco oder im modernen Stadtviertel Pocitos, sie verbringen ihren Urlaub im Ausland oder in Punta del Este. Ihr Lebensstil ist sehr von US-amerikanischen oder europäischen Vorbildern geprägt, ihre Kinder besuchen meist Privatschulen, später oft Hochschulen im Ausland. Die beliebteste Sportart ist nicht Fußball, statt dessen wird Golf, Polo oder Rugby gespielt. Die uruguayische Oberschicht stellt allerdings ihren Reichtum selten protzig zur Schau.

Das Bild der Mittelschicht ist vage und diffus. Innerhalb der Grenze zwischen Oberschicht und Unterschicht ist vieles möglich, ein Leben in Carrasco oder Pocitos beispielsweise oder auch im Arbeiterstadtteil Peñarol, Begeisterung für fremde und die eigene Kultur oder absolute Mittelmäßigkeit.

Die Unterschicht teilt sich in die normalen Arbeiter, die von ihrem Lohn mehr schlecht als recht leben können, und die wachsende Anzahl von Menschen, die ausgegrenzt werden, die in Elendsvierteln leben. Einfachste Blechhütten dienen als Unterkunft, sie entstehen auf Abrißgrundstücken oder freien Plätzen.

Die Wochenzeitung »Brecha« befragte zum Jahresende 1993 zahlreiche Künstler und Intellektuelle nach prägnanten Taten oder Ereignissen, die ihrer Meinung nach die uruguayische Identität gut widerspiegeln würden. Die meisten Autoren verwiesen auf das »Nein« der Uruguayer zum vorgelegten Verfassungsentwurf der Militärs 1980 (S. 36), Zeichen für die demokratische und liberale Tradition des Landes. Interessant ist auch die Antwort des Schriftstellers Mario Benedetti. Er verwies auf den Triumph der Uruguayer über die Brasilianer bei der Fußballweltmeisterschaft 1950 im Maracaná-Stadion in Rio de Janeiro (S. 85) und forderte in diesem Zusammenhang Realismus statt Träumereien von der glorreichen Vergangenheit: »Maracaná. Man hatte die Stärke, auf die eigene Kraft zu vertrauen, etwas, das immer gut für ein kleines Land war, das umgeben von Giganten ist. Aber gleichzeitig machte es uns unangenehmerweise glauben, daß wir größer wären, als wir es tatsächlich sind oder auch nur verdienen zu sein. (...) Aber über kurz oder lang, verwandelte sich der Geist von Maracaná in den Geist des Unfugtreibens (*macaneo* statt *maracaneo*), und heute umfaßt das nicht nur den Sport, sondern auch die Politik, die Ökonomie, das öffentliche Gesundheitswesen und anderes, in dem wir uns auch nicht qualifizieren.«

Genauso wie die Uruguayer sich mit dem Bild vom reichen, politisch und wirtschaftlich stabilen Land identifizierten, so hielten sie auch an dem allgemein vorherrschenden Bild fest, daß Uruguay ein »weißes Land« sei, seine Bewohner nur von Spaniern, Italienern, Deutschen, Engländern und anderen Europäern abstammten. Nur langsam setzt sich durch, daß auch das eine Legende ist (S. 25).

Auf der Plaza Cagancha in Montevideo

Intellektuelle bedauern die einseitige Orientierung auf Europa und das damit einhergehende Verleugnen der eigenen kulturellen Wurzeln in Lateinamerika. Sie fordern, daß man sich nicht an Standards messe, die in Europa vorgegeben werden.

Der Komponist Coriún Aharonian beispielsweise plädiert dafür, mit mehr Selbstbewußtsein zu den verschiedenen Wurzeln der lateinamerikanischen Kultur zu stehen. Er empfindet es als großen Fehler, daß sich bisher selbst die Vertreter der emanzipatorischen Bewegungen immer an europäischen Vorgaben orientieren. In einem Beitrag für das »Weißbuch Lateinamerika« des Wuppertaler Peter-Hammer-Verlages schrieb er: »Auf kulturellem Gebiet liefen die Forderungen der revolutionären Bewegungen fast immer auf eine – allerdings für alle kostenlose und obligatorische – europäische und europäisierende Erziehung hinaus. Das System erzieht (die Linke) zu einer Entfremdung von ihrer eigenen kulturellen Identität (Bob Dylan steht ihr näher als Violeta Para, Frank Sinatra ist weniger lächerlich als Los Panchos, Jacques Brel scheint ihr interessanter als Dorival Caymmi, die Beatles werden als eigener empfunden als Los Chalchaleros) und animiert sie, sich mit einem messianischen Sendungsbewußtsein vollzusaugen, dessen Zerstörungskraft nicht weniger stark ist als die der Eroberer, nur daß es sich um neue und subtile Eroberer handelt, die nichtsdestoweniger im Dienst des Imperiums stehen.«

Familienstruktur und Stellung der Frau

Wie in den meisten lateinamerikanischen Ländern ist in Uruguay – dank der Einwanderung aus Südeuropa – die Bedeutung der Familie groß. Der Familienverband ist wichtig, und die Kinder leben meist bis zur Gründung einer eigenen Familie im Elternhaus, auch wenn in Montevideo der Trend zur Kleinfamilie und Individualisierung inzwischen wächst. Uruguay hat jedoch einen Altersaufbau, der – verglichen mit anderen lateinamerikanischen Ländern – durch einen recht geringen Anteil junger Menschen gekennzeichnet ist.

Rechtlich betrachtet genießen Frauen weitgehende Gleichberechtigung. Bereits 1904 wurde ein erstes Scheidungsgesetz verabschiedet, das die Scheidung auch auf alleiniges Begehren der Frau möglich machte. 1917 wurde die Gleichberechtigung der Frau Verfassungsrecht, 1932 erhielten die Frauen aktives und passives Wahlrecht, und seit 1946 sind sie zivilrechtlich gleichgestellt.

Tatsächlich ist die vom *machismo* geprägte Gesellschaft Uruguays von wirklicher Gleichberechtigung noch weit entfernt. Obwohl in Montevideo fast die Hälfte der erwerbstätigen Bevölkerung weiblich ist, werden Frauen in der Regel geringer bezahlt, haben die schlechteren Jobs und weniger Aufstiegsmöglichkeiten. In der Politik ist die Frauenfrage bislang ein eher unbeachtetes Thema. So wird selbst innerhalb der Linken, beim Frente Amplio, nicht einmal über die Einführung einer Quotenregelung diskutiert.

Umgangsformen

Die normalen Anredeformen sind Señora und Señor, allerdings ist man in Uruguay schneller beim Du als in deutschsprachigen Ländern. Das Duzen entsteht formlos, selten wird es offiziell vom Gegenüber angeboten. Allerdings ist das *Usted,* das Sie, nie verkehrt.

Bei offiziellen Vorstellungen sind Visitenkarten fast unverzichtbar. Sie werden in großen Mengen ausgetauscht, dabei begrüßt man sich mit einem *encantado* (angenehm) und einem *cómo esta Usted?* (wie geht es Ihnen?). Die Grußformen entsprechen der Tageszeit. Von Sonnenaufgang bis Mittag grüßt man mit *buenos días,* von 12 bis 18 Uhr mit *buenos tardes* und danach mit *buenos noches*. Bei Bekannten sagt man alternativ lässiger *hola* oder *que tal?* (wie geht's?). Frauen untereinander oder Männer und Frauen begrüßen sich mit einem Kuß auf die Wange, Männer untereinander dagegen mit einem Schulterklopfen.

Bei Besuchen und Verabredungen sollte man vielleicht seine mitteleuropäische Pünktlichkeit vergessen. Mit Zeitangaben wird im allgemeinen lässiger umgegangen. Wenn eine Verabredung für 21 Uhr gilt, ist man um 21.30 Uhr immer noch sehr pünktlich. Mitbringsel bei Einladungen sind nicht üblich, schaden aber auch nicht.

Die Telefonsitten sind anders als in Deutschland. Fast nie stellt man sich vor, sondern verlangt denjenigen, den man sprechen will. Entsprechend dem anderen Tagesablauf ist es durchaus möglich, noch nach 22 Uhr ohne schlechtes Gewissen jemanden anzurufen.

Feste und Bräuche

Die beiden wichtigsten Volksfeste in Montevideo sind der Karneval und die Semana Criolla. Im Unterschied zu Argentinien wird in Uruguay Karneval gefeiert, zwar nicht so spektakulär wie in Rio de Janeiro, aber durchaus farbenprächtig. Schon einige Wochen vor dem tatsächlichen Termin ziehen vor allem die schwarzen Uruguayer in sogenannten *llamadas* durch die Straßen, begleitet von Candombé-Trommeln (S. 79). Woanders finden Auftritte von *murgas* statt. *Murgas* sind verkleidete Gesangs- und Musikgruppen, die meist mehrstimmig singend auf witzige Weise politische und gesellschaftliche Ereignisse kommentieren. Eine sehr bekannte *murga* ist z. B. »La Reina de la Teja« aus dem Stadtteil Teja. Höhepunkte des Karnevals sind die Umzüge in den Barrios Sur und Palermo sowie der stundenlange Umzug auf der 18 de Julio.

Was in den meisten Ländern Südamerikas Semana Santa heißt, nämlich die Osterwoche, wird in Uruguay als Semana de Turismo, in Montevideo auch als Semana Criolla bezeichnet. In der Semana Criolla wird auch in Montevideo die Gaucho-Kultur lebendig. An den Geschicklichkeitswettkämpfen nehmen dann die besten Gauchos aus Uruguay, Argentinien und Brasilien teil; es werden wilde Pferde zugeritten, verwegen gekleidete Gauchos spazieren durch die Menge, und der Grill kommt nicht zur Ruhe.

Wichtige Familienfeste sind Weihnachten und Silvester, ebenso Hochzeiten, Kindergeburtstage und die Taufe.

Das Grillen, das *asado,* ist eines der wichtigsten Freizeitvergnügen der Uruguayer. Es gibt kein Haus, das nicht über einen festgemauerten Grill verfügt, am Wochenende qualmt es aus allen Hinterhöfen. Dann stehen die Männer am Grill, denn das *asado* ist natürlich Männersache. Große Mengen von Fleisch werden verarbeitet, Gemüse oder Salat hat bei einem richtigen *asado* eigentlich nichts zu suchen. Zunächst gibt es Käse. Der wird geschmolzen und mit Kräutern bestreut als Vorspeise gegessen. Dann folgen Würste, Innereien, Filets und Steaks, alles in großer Menge. Wer noch kann, darf das Essen mit Nachtisch – beliebt ist *dulce de leche,* karamelisierte Milch – abrunden. Solch ein Grillabend dauert Stunden. Der *asador* hat dabei viel Arbeit: Er muß darauf achten, daß alles in der richtigen Reihenfolge gar wird und die mehr oder weniger hungrigen Gäste nicht zwischendurch womöglich vor leeren Tellern sitzen müssen.

Wer länger in Uruguay ist, wird sich an *yerba mate,* das Kraut Mate, das Nationalgetränk der Uruguayer, gewöhnen müssen. *Mate* wird überall getrunken, beim Zuschauen auf dem Sportplatz, im Büro oder im Laden, abends vor dem Haus sitzend. Selbst auf dem Flohmarkt in Montevideo kann man Uruguayer mit der *mate* in der Hand durch die Massen schlendern sehen. Die klassische Haltung des Urugayers: Unter dem linken Arm klemmt die Thermoskanne, in der linken Hand hält er das *mate*-Gefäß, in dem die *bombilla,* ein silbernes Saugrohr, steckt. Stehen zwei Freunde *mate* trinkend und redend zusammen, und kommt ein dritter hinzu, so wird auch er selbstverständlich in die Gesprächs- und *mate*-Runde miteinbezogen.

Mate wird in Uruguay wie in Argentinien mit heißem Wasser aufgegossen, in Paraguay wird sie auch kalt getrunken. Die zerkleinerten grünen *mate*-Blätter werden in das *mate*-Gefäß gefüllt, das Wasser darüber, so daß sich ein dicker Sud ergibt, der ein wenig wie von Algen überwuchertes Wasser aussieht. Mit der *bombilla* wird nun die Flüssigkeit herausgesaugt, dann konmt wieder neues Wasser aus der Thermoskanne darüber, und die nächste Runde *mate* kann beginnen. *Mate,* traditionellerweise Getränk der Gauchos – es nahm ihnen den Hunger und die Müdigkeit –, ist billig und wird größtenteils aus Paraguay und Brasilien importiert. Heißes Wasser erhält man fast überall – in Kneipen und Restaurants, mitunter auch an Tankstellen. Das *mate*-Gefäß kann unterschiedlich aussehen. Es ist meist eine Kalebasse, aus der Frucht des Flaschenkürbisses geschnitzt, in unterschiedlichen Formen und Größen. Die ganz edlen Gefäße sind mit Silber beschlagen, genau wie die teuersten *bombillas,* die ebenfalls aus reinem Silber sind (S. 121). Andere *mate*-Trinker zeigen dagegen mit *bombilla* und Thermoskanne, zu welchem Fußballverein in Montevideo sie halten.

Für jeden Geschmack die passende Kalebasse

Uruguays Beziehungen zu den deutschsprachigen Ländern

Historischer Abriß

Zwar waren wohl bereits unter den Jesuiten, die im 17. Jahrhundert im Norden des heutigen Uruguay siedelten, die ersten Deutschen vertreten, aber in größerem Maße kamen erst während und nach den Unabhängigkeitskriegen Siedler aus deutschsprachigen Ländern ins Land. Ein Baron Eduard Kailitz von Holmberg kämpfte ab 1814 im Bürgerkrieg, und unter den 33 Orientalen (S. 30) befanden sich zwei Mitstreiter mit deutschstämmigem Namen: Andres und Juan Spikermann.

Insgesamt können sieben verschiedene Einwandererströme Deutschsprachiger unterschieden werden. Die früheste geschlossene Siedlung entstand ab 1862 auf Ländereien, die dem Basler Bankhaus Sigrist und Fender gehörten. Auf dem parzellierten Gelände gründete sich die Kolonie Nueva Helvecia, die heute manchmal auch Colonia Suiza genannt wird. Die Einwanderer kamen vorwiegend aus den Kantonen Bern, Luzern, Appenzell und St. Gallen. Ab 1865 kamen auch Deutsche nach Nueva Helvecia, 1867 wurden Schulhaus und Kirche gebaut. Die Kolonie lebte damals vorwiegend von der Milchwirtschaft, auch heute noch kommt ein Großteil des uruguayischen Käses von dort.

Zweiter Siedlungsschwerpunkt wurde ab 1865 Fray Bentos, nachdem dort Georg Giebert die Liebig-Fleischextrakt-Fabrik gegründet hatte (S. 50). Sie lockte zahlreiche Arbeiter, aber auch Viehzüchter aus Deutschland an. Die »Liebig-Kompagnie« war ein florierendes Unternehmen; sie besaß um 1908 eine Landfläche von 527 000 ha, allerdings nicht nur auf uruguayischem, sondern auch auf argentinischem und paraguayischem Boden. Das Unternehmen wechselte allerdings während des Ersten Weltkrieges die Besitzer – statt der Deutschen machten danach Engländer das Geschäft mit der Rinderschlachterei.

Eine dritte große Einwanderergruppe kam ab 1840 nicht aus Europa, sondern aus Brasilien. Es waren Deutschstämmige, die sich zunächst im Süden Brasiliens niedergelassen hatten.

Später dominierte die Einwanderung nach Montevideo. Das Land war weitgehend verteilt, deshalb konnten sich dort nicht mehr so viele Siedler niederlassen. Die Neuankömmlinge in Montevideo waren vorwiegend in den Im- und Exportfirmen tätig, dazu kamen nach dem Ersten Weltkrieg viele Kleinhändler, Handwerker und Arbeiter.

Bereits 1850 begann in Montevideo ein Deutscher Bier zu brauen. Die erste größere Brauerei, die Cerveceria Popular, wurde 1874 gegründet. Durch Vereinigung mit anderen Betrieben entstand die Cerveceria Uruguaya, der auch in den 20er Jahren noch Deutsche vorstanden. Etwa 10% ihrer 400 Beschäftigten waren damals Deutsche. Auch heute sind noch deutsche Firmen im Brauereigeschäft aktiv. An der Brauerei Norteña in Paysandú ist beispielsweise das Nahrungsmittelunternehmen Oetker beteiligt.

Nach 1933 suchten vorwiegend deutsche Juden in Uruguay Exil. Das Land zeigte sich dabei sehr großzügig. In Montevideo selbst gab es jedoch Auseinandersetzungen. Viele der dort lebenden Deutschstämmigen gehörten der NSDAP-Auslandsorganisation in Uruguay an, die bereits ab 1933 eine eigene Zeitschrift, die »Deutsche Wacht«, verlegte. Doch dank der langen demokratischen Tradition des Landes durften sich auch die Emigranten politisch organisieren. Als antifaschistische Organisationen gab es in Montevideo den Kulturklub deutschsprechender Arbeiter (KKdA) mit seiner eigenen Monatszeitschrift »Arbeiter-Welt«, im März 1939 begann der Freie Deutsche Klub, der bis Ende 1943 als antifaschistische Organisation aktiv war, seine Arbeit. Später gründete sich auch das Deutsche Antifaschistische Komitee, das jeden Samstag im Haus der Acción Anti-Nazi auf der Avenida 18 de Julio 1513 in Montevideo seine Treffen durchführte.

Nach dem Zweiten Weltkrieg kamen zwei neue Einwandererwellen, beides Gruppen von deutschsprachigen Mennoniten, die aus der Ukraine, Polen und Westpreußen kamen. Sie gründeten Siedlungen im Westen des Landes; Gartental und Delta sind die bekanntesten. Viele dieser mennonitischen Einwanderer haben Uruguay allerdings wieder verlassen. Sie sind teilweise wieder nach Deutschland zurückgekehrt, einige aus der zweiten Generation sind weiter nach Kanada gezogen.

Die Deutschsprachigen in Uruguay heute

Neben den Mennonitenkolonien gibt es auf dem Lande keine geschlossenen deutschsprachigen Gemeinden mehr. Nueva Helvecia wirkt bis auf die Niederlassung der Schönstedt-Werkstätten wie jede andere Kleinstadt in Uruguay, und in Nuevo Berlin erinnert nur noch der Bulevar Alemania an die einstigen deutschen Siedler. Selbst auf den Friedhöfen findet man nur wenige oder gar keine deutschen Gräber. Zentrum der Deutschsprachigen ist Montevideo.

Die Schweizer Kolonie ist ebenfalls klein geworden. Im August 1993 hatte sie 893 Angehörige, von denen 680 die doppelte Staatsangehörigkeit hatten.

Kirche der deutschen Mennonitenkolonie Gartental

Der Bulevar Alemania in Nuevo Berlin

Noch kleiner ist die österreichische Kolonie. Mitte des Jahres 1994 lebten lediglich 796 Menschen mit österreichischer Staatsangehörigkeit östlich des Río Uruguay.
Was das kulturelle Leben betrifft, spielt das Goethe-Institut, das Sprachkurse und Seminare anbietet und eine große Bibliothek besitzt, in Montevideo eine große Rolle. Daneben erfreut sich die Deutsche Schule auch bei uruguayischen Familien großer Beliebtheit. Darüber hinaus sitzen noch verschiedene deutsche politische Stiftungen wie die Friedrich-Ebert-Stiftung oder die Konrad-Adenauer-Stiftung in Montevideo. Die Casa Brecht ist das heute noch bestehende Kulturinstitut der ehemaligen DDR.

Neben dem Deutschen Klub, der etwas außerhalb der Stadt in Richtung Carrasco über ein großes Freigelände mit Tennisplätzen und anderen Freizeitmöglichkeiten verfügt, gibt es zahlreiche andere Vereinigungen wie den Alpenländerverein und den Männerchor. Auch die beiden großen christlichen Kirchen haben eigene deutschsprachige Gemeinden in Montevideo (S. 263).

Politische und wirtschaftliche Beziehungen

Uruguay unterhält diplomatische Kontakte zu Deutschland, der Schweiz und Österreich.

Die wirtschaftlichen Beziehungen vor allem zu Deutschland sind gut. Uruguay erzielt im Warenaustausch mit Deutschland jährlich einen Überschuß, der allerdings in den letzten Jahren kontinuierlich sinkt. Deutschland liegt unter den uruguayischen Handelspartnern auf dem vierten Platz bei den uruguayischen Exporten und auf Platz fünf bei den Importen. Die wichtigsten Exportgüter Uruguays nach Deutschland sind Fleisch und Fleischwaren, Wolle und Tierhaare, Leder und Schuhe, die wichtigsten Importgüter Maschinen, Kraftfahrzeuge, chemische Vorerzeugnisse sowie Produkte der Elektroindustrie.

Außenhandel mit Deutschland (in Mill. DM)

Jahr	deutsche Importe	deutsche Exporte	Volumen	Saldo
1990	229	140	369	- 89
1991	240	141	381	- 99
1992	212	157	369	- 55
1993	186	170	356	- 16

(Quelle: Bundeswirtschaftsministerium)

Außenhandel mit der Schweiz (in Mill. SFr)

Jahr	Schweizer Importe	Schweizer Exporte	Volumen	Saldo
1990	22,0	31,0	53,0	9,0
1991	16,3	32,6	48,9	16,3
1992	16,5	50,0	56,5	33,5
1993	11,8	37,9	49,7	26,1

(Quelle: Schweizer Bundesamt für Außenwirtschaft)

Die Interessen deutscher Firmen in Uruguay werden von der bereits 1916 gegründeten deutsch-uruguayischen Handelskammer vertreten. Einige wenige deutsche Firmen haben eigene Niederlassungen in Uruguay. Es sind vorwiegend Chemiefirmen wie Bayer, Hoechst und BASF, Nahrungsmittelunternehmen wie Oetker, dazu einige kleinere Firmen der Lederwarenindustrie.

Der bilaterale Handel mit der Schweiz ist seit 1986, mit Ausnahme von 1993, auf der Importseite kontinuierlich gestiegen, auf der Exportseite kontinuierlich gesunken, so daß sich ein immer größer werdendes Handelsbilanzdefizit für Uruguay ergibt. Die wichtigsten uruguayischen Exportgüter sind Textilien und Bekleidung (33 % aller Exporte), Felle, Leder und Häute (34,4 %) sowie landwirtschaftliche Produkte (30,3 %). Nach Uruguay eingeführt werden chemische Produkte (41,4 % aller Importe), Maschinen (17,3 %), pharmazeutische Erzeugnisse (16,6 %), Uhren (4 %) sowie Fahrzeuge und Transportmittel (0,6 %).

Der Handel mit Österreich ist in den letzten Jahren in etwa gleich geblieben. Uruguay hat ein Außenhandelsplus gegenüber Österreich von zuletzt 26 294 öS (österreichische Schillinge). Die wichtigsten Importgüter Österreichs waren ebenfalls Wolle und Tier-

Außenhandel mit Österreich (in 100 öS)

Jahr	österr. Importe	österr. Exporte	Volumen	Saldo
1990	169 915	104 317	274 232	–65 598
1991	153 745	89 368	243 113	–64 377
1992	162 779	60 511	223 290	–102 269
1993	102 910	76 616	179 526	26 294

(Quelle: Bundeskammer der gewerblichen Wirtschaft, Außenwirtschaftsorganisation)

haare (59,2% aller Importe aus Uruguay), Bekleidung und Stoffe (28,7%) sowie frische Früchte (6%), die wichtigsten Exportwaren chemische Erzeugnisse (19,3%), Maschinen und Fahrzeuge (29,8%) sowie Pappe und Papier (13,1%).

Entwicklungszusammenarbeit

Die Bundesrepublik Deutschland ist nach den USA der wichtigste Partner Uruguays. Deutschland vergibt vorwiegend Mittel im Bereich der technischen Zusammenarbeit, mit ihnen werden zur Zeit etwa zehn Vorhaben, die meisten im Großraum Montevideo, gefördert. Diese technische Zusammenarbeit ist umstritten: Kritiker bemängeln, daß diese Entwicklungshilfegelder zumeist als Aufträge an deutsche Firmen zurückfließen und somit auch den Aufbau eigener Industrien behindern würden.

Seit 1950 wurden im Bereich der technischen Zusammenarbeit ca. 215 Mill. DM gezahlt. Zur Zeit sind es zwischen 5 und 7 Mill. DM jährlich, je nach Finanzierungsbedarf der Projek-

te. Neue Vorhaben sind allerdings nicht geplant, da Uruguay nach Einschätzung des Bundesministeriums für wirtschaftliche Zusammenarbeit zu den fortgeschritteneren Entwicklungsländern gehört.

Die technische Zusammenarbeit erfolgt vorwiegend in zwei Bereichen: in der Förderung der kleinen und mittleren Industrie und in der Landwirtschaftsentwicklung. Bei der Klein- und Mittelindustrie geht es um Qualitätsverbesserung und besseres Marketing, um die Exportfähigkeit dieser Industrien zu erhöhen, eine Voraussetzung für die Konkurrenzfähigkeit Uruguays innerhalb des Mercosur.

Bei der Landwirtschaft muß diese Exportfähigkeit erst erreicht werden. Die technische Zusammenarbeit will erreichen, innerhalb ihrer Projekte den Ausbildungsstand uruguayischer Landwirte zu erhöhen und gleichzeitig neue Produkte zu entwickeln.

Uruguay hat auch Kredite erhalten, bis Ende 1992 waren es insgesamt 41 Mill. DM.

Holzhütten wie diese haben sich zahlreiche Aussteiger bei Cabo Polonio auf den Strand und in die Dünen gebaut; viele Hütten überstehen die Winterstürme nicht

Anreise und Verkehr

Reisen nach Uruguay

Flugverbindungen

Von und nach Europa

Die meisten europäischen Besucher kommen mit dem Flugzeug nach Uruguay. Direktflüge nach Montevideo gibt es nicht, alle Gesellschaften haben eine kurze Zwischenlandung in Buenos Aires, Rio de Janeiro, Recife oder São Paulo. Lufthansa fliegt zweimal wöchentlich von Frankfurt nach Montevideo. Der Flugpreis beträgt, je nach saisonalem Tarif, etwa zwischen 2500 DM und 3000 DM. Preiswerter sind Aerolineas Argentinas und die spanische Fluggesellschaft Iberia; bei ihnen kostet die Passage je nach Reisebüro und Saison zwischen 1600 und 2200 DM. Eine günstige Möglichkeit bieten auch Flüge aus dem nahen Ausland. So sind Passagen von Brüssel auch schon für 1550 DM zu haben.

Die uruguayische Airline PLUNA fliegt in Europa nur bis Madrid, ihre Flüge von dort nach Montevideo haben einen kurzen Aufenthalt in Rio de Janeiro oder Recife.

Zu den Nachbarländern

Flüge von Buenos Aires nach Montevideo starten in Buenos Aires in der Regel auf dem kleinen Flugplatz Aeroparque Jorge Newberry, nicht auf dem großen internationalen in Ezeiza.

PLUNA bietet gute Verbindungen nach Brasilien, vor allem nach Porto Alegre, Río de Janeiro und São Paulo. Die brasilianischen Linien Varig und Cruzeiro haben, genau wie europäische Linien, ebenfalls Verbindungen nach Brasilien.

Chile wird von LAN-Chile oder LADECO angeflogen, nach Asunción fliegen PLUNA und Líneas Aéras Paraguayas (LAP).

Bei allen internationalen Abflügen vom Montevideaner Flughafen Carrasco wird eine Airporttaxe fällig, sie be-

Soweit das Auge reicht, geradeaus: Straße bei Colonia

trug 1994 pro Person etwa 12 US-$ (S. 140).

Schiffsverkehr

Eine Schiffsreise bietet leider keine Alternative zur Reise mit dem Flugzeug. Da die Personenschiffahrt inzwischen weltweit nahezu eingestellt ist, gibt es auch zwischen Europa und dem Río de la Plata keine Schiffsverbindung mehr. Nur bei einigen wenigen Kreuzfahrten ist ein Besuch von Montevideo vorgesehen. Die einzige auch heute noch mögliche Schiffspassage an die südliche Westküste von Lateinamerika ist eine kombinierte Personen-Fracht-Fahrt mit der italienischen Grimaldi-Linie. Die Reise beginnt in Genua und endet in Santos (Brasilien), der Hafenstadt vor São Paulo. Die Passage kostet in der Vier-Personen-Kabine pro Person etwa 1 800 DM.

Wer allerdings aus dem Nachbarland Argentinien nach Uruguay reist, für den ist das Schiff durchaus eine Alternative. Von Buenos Aires gibt es mehrfach täglich Schiffspassagen. Der »Avion de Buquebus«, ein Trag-

flügelboot, benötigt für die Strecke Montevideo–Buenos Aires lediglich drei Stunden. Außerhalb der Saison ist dieses Boot nur unwesentlich teurer als die doppelt so lange dauernde Schiffs-Bus-Kombination über Colonia, und die Fahrzeit ist auch nur unwesentlich länger als ein Flug von Montevideo nach Buenos Aires.

Straßen- und Busverbindungen

Straßenverbindungen in das angrenzende Argentinien gibt es relativ wenige, da der bis zu mehrere Kilometer breite Río Uruguay nur von wenigen Brücken überspannt wird. Von Fray Bentos führt eine Straße über die »Puente Internacional Libertador General San Martín« ins argentinische Gualeguaychú, von Paysandú die »Puente Internacional General José Gervasio Artigas« nach Colon. Bei Salto wurde eine weitere Brücke über den Río Uruguay gebaut, sie verbindet am Staudamm des Wasserkraftwerkes die uruguayische Stadt mit dem argentinischen Concordia.

Der wichtigste Grenzübergang nach Brasilien liegt in der uruguayischen Stadt Chuy. Um nach Porto Alegre zu gelangen, kann man auch bei Río Branco die Grenze überqueren. Weitere Grenzübergänge sind bei Rivera, Artigas und bei Bella Unión.

Montevideo ist wie fast alle Hauptstädte Lateinamerikas ein Zentrum des regionalen und überregionalen Busverkehrs. Nach Buenos Aires gibt es Bus-Schiffs-Kombinationen über Colonia (S. 173), nach São Paulo, und auch nach Asunción fahren direkte Busse. Selbst bis Santiago de Chile sind durchgehende Verbindungen ab Montevideo buchbar. Diese internationalen Busse sind nicht teuer und zudem gut ausgestattet. Kleinere Imbisse sind auf vielen Strecken im Preis inbegriffen, Videofilme dienen zur Unterhaltung.

Oldtimer werden inzwischen sogar aus Uruguay exportiert

Reisen in Uruguay

Flugverbindungen

Der nationale Flugverkehr in Uruguay ist recht bedeutungslos. Zwar fliegt PLUNA Städte wie Artigas, Salto, Paysandú oder auch Punta del Este an, aber die geringen Entfernungen lohnen den Flug für Touristen nicht.

Busverbindungen

Von Montevideo aus werden alle Städte des Interieurs angefahren. Der Service ist gut, die Busse sind meist gut ausgestattet und vergleichsweise

preiswert. Lediglich an Wochenenden sind die Busse mitunter überfüllt, da zum einen viele Arbeiter aus Montevideo zu ihren Familien ins Landesinnere fahren, zu anderen viele Montevideaner in den Küstenorten ihre Freizeit verbringen (Adressen S. 139).

Eisenbahn

Der Eisenbahnbetrieb für Passagiere wurde 1988 vollständig eingestellt, allerdings wurden Anfang 1993 wieder zwei Eisenbahnlinien, die auch Personen mitbefördern, eröffnet. Die eine Verbindung führt von Tacuarembó nach Rivera, sie besteht seit dem 11. Januar 1993, die andere von Montevideo nach 25 de Augusto, diese besteht seit dem 25. August 1993. Ob die Einrichtung dieser beiden Linien von Dauer oder ihnen nur eine kurze Zukunft beschieden ist, ist zur Zeit ungewiß.

Straßenverhältnisse

Das Auto ist das wohl beste Verkehrsmittel für Touristen, die mehr als Montevideo und Punta del Este von Uruguay kennenlernen wollen. Uruguay hat ein dichtes und mit Ausnahmen auch gutes Straßennetz. Die großen Hauptstraßen sind alle geteert, die Nebenstraßen in der Regel auch, nur im

Vor der Abfahrt des Busses in der Provinzstadt Durazno

Norden gibt es einige lange Schotterpisten. Der Autoverkehr ist – anders als im Nachbarland Argentinien – mit Ausnahme von Montevideo und im Sommer der Küstenstraße bis Punta del Este eher ruhig. Das liegt auch an der geringen Dichte von Autos im Landesinnern, in vielen Städten sind dort neben Oldtimern Pferdefuhrwerke noch beliebte Verkehrsmittel.

Die Autobahnen sind grün gekennzeichnet, allerdings befinden sich nur um Montevideo herum einzelne Autobahnstrecken. Eine Besonderheit sind die »Vorfahrt achten«-Schilder vor engen Brücken. Viele Brücken sind nur in eine Richtung befahrbar, die Autofahrer einer Fahrtrichtung – meist die von Montevideo wegführende – müssen dann dem Gegenverkehr Vorrang gewähren.

Uruguay besitzt ein dichtes Netz von Tankstellen. In nahezu jeder Kleinstadt gibt es eine oder zwei, auch auf den Landstraßen finden sich Rast- und Tankstellen. Dennoch sollte man immer einen gefüllten Ersatzkanister mit sich führen, denn hin und wieder kommt es vor, daß an einer Tankstelle kein Benzin mehr vorrätig ist.

Von Nachtfahrten ist abzuraten. Die meisten Straßen sind schlecht, Landstraßen gar nicht beleuchtet. Auch Fahrradfahrer oder PKWs verfügen oftmals über keine ausreichende Beleuchtung. Bei Fahrten auf Schotterpisten sollte man bei entgegenkommendem Verkehr die Geschwindigkeit stark verringern, um eine Beschädigung der Windschutzscheibe durch hochspringende Steine zu vermeiden. Eine zerbrochene Windschutzscheibe im Landesinnern ersetzt zu bekommen, kann oft lange dauern. Schnell hingegen arbeiten Reparaturwerkstätten für Autoreifen. Da auf den Schotterpisten mitunter Reifenpannen vorkommen, sollte man den Ersatzreifen vor Fahrtantritt immer überprüfen.

Für gut trainierte Radfahrer, die weder Schotterpisten noch lange Strecken

Oldtimer – kein seltener Anblick in Uruguay

scheuen, ist Uruguay ebenfalls ein interessantes Reiseziel. Da der Straßenverkehr gering ist, können auch gut die normalen Landstraßen zum Radfahren benutzt werden. Allerdings sollte man hier gut ausgerüstet sein: Dickere Reifen wegen der Schotterstraßen sind ein Muß, auf manchen steilen Strecken ist auch eine gute Gangschaltung notwendig.

Entfernungstabelle

Artigas															
593	Cármelo														
680	75	Colonia													
438	250	218	Durazno												
527	237	178	89	Florida											
392	566	507	415	329	Melo										
489	104	179	172	261	590	Mercedes									
627	236	177	189	100	387	276	Montevideo								
373	315	283	65	154	357	237	254	Paso de los Toros							
369	224	299	229	318	536	120	379	294	Paysandú						
189	581	549	331	420	262	503	520	266	445	Rivera					
671	425	366	363	274	279	453	210	428	553	541	Rocha				
250	343	418	348	437	423	239	498	358	119	332	672	Salto			
580	159	100	142	84	407	187	92	207	287	473	272	406	San José		
227	461	429	211	300	211	380	400	146	325	120	490	212	353	Tacuarembó	
510	486	427	424	335	111	514	286	575	614	373	168	534	327	320	Treinta y Tres

Die Hauptstadt Montevideo

Lage und Geschichte

Montevideo liegt am Nordufer des Río de la Plata, etwa 100 km vor dessen Mündung in den Atlantik. Die Stadt erstreckt sich auf einer Fläche von 530 km² um die Bucht von Montevideo, wobei der Hauptteil der Stadt östlich der Bucht liegt. Westlich finden sich ärmere Stadtteile wie Villa de Cerro, danach wird die Besiedelung dünner, obwohl das Departemento Montevideo noch bis zur Mündung des Río Santa Lucía in den Río de la Plata reicht. Nördlich der Bucht sind Stadtteile wie La Teja oder Peñarol zu finden, die ebenfalls nicht zu den reichen Stadtteilen gehören, aber auch der Parque Prado, in dessen Nähe die Villa des Staatspräsidenten steht. Östlich der Bucht erstreckt sich die Innenstadt, das Zielgebiet der meisten Besucher. Von hier bis zum am weitesten östlich gelegenen Strand im vornehmen Stadtteil Carrasco sind es etwa 18 km. Nach Westen erstreckt sich die Stadt vom Zentrum aus etwa 7 km und landeinwärts etwa 15 km.

Blick vom Cerro über die Innenstadt von Montevideo

Dem Cerro und der davorliegenden Bucht verdankt Montevideo seine Gründung. Die Spanier fürchteten den vorwärtsdrängenden Einfluß der Portugiesen am Río de la Plata, die 1680 bereits Colonia del Sacramento gegründet hatten. So ließ der spanische Gouverneur von Buenos Aires 1724 die einzige geschützte Bucht am gegenüberliegenden Ufer des Río de la Plata besetzen. Zwei Jahre später wurde gegenüber dem Berg eine Stadt gegründet: San Felipe y Santiago de Montevideo hieß sie ursprünglich, später verkürzte sich der Name auf Montevideo.

Montevideo ist – abgesehen von Brasilia (Brasilien) – die zuletzt gegründete Hauptstadt Lateinamerikas. Besiedelt wurde der kleine Ort zu jener Zeit von Familien aus Buenos Aires, aus Galicien und von den Kanarischen Inseln. Die Stadt war stark befestigt, in ihren Mauern lebten 400 Soldaten. Gefürchtet waren zunächst weniger die Portugiesen als die Charrúa-Indianer.

Am Ende der langgezogenen Avenida Libertador Brig. Gral. Lavalleja in Montevideo steht das Parlamentsgebäude

Montevideo – ein sprechender Name

Montevideo – ein sprechender Name. So denken die meisten, sie leiten den Namen von einer Episode ab, die sich während der Weltumsegelung Magellans, der ersten der Welt, abgespielt haben soll.

Januar 1520: Fernando Magellan segelt mit einer Flotte von fünf Schiffen durch den Río de la Plata. Er sucht die Durchfahrt zum Pazifik und glaubt, sie bereits gefunden zu haben. Groß ist die Enttäuschung, als sich das als Irrtum herausstellt. Statt des gesuchten Weges zu den Gewürzinseln, zu Glück und Reichtum, hat man nur die Mündung eines außergewöhnlich großen Stromes entdeckt. Der Ausguck ist Tag und Nacht besetzt, weit reicht der Blick von dort. Plötzlich ein Ausruf: »Monte vide eu!« – »Ich sehe einen Berg«.

Von diesem Ausruf eines portugiesischen Seefahrers soll sich der Name der Stadt ableiten. Schön, auch ein wenig romantisch, aber leider nicht wahr. Genauso unwahr wie die Variation, die der französische Reisende Arsento Isabelle, der 1830 durch Argentinien, Uruguay und Brasilien reiste, den Lesern seines Berichtes mitgibt: Er glaubt, daß der Matrose im Ausguck spanisch gesprochen habe, und zwar: Monte vi deo, wobei er »Monte« als Berg, »vi« als ich sah übersetzt und »deo« als Abkürzung von de lejos, von weitem, deutet.

Wahrscheinlicher sind allerdings zwei andere Namensdeutungen. Die eine leitet den Namen von alten Seekarten ab, auf denen der Cerro de Montevideo als Landmarke bereits früh verzeichnet war. Von Osten nach Westen ist auf diesen Seekarten des Río de la Plata der Cerro der sechste Berg, und oft wurde er daher auch auf den Karten als Monte VI D. E. O. (Berg 6 De Este a Oeste – von Osten nach Westen) bezeichnet.

Die Wissenschaft hat sich inzwischen auf eine vierte Variante festgelegt. Sie sieht als Taufpaten ebenfalls Fernando Magellan an, der den Berg bei seiner Reise nach dem hl. Ovidio Monte (de San) Ovidio nannte. Warum, ist nicht sicher. Einige behaupten, es sei der Tag dieses Heiligen gewesen, andere, Magellans Heimatdorf in Portugal sei nach diesem Heiligen benannt gewesen. Jedenfalls verkürzte sich der Name Monte (de San) Ovidio immer mehr, übrig blieb Montevideo.

1751 wurden die Befestigungen ausgebaut.

Die Stadt wuchs zunächst langsam. So soll Montevideo im Jahr 1778 nach einigen Quellen bereits 9 358 Einwohner (darunter 6695 Spanier, 1948 Schwarze, 715 Indianer bzw. Mischlinge) gehabt haben, andere Quellen sprechen für 1803 allerdings nur von 4 722 Bewohnern, darunter 3 033 Weiße, 141 freie Schwarze und 899 Sklaven – über die fehlenden 649 Bewohner ist nichts bekannt. Nachdem 1829 aber ein Großteil der Befestigungsmauern niedergerissen worden war, wuchs die Einwohnerzahl rasch auf etwa 58 000 im Jahre 1860, 1884 waren es bereits 164 000 Menschen, fünf Jahre später 215 000, und 1908 lebten 312 000 Menschen hier. 1924 hatte Montevideo 422 000 Einwohner, 1942 dann 800 000, und 1954 wurde die Millionengrenze überschritten. Heute lebt nahezu jeder zweite Uruguayer in der Hauptstadt oder im Großraum, Schätzungen sprechen für 1994 von 1,6 Mill. Menschen.

Die Geschichte der Stadt ist weitgehend deckungsgleich mit der des Landes (S. 26). Zu Beginn des 19. Jh. wurde Montevideo zur wichtigen Handelsstadt am Río de la Plata. Danach war sie immer wieder ein Zentrum kriegerischer Auseinandersetzungen. Zunächst kämpften Spanier, Portugiesen, Argentinier, Briten und Brasilianer um ihren Besitz, nach der uruguayischen Unabhängigkeit wurde sie im Bürgerkrieg umkämpft. Bürger stellte in seiner Landeskunde fest: »Montevideos Geschichte ist reicher als die irgendeiner anderen südamerikanischen Metropole an wechselvollen Schicksalen, blutigen Kämpfen, hartnäckigen Belagerungen und heldenmütigem Widerstande. Jene letzte neunjährige Umschließung zu Wasser und zu Lande durch Manuel Oribe (1843–51) erwarb ihr den Ehrennamen eines zweiten Trojas.«

Zwar ging auch nach dem Bürgerkrieg die Entwicklung Uruguays nicht kampflos voran, in Montevideo kehrte jedoch weitgehend Ruhe ein. So konnte sich die Stadt während des entstehenden Fleischbooms entwickeln: Englische Gesellschaften, die am Fleischgeschäft beteiligt waren, bauten Eisenbahnverbindungen ins Hinterland; über Montevideo lief der gesamte Export Uruguays, teilweise auch der großer Regionen in Brasilien und Argentinien.

Stadtbild und Orientierung

»Nötigte schon die Stadt selbst jeden Fremden zur Bewunderung durch ihr großstädtisches, reiches und elegantes Gepräge, ihren regen Verkehr und ihre öffentlichen Einrichtungen, die mit der modernsten Entwicklung Schritt hielten, so war es doch noch in höherem Maße die Umgebung, die ihn entzückte, denn Montevideos Weichbild wird von einer Reihe reizender Orte umringt, welche die elektrischen Straßenbahnen leicht zu besuchen erlauben.«

So beschrieb Otto Bürger 1928 in seiner Landeskunde Montevideo. Inzwischen hat sich viel verändert: Die Stadt ist mit ihren Vororten zusammengewachsen, statt der Straßenbahnen fahren Autobusse, nicht alles ist großstädtisch, elegant und erst recht nicht reich.

Schön jedoch ist die Stadt nach wie vor mir ihren vielen, teilweise gut erhaltenen, teilweise verfallenden Gebäuden, den Straßenhändlern auf der Avenida 18 de Julio, der Parrillada im Mercado del Puerto, Trommlern auf dem sonntäglichen Markt, Tangospielern auf der Plaza Cagancha, Oldtimern in den Straßen, stillen und schattigen Plätzen und dem Blick nicht nur

Marktszene auf der Dr. Tristan Navarra in Montevideo

vom 149 m hohen Cerro auf den Río de la Plata.

Montevideo ist das unbestrittene Zentrum Uruguays. Hier sind alle zentralen Behörden und politischen Entscheidungsgremien konzentriert, darüber hinaus alle wichtigen größeren Industriebetriebe. In der Altstadt befinden sich zahlreiche auch internationale Banken – Montevideo möchte innerhalb des Mercosur zum Finanzzentrum werden. Alle Universitäten Uruguays sind in Montevideo, ebenfalls die wissenschaftlichen Bibliotheken und großen Museen. Natürlich ist die Hauptstadt mit internationalem Hafen und Flughafen sowie Endpunkt der Eisenbahnlinien auch das Verkehrszentrum des Landes.

Wie in fast allen lateinamerikanischen Städten ist auch in Montevideo die Orientierung nicht schwierig. Das Stadtbild wird von den üblichen Blökken geprägt, die meisten Straßen verlaufen rechtwinklig zueinander. Sie sind bis auf die großen Durchgangsstraßen meist Einbahnstraßen. Die Altstadt liegt auf einer in die Bucht von Montevideo vorgeschobenen Halbinsel. Sie endet an der Plaza Independencia, dort schließt sich die neuere Stadt an, deren zentrale Schlagader die Avenida 18 de Julio bildet. Sie ist gleichzeitig die Haupteinkaufsstraße Montevideos. Die 18 de Julio zweigt nach ihrem zunächst regelmäßigen West-Ost-Verlauf nach Nordosten ab und stört genauso wie beispielsweise die Avenida Libertador General Lavalleja, die auf das Parlamentsgebäude zuführt, den regelmäßigen rechtwinkligen Stadtaufbau. So ergeben sich beim Blick auf den Stadtplan eine Fülle von rechtwinkligen Blöcken, die aber nicht immer regelmäßig zueinander stehen. Allerdings ist die Orientierung in der Stadt durch den Lauf des Río de la Plata und einzelne zentrale durchgehende Straßen recht einfach.

Um einen guten Überblick zu bekommen, empfehlen sich zwei Orte: der Cerro de Montevideo, von dessen 149 m Höhe man ausgezeichnet die große Ausdehnung der Stadt überblikken kann, und die Aussichtsplattform auf dem Gebäude der Intendencia, dem Palacio Municipal. Von dort breitet sich die Stadt unter dem Betrachter aus, der Blick reicht bei klarem Wetter im Westen bis zum Cerro, im Süden weit über den Río de la Plata, im Norden bis zum Parque Prado und im Osten bis nach Carrasco.

Eine Adresse in Montevideo zu finden, ist nicht schwierig. Die Hausnummern beginnen am Westufer der Halbinsel, sie wachsen dann von Westen nach Osten, bei der Plaza Independencia sind sie bei etwa 700. Die Parallelstraßen haben immer parallel die gleichen Hausnummern, so befindet sich Haus Colonia 1372 genau auf der gleichen Höhe wie das Haus auf der 18 de Julio mit der Nummer 1372. Zudem werden die Adressen meist nicht nur per Straße und Hausnummer benannt, man gibt oft zusätzlich an, zwischen welchen Stichstraßen das Gebäude liegt.

Vier Stadtrundgänge und -fahrten

Auf den vorgeschlagenen Stadtrundgängen bzw. -fahrten sind viele, wenn auch nicht alle Sehenswürdigkeiten und Attraktionen von Montevideo zu sehen, dafür ist die Metropole am Río de la Plata zu groß und zu reich an städtebaulichen Kostbarkeiten. Montevideo ist eine Stadt zum Bummeln: In unscheinbarer Umgebung zwischen Häßlich-Verfallenem kann immer wieder ein architektonisches Kleinod aufleuchten, mögen es kleine Kirchen in Seitenstraßen sein, stille Plätze oder auch einige versteckt gelegene hochherrschaftliche Bauten mit

Viele Altstadtstraßen führen auf den Hafen zu

Marmortreppenhäusern in den Seitenstraßen der 18 de Julio. Wer Zeit hat, sollte einfach auf Entdeckungstour gehen, etwa die Calle Colonia lang, in Hauseingänge lugen, abbiegen in die Südstadt-Barrios Sur und Palermo, wo die schwarze Bevölkerung lebt, alte Autos aufstöbern oder in Hafennähe beobachten, wie Lastwagen mit Rohwolle entladen werden. Oder man setzt sich in einen Bus und fährt eine typische, in die Vorstädte führende Straße wie die Avenida 8 de Octubre hinaus, vorbei an häßlichen Betonhochhäusern, aber auch am Hospital Militar, einem der schönsten Bauten der Jahrhundertwende.

Die ersten beiden Rundgänge erkunden die Innenstadt, die beiden weiteren führen etwas aus dem Zentrum hinaus; für die beiden letzteren empfiehlt sich aufgrund der Entfernungen die Fahrt mit dem Auto oder dem Bus.

1. Altstadt

Montevideos Altstadt liegt auf der Halbinsel, die in die Bucht von Montevideo ragt. Sie ist fast rechteckig, alle Straßen laufen entweder in Südwest-Nordost-Richtung oder rechtwinklig dazu. Hier wird die koloniale Bauweise noch vollständig durchgehalten. Am Nordufer zur Bucht von Montevideo liegen die Hafenanlagen, im Westen führt eine lange Mole hinaus in die Bucht, und im Süden erstrecken sich wie ein Meer die Wassermassen des Río de la Plata.

Die Altstadt Montevideos ist ein Viertel der Gegensätze. Die Straßen sind eng, teilweise schön restauriert, teilweise verfallen. Viele Baulücken gibt es, die als Parkplätze benutzt werden, viele unschöne Zweckbauten, vor allem im Bankenviertel. Sie entstanden zumeist während der Militärdiktatur. Dazwischen sieht man aber immer wieder Kolonialbauten oder solche der Jahrhundertwende mit Innenhöfen, Schmiedegittern, wertvollen Holztüren und Treppenhäusern aus Marmor. Die Kontraste machen den Reiz des Zentrums aus: In einer Straße dominieren die Nadelstreifenanzüge, die dynamisch aufgerollten Hemdsärmel, die grauen Kostüme und die Mobiltelefone, in der nächsten finden sich kleine Bars und Geschäfte, schöne alte Cafés mit Lüster und Stuckverzierungen, baumbestandene ruhige Plätze, Antiquitätengeschäfte und Antiquariate, aber auch verwahrloste Ecken, in denen die Armut nichts Malerisches mehr hat.

Stadtzentrum Montevideo

Nueva Palmira
Hocquart
Gral. Pagota
Nicaragua
Miguelete
Goes
La Paz
Daniel Muñoz
Dante
Colonia
Dr. M. C. Martínez
Defensa
Constitución
Democracia
Inca
Justicia
República
Arenal Grande
Madrid
Batoví
Quito
York
Av. Daniel Fernández Crespo
Magallanes
Minas
Gaboto
Dr. Tristán Navarra
Piedra Alta
Av. Uruguay
Av. Mercedes
Tacuarembó
G. Roxio
Vázquez
Plaza
Denkmal
Treinta y Tres
Universität
Staats-bibliothek
Guayabo
Gaucho-Denkmal
Soriano
Constituyente
Canelones
Maldonado
Yaro
Durazno
Salto
Isla de Flores
San Salvador
Eduardo Acevedo
Juan Manuel Blanes
Dr. Pablo De María
Av. Gonzalo Ramírez
Dr. Lauro Muller
Cebollatí
Ing. Caños María Morales
Dr. Luis Piera
Argentina
Av. 18 de Julio
Cnel. Brandzen
Ana Monterroso de Lavalleja
Palmar
Av. Gral. Rivera
José Enrique Rodó
Chana
Guaná
Charrua
Dr. Joaquín Requena
Juan Paullier
J. de Salterain
Acevedo Díaz
Dr. Duvimioso Terra
Blvr. España
Museo de Artes Plásticas
Parque Rodó
Casino
Playa Ramírez
Punta Ramírez
Punta Shannon
Teatro del Verano
Golfplatz
Parque de las Instrucciones del Año XIII
Rbla. Presidente Wilson
Parque Punta Carretas
Parque Bernardina
Pte. Berro
Av. 8 de Octubre
Av. Gral. Garibaldi
Av. Italia
Dr. Alfredo Navarro
Denkmal La Carretera
Parque Batlle y Ordoñez
Estadio Centenario
Canning
Obelisk
Av. Ramón V. Benzano
Av. Dr. Américo Ricaldoni
Somme
G. Ramón
Dr. E. Pouey
P. Campbell
Av. Ing. Luis P. Ponce
F. Rodríguez
Cap. Videla
Palmar
Blvr. Gral. Artigas
Obligado
S. Bolívar
Charrua
Av. Dr. Soca
G. A. Pereira
R. Masini
Av. Brasil
Pte. Gral. Oscar D. Gestido
Bartolito Mitre
Gral. A. Baldomir
El Viejo Pancho
Libertad
Luis B. Cavia
José Benito Lamas
Berro
21 de Setiembre
Carlos Berg
Av. Sarmiento
Dr. J. Scosería
Jaime Zudáñez
José E. Ellauri
Pedro F. Berro
Tomás Diago
F. Solano Antuña
Herrera y Reissig
Av. Julio
Ing. Carlos Magiolo
Julio María Sosa
Bonpland
Williman
Luis de la Torre
Cnel. Mora
José María Montero
Joaquín Núñez
Solano García
F. G. Cortinas
J. L. Zorrilla de San Martín
Parque Dr. J. Zorrilla de San Martín
Rbla. Mahatma Gandhi

Der Altstadtrundgang beginnt an der **Plaza Independencia** an der **Puerta de Ciudadela.** Das Tor ist der letzte erhaltene Rest der alten Stadtmauer, die 1742 angefangen und mehr als 40 Jahre später beendet wurde. 1877 wurde die Stadtbefestigung vollständig abgerissen. Seit 1959 markiert der restaurierte Rest des Tores den Übergang von der Altstadt zur Neustadt.

Hinter ihr beginnt die **Calle Sarandí,** eine kurze Fußgängerzone, auch mit Cafés, an der sich vorwiegend Galerien, edle Schmuckläden und Edelsteingeschäfte finden. Ihre Gebäude sind eine Mischung aus schönen Häusern, die zu Beginn dieses Jahrhunderts entstanden, und nüchternen Neubauten. Auf der rechten Seite liegt das Gebäude des **Fotogeschäfts Pablo Ferrando,** ein Schmuckstück der Belle Epoque. Von außen ist es durch große Fenster-

Im Optikergeschäft Pablo Ferrando in der Calle Sarandí

flächen gegliedert und mit Stuckarbeiten verziert, innen ist besonders das Treppenhaus mit dem buntbemalten Fenster, in das sogar eine Uhr integriert ist, reizvoll.

Die Calle Sarandí führt auf die **Plaza Constitución,** auch Plaza Matriz genannt. Schattenspendende Platanen umgeben den zentralen Brunnen mit der Figur der Freiheit, ein Werk des italienischen Bildhauers Juan Ferrari (1871), auf dem noch deutlich Freimaurerzeichen sichtbar sind. Die Plaza Constitución ist besonders in der Mittagszeit beliebt. Auf den Bänken sitzen die Angestellten der nahen Verwaltungsbehörden und Ministerien und lesen ihre Zeitung, die sie am Jugendstilkiosk gekauft haben, andere lassen ihren Schuhen von den Schuhputzern neuen Glanz geben.

Umgeben ist die Plaza Constitución von einigen wichtigen historischen Bauten. Im Osten sieht man den **Cabildo,** der heute als **Museo y Archivo Histórico Municipal,** als stadt-

Brunnen auf der Plaza Constitución

geschichtliches Museum und Archiv, genutzt wird. Der im Stil des spanischen Neoklassizismus errichtete Cabildo wurde nach Plänen von Tomás Toribio erbaut; Baubeginn war 1803, aber wegen der Bürgerkriegswirren wurde er erst 1869 vollendet. Von 1830 bis 1957 war das Gebäude mit den mehr als 2 000 m² Grundfläche Sitz verschiedener Behörden. Hier tagte die Legislative (bis 1925), auch waren hier der Oberste Gerichtshof, das Außenministerium und andere Ämter untergebracht. Seit 1959 ist der Cabildo Museum.

Gegenüber des Cabildo findet sich die **Kathedrale** oder Iglesia Matriz. Die Kirche wurde von 1790 bis 1804 anstelle einer Vorgängerkirche, die von 1730–39 hier stand und das erste öffentliche Gebäude Montevideos war, erbaut. Die Pläne zum Bau lieferte José Custodio de Saa y Faria, die Bauleitung hatte José del Pozo y Marquez. Allerdings wurde die Fassade später mehrfach umgestaltet. Als die Kirche 1804

Der Cabildo dient heute als stadtgeschichtliches Museum

geweiht wurde, war der nördliche der beiden barocken Türme allerdings noch nicht vollendet. Das geschah erst während der portugiesischen Besatzungszeit (1817–24), die Portugiesen ließen auch die erste Uhr im südlichen Turm einbauen. Im Innern der weitgehend barock ausgestatteten Kirche finden sich die Gräber der Generäle Rivera und Lavalleja.

In den Club Uruguay an der Calle Sarandí, direkt am Platz, kann man heute nur mehr einen Blick im Vorübergehen werfen. Dieses Gebäude ist ein Musterbeispiel für den prunkvollen architektonischen Mischstil, der im Montevideo des ausgehenden 19. Jh. gepflegt wurde. Heute steht der Klub aber nur bei besonderen Festlichkeiten geladenen Gästen offen.

An der Plaza Constitución beginnt die Calle Juan Carlos Gomez. Sie führt an einigen schönen Altstadthäusern direkt neben dem Cabildo, wie z. B. dem Sitz der Partido Nacional (Blancos), vorbei hinunter Richtung Hafen, wo sie auf die Rambla 25 de Augusto trifft; linkerhand, in einer ungepflegten Gegend, liegen die **Casamatas las Bovedas.** Von den ursprünglich 34 Gewölben *(bovedas),* die für die Munition zur Stadtverteidigung angelegt worden waren, blieb nur noch eines erhalten, die anderen wurden 1915–26 abgerissen. Auf dem Weg zum Hafengebäude liegen an der linken Straßenseite der Rambla Portuaria sehenswerte alte Häuser aus der Zeit der Jahrhundertwende, leider sind nur die wenigsten restauriert.

Nahebei, in der Calle Piedras 528, fast an der Ecke zur Straße Ituzaingó, steht eines der ältesten Steinhäuser Montevideos. Das von außen schlichte **Haus des ersten Stadtarchitekten Tomás Toribio** wurde 1804 errichtet. Im Hinterhof des Hauses befindet sich die erste öffentliche Quelle der Stadt, sie war durch eine Passage auch für die anderen Bewohner Montevideos erreichbar. Toribio war für die Planung vieler der spanischen Kolonialbauten in Montevideo, darunter der Cabildo, verantwortlich. Heute dient das restaurierte Gebäude als baugeschichtliches Museum.

Etwas mehr im Zentrum der Altstadt liegt das historische Museum **Casa de Rivera** (Rincon 437/Ecke Missiones). Das gelbgetünchte Gebäude aus dem 19. Jh. das dem ersten Präsidenten Uruguays General Fructuoso Rivera gehörte, besitzt einen sehenswerten Patio (Innenhof) sowie einen zweistöckigen Turm. Das Innere dient seit 1942 als Museum, hier sind vorwiegend Gegenstände aus der voruruguayischen Zeit und der Epoche der uruguayischen Bürgerkriege ausgestellt. Die Calle Rincon führt weiter zur **Plaza de Zabala.**

Der Platz im Zentrum der Altstadt ist benannt nach dem Gouverneur von Buenos Aires Bruno Mauricio de Zabala, der die Gründung Montevideos veranlaßte. Im Zentrum des baumbestandenen Platzes ist ihm ein Denkmal gesetzt worden. Hoch auf einem bronzenen Roß thront er da, eine Inschrift erinnert an ihn, zwei kleinere Figurengruppen an die Besiedelung Uruguays. Umgeben ist der Platz von einigen schönen Gebäuden, darunter dem **Palacio Taranco,** in dem heute das **Museo del Arte Decorativo** untergebracht ist. Die Straße Zabala führt dann wieder Richtung Hafen, sie kreuzt die Calle 25 de Mayo, wo rechter Hand (Hausnummer 428) die **Casa Monterey,** heute **Museo Romantico,** liegt, linker Hand (Hausnummer 314) die **Casa Garibaldi,** heute **Museo Historico.** Geradeaus geht es weiter zur **Casa General Juan A. Lavalleja** (Zabala 1469), heute ebenfalls ein Teil des historischen Museums. Alle drei Häuser bieten sehenswerte Kolonialarchitektur, teilweise mit Innenhöfen,

Am Mercado del Puerto, im Hintergrund der Turm des Zollgebäudes

Balkonen und marmornen Fußböden. Das Museo Romantico zeigt vorwiegend großbürgerliche Wohnkultur des 19. und beginnenden 20. Jh., während in der Casa Lavalleja der Schwerpunkt auf Ausstellungsstücke aus der Zeit des Freiheitsstrebens 1825–28, dazu auf Archivmaterialien, gelegt ist. Die Casa Garibaldi war das Wohnhaus des italienischen Freiheitshelden Giuseppe Garibaldi, der von 1841–48 in Montevideo lebte und damals die Regierung während des Bürgerkrieges beriet. Garibaldi führte die »Legión italiana«, eine Truppe italienischer Freiwilliger, die sich gemeinsam mit anderen Montevideanern der Belagerung der Stadt durch Manuel Oribe widersetzte. Die Straße 25 de Mayo ist gemeinsam mit ihrer nördlichen Parallelstraße Cerrito das Bankenzentrum Montevideos.

Folgt man weiter der Calle Zabala, steht man an der nächsten Ecke vor dem mächtigen Gebäude der **Banco de la República del Uruguay.** Das mächtige klassizistische Gebäude besitzt einen eindrucksvollen Säulenportikus und im Innern ein großes farbenfrohes Gewölbe. Vor dem Gebäude steht eine Skulptur, die – wie könnte es

Der asador bei der Arbeit

anders sein – den Nationalhelden José Gervasio Artigas zeigt. Gegenüber steht die **Iglesia de San Francisco,** die erste Kirche Montevideos.

Folgt man der Calle Cerrito weiter Richtung Hafen, wird das Viertel lebhafter. Statt grau gekleideter Bankangestellter sind bunte Farben zu sehen, auf der Calle Colon herrscht reges Einkaufsleben: Das Einkaufszentrum der Altstadt ist erreicht. Busse drängen sich durch die enge Gasse; auffällig ist, daß hier im Verhältnis zu anderen Stadtvierteln Montevideos viele Schwarze leben. Die Gegend ist nicht wohlhabend, die Altstadthäuser nicht aufwendig restauriert. Man sieht hier verfallende Häuser mit bröckelndem Putz und Mauerwerk, dennoch sind die meisten Häuser noch bewohnt.

Die Calle Colon führt, genau wie ihre Parallelstraße, die Calle Perez Castellanos, auf das riesige Gebäude der Aduana zu. Das große Zollgebäude mit seiner gläsernen Kuppel wurde 1925 erbaut. Es ist ein frühes Beispiel moderner Architektur. Schwer und wuchtig beherrscht es die Hafenanlagen. Hier enden auch die meisten innerstädtischen Omnibuslinien.

Vor der Aduana liegt der **Mercado del Puerto,** einer der schönsten Orte in Montevideos Altstadt. Besonders am Samstagvormittag, aber auch täglich in der Mittagspause, erwacht der Ort zum Leben. Es findet dort meist ein kleiner Flohmarkt statt, Kunstgewerbe wird feilgeboten, Musiker und Restaurants wetteifern um die Gunst des Publikums. Besondere Gaumenfreuden lokken den Besucher in die kuppelbekrönte Metallkonstruktion der Markthalle. Auf meterlangen Grills schmoren dort über der Glut große Rinderstücke, Würste, Braten, Hühnchen und hin und wieder auch eine Paprika. Es raucht und dampft, das Feuer lodert. Die Grillmeister, die *asadore,* ebenso wie ihre Gäste in der Hitze schwitzend, kümmern sich um die Würste, Hühner, Schulter- und Lendenstücke. Sie zerteilen mit riesigen Messern Rollbraten, häufen Fleischstücke auf zu kleine Teller, füllen Wassergläser randvoll mit Wein, jonglieren mit Soßen und servieren alles mit atemberaubender Geschwindigkeit. An kleinen Tischen oder direkt an der Theke vor dem Grill sitzen Bankangestellte und Hafenarbeiter nebeneinander und verzehren ihr Mahl in der Mittagshitze; ab und zu erfreuen Musiker die Gäste mit einem Tango.

Über den Mercado del Puerto erzählt man sich eine schöne, aber leider unwahre Geschichte: Ursprünglich sei die Metallkonstruktion als Bahnhofsgebäude bestimmt gewesen, nicht für Montevideo, sondern für Buenos Aires. Sie kam per Schiff aus Frankreich und wurde – so will es die Anekdote – irrtümlich im Hafen von Montevideo ausgeladen und aufgebaut.

Gestärkt setzt man den Weg über die Maciel fort zum **Hospital Maciel,** das den gesamten Block zwischen den Straßen 25 de Mayo und Washington sowie Guarani und Maciel einnimmt. Das Hospital wurde 1825 von Francisco Antonio Maciel gegründet, der als großer Wohltäter galt, sich seinen Reichtum aber unter anderem mit Sklavenhandel verdient hatte. An der Seite der Calle Maciel befindet sich eine kleine barocke Kirche. In ihren Außenmauern stecken noch die Kanonenkugeln der Bürgerkriege.

Südlich des Hospitals führt die Calle Sarandi hinaus auf die **Mole,** die die Bucht von Montevideo begrenzt. Etwa 800 m weit erstreckt sich die Mole, abends fischen hier die Montevideaner auf beiden Seiten der Hafenbefestigung.

Mit Blick auf den Río de la Plata geht es über die Rambla Francia zur **Rambla Sur.** Die Rambla war für mehr Autoverkehr angelegt, heute ist die Straße ziemlich baufällig. Auf den Wiesenflächen spielen Kinder aus den großen Wohnblocks Fußball, auf der breiten Uferpromenade flanieren Pärchen oder sitzen ganze Anglerfamilien, neben sich die gefangenen Fische und die Thermoskanne, in der Hand die *mate.* Etwa auf Höhe der Calle Treinta y Tres steht oberhalb der Rambla der Säulenbau des **Templo Ingles,** der ersten anglikanischen Kirche der Stadt. Direkt hinter dem Tempel in der Calle Ituzaingó 1255 war das Wohnhaus von

Große Fleischportionen zum Mittagessen im Mercado del Puerto

Das Teatro Solís, benannt nicht nach der Sonne im Portikus, sondern nach dem europäischen Seefahrer, der zuerst den Río de la Plata hinaufsegelte

Julio Herrera y Reissig, einer der wichtigsten Dichter Uruguays (S. 72). Rechts von hier findet sich das große Gebäude der Associación de Empleados Bancarios del Uruguay (Vereinigung der Bankangestellten Uruguays) mit Schwimmbad und Sportanlagen, das Jüdische Zentrum und der Mercado Central, in dem sich einige kleine Restaurants sowie die bekannte Tangobar Fun-Fun befinden.

Über die Ciudadela und die Calle Juncal erreicht man das **Teatro Solís,** das größte und wichtigste Theater der Stadt. Der neoklassizistische Bau mit den acht korinthischen Säulen wurde 1856 als Gemeinschaftswerk der Architekten Carlos Zucchi, Francisco Xavier Garmendia, Clemente César und Victor Rabú eröffnet. Der Saal des Theaters hat die Form einer leichten Ellipse und faßt 1600 Zuschauer. Er ist ein verkleinerter Nachbau des Saals der Scala in Mailand, dessen Akustik ebenso gerühmt wird wie die des berühmten Vorbildes. Das Teatro Solís war Schauplatz von Gastspielen vieler bekannter Stars. Hier sangen Enrico Caruso und Fjodor Schaljapin, spielten Eleonora Duse und Sara Bernhard, tanzte Waslaw Nijinsky, und Arturo Toscanini begann hier seine Weltkarriere.

Über die Calle Bacacay führt der Weg wieder auf die Sarandí und zurück zur Puerta de Ciudadela.

2. Die neuere Stadt – entlang der 18 de Julio

Die Hauptverkehrsader und gleichzeitig die wichtigste Einkaufsstraße von Montevideo ist die Avenida 18 de Julio. Sie führt zweispurig von der Plaza Independencia nach Nordosten und endet kurz vor dem Parque José Batlle y Ordóñez. Die 18 de Julio ist über sechs Kilometer lang, sie wird von teilweise sehr schönen Gebäuden der Jahrhundertwende, teilweise von moderner, rein zweckmäßiger Architektur gesäumt. Ihre Neben- und Stichstraßen sind meist ruhiger, sie sind oft von Platanen besetzt. Hier ste-

An der Plaza Independencia,
im Hintergrund der Palacio Salvo

hen niedrigere Wohnhäuser, die im Kolonialstil erbaut wurden.

Die 18 de Julio beginnt an der **Plaza Independencia,** dem größten Platz Montevideos. Der Platz an der Grenze zwischen Altstadt und der neueren Stadt ist von Palmen gesäumt und umstanden von einigen interessanten Bauten. Im Zentrum des Platzes befindet sich das **Denkmal für den uruguayischen Nationalhelden José Gervasio Artigas.**

Agnes Zanelli schuf das Reiterdenkmal und die bronzenen Flachreliefs am Denkmalsockel, auf denen der Auszug des uruguayischen Volkes gemeinsam mit Artigas dargestellt ist. Unter dem Denkmal befindet sich das **Mausoleum** für den Nationalhelden, militärisch-pompöses Zeugnis der Betonarchitektur. Erbaut wurde es 1977, zur Zeit der Militärdiktatur. Es erinnert an Heiligenverehrung und vermittelt eher Distanz zum großen Führer Artigas als daß es eine Beschäftigung mit seinen Vorstellungen und Ideen fördert.

Das auffälligste Gebäude an der Plaza Independencia aber ist der **Palacio Salvo,** das vielgeschmähte, von Le Corbusier als putzig bezeichnete, 26 Stockwerke hohe Gebäude. Es kursiert die – frei erfundene – Geschichte, der Architekt habe sich nach Vollendung des Bauwerkes von diesem herabgestürzt, weil er es so scheußlich gefunden habe. Häßlich ist das Gebäude nicht, eher mutig und eigenartig überladen wirkt der bei seiner Fertigstellung 1928 höchste Bau Südamerikas. Die vielleicht beste Beschreibung stammt von Mario Benedetti in seinem Roman »Die Gnadenfrist«: »Dieses folkloristische Monstrum des Palacio Salvo habe ich richtig lieben gelernt. Nicht umsonst findet man ihn auf allen Ansichtskarten. Er ist so etwas wie das steinerne Abbild unseres Nationalcharakters: dreist, fade, überladen und liebenswert. Er ist so häßlich, aber wirklich so häßlich, daß er einem schon wieder gute Laune macht.«

Winzig neben dem Palacio Salvo wirkt der **Palacio Estévez,** der einstige Präsidentenpalast, der heute noch für Empfänge des Präsidenten genutzt wird. Die Baustelle der Justizbehörde ist inzwischen auch schon fast eine Sehenswürdigkeit geworden. Seit über 30 Jahren wird hier immer wieder gebaut, ob das Gebäude je fertig wird, ist ungewiß.

Rechts und links ist die Avenida 18 de Julio von Geschäften gesäumt. Die Schaufenster verstellen ein wenig den Blick auf die Fassaden, in denen sich die verschiedensten Stile widerspiegeln. Insgesamt wirkt die Straße wie ein verfallendes Architekturmuseum der ersten fünfzig Jahres unseres Jahrhunderts. An vielen Stellen bröckelt der Stuck, die schweren, kunstvoll geschmiedeten Balkongitter verrosten ohne Anstrich, Neonröhren überdecken den abgeschlagenen Putz. Die Stände der Straßenhändler stehen dicht an dicht, das Warenangebot gleicht sich: *bombillas* und Kalebassen für die *mate,* Ledertaschen, Süßigkeiten.

Läßt man die Plaza Independencia hinter sich, folgt auf der rechten Seite rasch das **Teatro Sodre,** einer der besten Konzertsäle der Stadt. Geht man weiter, folgen rechts, kurz vor der Plaza Juan B. Fabini, auch Entrevero genannt, zwei der schönsten restaurierten Häuser der Stadt: der **Klub Brasil** und das **Museo del Gaucho y la Moneda.** Das Gaucho-Museum ist im Palacio Heber von 1896/97 untergebracht. Der französische Architekt Alfredo Massüe baute das Haus für Emilio Boix y Merino und dessen Frau Margarita Uriarte de Heber, die später den Staatspräsidenten Luis Alberto de Herrera heiratete. Hinter einer schweren hölzernen Eingangstür erhebt sich ein mächtiges Jugendstil-Treppenhaus aus Marmor und Edelhölzern, verziert mit Balkonen,

Stuckarbeiten und einem farbigen Glasdach. In der ersten Etage ist das Museo de la Moneda (Geldmuseum), in dem neben Ausstellungsstücken zur Geschichte des Geldes und des Tauschwesens auch wechselnde Malereiausstellungen zu sehen sind. In der zweiten Etage befindet sich das Museo del Gaucho. Wertvolle Utensilien des Gaucho-Lebens sind hier ausgestellt: Trinkhalme und Kalebassen aus Silber, Gürtelschnallen, Zaumzeug, Steigbügel und Sporen sowie Knöpfe aus demselben kostbaren Material, Pistolen und *bolas* (Wurfkugeln) aus Elfenbein, dazu Bilder, Plastiken, Modelle und Dioramen, die romantisierend die schönen Seiten des freien Gaucholebens darstellen.

Auf der Plaza del Entrevero ist die Skulptur **El Entrevero** (»Der Wirrwarr«) von José Belloni zu bewundern. Das undurchdringliche Knäuel von Menschen- und Pferdeleibern ist ein Sinnbild für die Geschichte am Río de la Plata im 19. Jh.: Jeder kämpfte gegen jeden, die Bündnisse wechselten stän-

Reich verzierte Gürtelschnallen gehören nach wie vor zu den Utensilien des Gaucho-Lebens

Maler und Publikum an der Plaza Cagancha

dig, und wer am Ende Sieger blieb, kann keiner sagen.

Nur zwei Blocks weiter liegt die **Plaza Cagancha,** die auch Libertad genannt wird. Die Freiheitsstatue – ursprünglich Friedensstatue – auf dem Mittelstreifen der 18 de Julio, ein Werk des italienischen Bildhauers José Livi, geht fast unter; auffälliger sind die Platanen, die Stände mit Kunsthandwerk und *mate*-Utensilien. Betriebsam ist der Platz, nur wenige Bänke laden zum Verweilen ein. Hier lohnt es sich auch einmal aufzuschauen: Direkt auf der Ecke zur 18 de Julio stehen sehenswerte Häuser vom Beginn des Jahrhunderts. In der Umgebung des Platzes finden sich die meisten Kinos, Wechselstuben und Busgesellschaften, letztere vor allem in der nördlich gelegenen Calle Rondeau. Im Süden schließt an die Plaza Cagancha die Calle Héctor Gutierrez Ruiz an, direkt am Platz steht das reich durch Balkone und Arkaden gegliederte Gebäude des **Obersten Gerichtshofes.**

Der Prachtbau des Obersten Gerichtshofes nahe der Plaza Cagancha

Würste im Angebot in der Fleischmarkthalle in der Calle Soriano

Die 18 de Julio führt vorbei an großen Cafés: Einen Besuch lohnt das **Café Sorocabana** in der Calle Yí, nur wenige Meter von der 18 de Julio entfernt. Hier in diesem braungetäfelten Lokal an den kleinen runden Marmortischen auf grünen Ledersesseln zu sitzen und Kaffee zu trinken, das stärkt die uruguayisch-brasilianische Freundschaft, verrät ein Plakat: »El café brasileño es uno des los lazos de unión que ligan Uruguay a Brasil. En la mas fraternal demonstración de amistad Uruguayos tomad cafe brasileño porque es el mejor y el mas sabroso« – »Der brasilianische Kaffee ist eines der Bande, die Uruguay und Brasilien miteinander verbinden. Auf brüderlichste Art diese Freundschaft zu zeigen heißt, Uruguayer, brasilianischen Kaffee zu trinken, weil er auch der beste und geschmackvollste ist.«

Weiter führt die 18 de Julio zur Intendencia, der Stadtverwaltung. Das Gebäude der Stadtverwaltung, der **Palacio Municipal,** ist ein massiver, etwas wehrhaft wirkender, 16stöckiger Backsteinbau. Vor ihm steht ein Nachguß von Michelangelos David, daneben laden einige Bänke zum Verweilen ein. Von zwei Aussichtsplattformen kann man den Blick über den Vorplatz und über die gesamte Stadt genießen. Der Zugang zur oberen Plattform und zum Aussichts-Restaurant erfolgt über einen Panorama-Aufzug von der Rückseite des Gebäudes. Im Gebäude der Intendencia sind ein Postamt und zwei Museen untergebracht (beide an der Calle Ejido): Im **Centro de Expociones** finden Wechselaustellungen uruguayischer Künstler statt, und im **Museo del Arte Precolumbiano** werden Kunstwerke dieser Epoche aus allen Ländern und Kulturräumen Lateinamerikas gezeigt (teilweise als Kopien).

Auf der Rückseite der Intendencia verläuft die Calle Soriano. In ihr befindet sich zwischen Ejido und Yaguarón eine zweite **Markthalle,** von der Konstruktion mit Eisengeflechten her vergleichbar mit dem Mercado del Puerto (S. 117). Anders als im Mercado del Puerto wird hier das Fleisch aller-

Denkmal für den Gaucho, geschaffen 1927 von José Luis Zorrilla de San Martín

dings in rohem Zustand verkauft. Hausfrauen sorgen für die großen Fleischvorräte der Familien. Wer sich dort umsieht, den wundert nicht, daß Uruguay eines der Länder mit dem höchsten Pro-Kopf-Verbrauch an Fleisch in der Welt ist.

Weiter dem Verlauf der 18 de Julio folgend, trifft man auf »das erste Zeichen nationaler Unabhängigkeit«. Damit ist der **Gaucho** gemeint, so steht es jedenfalls auf dem Sockel des Denkmals, das 1927 von José Luis Zorrilla de San Martín geschaffen wurde. Stolz und verwegen sitzt der bronzene Gaucho auf seinem ebenfalls bronzenen Pferd, den Speer in der Hand und den Blick fest auf die vorüberbrausenden Omnibusse gerichtet (siehe Kasten S. 126).

Das nächste Standbild ist für Juan Antonio Lavalleja, den Anführer der 33 Orientalen (S. 30). Es steht auf der **Plaza Treinta y Tres,** gegenüber dem mächtigen, aber nicht sehr gelungenen Gebäude der Banco de la República. Schöner ist der türmchengekrönte Bau der Feuerwehr am glei-

Der Gaucho – Symbol für Freiheit und Unabhängigkeit

»Der Gaucho hat in seinem Charakter die wilde Entschlossenheit und den unabhängigen Sinn der Ureinwohner und zeigt dabei den Anstand, den Stolz, die edle Freimütigkeit und das vornehme, gewandte Betragen des spanischen Caballero. Seine Neigungen ziehen ihn zum Nomadenleben und zu abenteuerlichen Fahrten. Ein Feind jeden Zwanges, ein Verächter des Eigentumes, welches er als eine unnütze Last betrachtet, ist er ein Freund glänzender Kleinigkeiten, welche er sich mit großem Eifer verschafft, aber auch ohne Bedauern wieder verliert.«

So zitiert Karl May einen französischen Autor namens Adolphe Delacour, der angeblich Redakteur einer französischen Zeitschrift, des Patríote Française, in Montevideo gewesen sein soll. Karl May war nie in Uruguay, es gab wohl auch keinen Adolphe Delacour in Montevideo. Die Beschreibung des Gauchos stimmt aber mit allen Klischees überein. Genauso wird der Gaucho präsentiert, so sitzt er als Denkmal auf der 18 de Julio, so als Kleinskulptur, als Abbild im Museo del Gaucho in Montevideo.

Dabei waren die Gauchos nicht immer gut angesehen. Ein Estanziero urteilte folgendermaßen über ihn: »Er ist ein Faulenzer, verdreckt aus Lust am Dreck und grausam von Natur aus. Wir kannten ihn trübsinnig, um nicht zu sagen, er wäre mürrisch und schlecht gelaunt. Auch meinten wir, er wäre lakonisch und introvertiert, aber er war nur ein alberner Ignorant. Nie in seinem Leben hat er gearbeitet, nicht einmal, um sich zu ernähren. Denn reiten, Strauße jagen und Pferde zähmen war für ihn nur ein Vergnügen.«

Die Wahrheit liegt wahrscheinlich in der Mitte. Der Gaucho, Nachfahre der frühen Generationen von Weißen, war unabhängig, streifte umher, verband sich mit den Indigenas, kleidete sich mit Silbergürtel und Silbersporen, war schlecht ausgebildet und ignorierte – und das störte vor allem die Estanzieros – alle Eigentumsbegriffe. Für ihn galten die Zäune auf der Pampa nicht. Er stahl Vieh, um zu überleben, obwohl es für ihn kein Diebstahl war: Schon immer hatte er, wenn er hungrig war, Rinder gejagt. Den Aufbau der geregelten Viehzucht auf Estanzias behinderte er jedoch mit seiner Unabhängigkeit und Unregelmäßigkeit massiv.

Auch wenn die Arbeit heute der eines gewöhnlichen Landarbeiters ähnelt, hat sich der Gaucho seinen Stolz bewahrt

Der argentinische Schriftsteller José Hernández (1834–86) hat in seinem zweibändigen Werk »El Gaucho Martín Fierro« (1872) und »La vuelta de Martín Fierro« (1879) dem Gaucho ein unsterbliches Denkmal gesetzt. Martín Fierro ist das Symbol des unbezwingbaren Gauchos, der stets von den Reichen und den Stadtbewohnern ausgenutzt wird. In Hernández' Versepos heißt es:

»Ich bin ein Gaucho, und man verstehe
Doch meine Sprache!
Für mich ist die Welt ja so klein,
Könnte sie denn größer sein?
Es beißt mich keine Viper,
Und die Sonne verbrennt mir nicht
Die Stirn.

Ehre ist mir, in Freiheit zu leben,
So wie der Vogel am Himmel.
Ich bau mir kein Nest auf diesem Boden,
Wo es sich nicht lohnt zu leben.
Und so braucht's mir keiner nachzutun
Wenn ich mich wieder erhebe.«

Szene aus dem Gaucholeben: Das Zusammentreiben der Rinder und Schafe

Heute gibt es Gauchos im eigentlichen Sinne nicht mehr. Genau wie sich ihre Kleidung änderte – der lange Rock wurde zur weiten Hose –, so änderte sich auch ihr Berufsbild. Statt unabhängig durch das Land zu streifen, arbeitet er nun auf einer Estanzia. Aber seine Eigenständigkeit und Ungebundenheit hat er wie die *mate* und den *asado* den Uruguayern als Vermächtnis hinterlassen.

chen Platz, noch schöner sind allerdings die wenig später folgenden Gebäude der **Staatsbibliothek,** mit beeindruckendem Zettelkasten-Katalog, und der **Universität.** Vor der Bibliothek steht ein Denkmal für den spanischen Dichter Cervantes, vor der Universität eines für den italienischen Dante, Symbole für die spanisch-italienischen Wurzeln des offiziellen uruguayischen Selbstverständnisses.

Vor der Universität zweigt die Straße **Dr. Tristan Navarra** ab, wo sonntäglich der große Markt stattfindet (siehe Kasten S. 128). Dort finden sich auch viele Antiquitätengeschäfte sowie das zentrale Büro der ehemaligen Stadtguerilla der Tupamaros.

Täglich außer sonntags ist hingegen Markt an der Avenida Fernández Crespo, die nur wenige Schritte weiter links von der 18 de Julio abzweigt. Bis zum Busbahnhof zieht sich der Markt, auf dem vorwiegend Textilien verkauft werden. Die 18 de Julio wird ab dieser Ecke etwas ruhiger. Schon ist der **Obelisk** von Zorrilla de San Martín zu sehen, der 1938 am Ende der 18 de Julio zur Erinnerung an die Verfassung von 1830 aufgestellt wurde.

Von hier führt eine Straße in den 60 ha großen **Parque Batlle y Ordóñez,** in dem auch das 1930 zur ersten Fußballweltmeisterschaft gebaute **Estadio Centenario** steht. 60 000 Zuschauer faßt das Stadion, es

Markt auf der Dr. Tristan Navarra

Mitten im Gedränge sitzen die beiden Musiker. Sie scheint nicht zu stören, daß sie viel Konkurrenz haben: Schreiend wird Eiskrem angeboten, Papageien kreischen, Hühner gackern, Paprika und Orangen werden lautstark angepriesen, ein nach Diesel stinkender Bus dröhnt gefährlich nahe an ihnen vorbei. Der Geruch gegrillter Würstchen kitzelt in der Nase, von irgendwo dringt Popmusik ans Ohr. Jeden Sonntagvormittag sitzen die beiden, Gitarre und Akkordeon auf den Knien, auf dem Markt in der Straße Dr. Tristan Navarra und entlocken ihren Instrumenten sehnsuchtsvolle Tangoklänge. Die Stimmen sind brüchig, doch die Zuhörer sind begeistert.

Die in der Woche unscheinbare Straße im Zentrum von Montevideo verwandelt sich sonntags in ein Händler- und Käuferparadies: Junge Hunde und stumme Zierfische, Berge von Knoblauch, Süßkartoffeln und Tomaten, Grammophone und Gardinenstoffe, Bücher, alte Stiche, Kupferkannen, Wäscheleinen, Bilder, Spiegel und Kassetten werden feilgeboten. Hier wird gehandelt. Ob alt oder neu, originalverpackt und eingeschmuggelt oder gebraucht mit Spuren der Abnutzung ist egal. Hauptsache, der Preis stimmt. Wer alte Sammeltassen oder eine Kühlerfigur für seinen Oldtimer sucht, wird fündig, ebenso wer nur eben seinen Gemüse- und Käsevorrat ergänzen will.

Trommler drängeln sich durch die Menge. Mancher hat es eilig und quetscht sich an wurstessenden und neugierigen Schaulustigen vorbei. Andere schlendern gemächlich durch die Menge, unter den Arm die Thermoskanne geklemmt, in der Hand die Kalebasse, aus der sie mit der silbernen *bombilla* ihre *mate* saugen.

Frühmorgens bauen die Händler ihre Stände auf, gegen zehn ist alles bereit für die Käufermassen, gegen zwei am Nachmittag wird schon wieder mit dem Abbau begonnen. Eine kurze Zeit, aber die ist umsatzstark.

Seit mehr als 100 Jahren wird auf der Feria Dr. Tristan Navarra gehandelt. Wer jedoch mit mehr Ruhe nach Antiquitäten und alten Büchern suchen will, der sollte die Straße auch einmal während der Woche aufsuchen, da es hier viele Antiquitätengeschäfte und Antiquariate gibt.

Markt in der Dr. Tristan Navarra

Auf der Feria Dr. Tristan Navarra wird mit allem gehandelt: Von Thermoskannen bis zu Wellensittichen reicht das Angebot

ist allerdings heute fast nur noch bei internationalen Spielen ausverkauft. Olympia, Amsterdam und Paris heißen die großen Tribünen, in Erinnerung an die Olympischen Spiele 1924 und 1928, bei denen Uruguay jeweils die Goldmedaille im Fußball gewonnen hatte. Im Stadion befindet sich auch das leider nicht sehr gut sortierte Fußball-Museum, in dem Trikots, Plakate und Zeitungsausschnitte aus aller Welt bewundert werden können.

In der Nähe des Fußball-Stadions liegen andere Sportanlagen und auch das vielleicht bekannteste Denkmal Montevideos. José Belloni schuf **La Carretera,** das bronzene Abbild eines Wagens, der von sechs Ochsen, die je zu zweit zusammengespannt sind, gezogen wird. Ein Gaucho lenkt mit seiner Lanze den Wagen – alles an dem Denkmal scheint in Bewegung zu sein, so naturalistisch ist die Darstellung.

Nicht weit vom Parque Batlle y Ordóñez, an der Avenida General Rivera, befinden sich auch der **Zoo** und das **Planetarium** Montevideos.

3. Die Strände – entlang der Rambla

Montevideo ist auch eine Badestadt. Am 8. Dezember jeden Jahres beginnt offiziell die Badesaison. Die Zeitungen veröffentlichen dann, an welchen Stränden mehr oder weniger bedenkenlos gebadet werden kann. Nicht alle der insgesamt über 20 km langen Strände sind sauber, die Wasserqualität ändert sich von Jahr zu Jahr.

Die Strände beginnen nicht direkt in der Innenstadt, aber bis zum ersten, der **Playa Ramírez** am Parque Rodó, ist es nicht weit. Die Playa Ramírez ist zum Baden wenig einladend, hier ist die Wasserqualität meist schlecht, sie ist allerdings der Strand, an dem das Iemanya-Fest am größten gefeiert wird (S. 68). Auch lockt der nahegelegene

Das Denkmal »La Carretera« von José Belloni

Keine Moschee, sondern das Museum für Meeresbiologie

Parque Rodó mit dem Casino im Parque Hotel. Im Park selbst befinden sich ein kleiner Rummelplatz und auch das **Museo de Artes Plasticas.** Hier sind die wichtigsten Künstler Uruguays ausgestellt, Werke von Figari, Torres García, Blanes, Viari und Solari sind zu bewundern. Sonntags findet

Sonntags am Strand von Pocitos

Der wuchtige Bau des Hotel-Casinos Carrasco, vom Strand nur durch eine Straße getrennt

hier auch ein Markt statt, und in den südlich an die Playa Ramírez angrenzenden Grünflächen liegt das **Teatro de Verano,** eine schöne Open-air-Bühne.

Die Rambla Presidente Wilson führt an dem **Parque de las Instrucciones del Año XIII** vorbei, in dem sich auch der innerstädtische Golfplatz befindet. Es schließt sich die Rambla Mahatma Gandhi an, die zur **Playa de los Pocitos** führt. Linker Hand liegt der **Parque Zorrilla de San Martín,** in dem jeden Samstag ein Flohmarkt, vergleichbar dem sonntäglichen in der Straße Dr. Tristan Navarra, stattfindet.

Pocitos wird von den Montevideanern gern als die Copacabana Montevideos bezeichnet. Am Strand stehen ebenso wie in Río de Janeiro große Apartmenthäuser; Pocitos ist eines der Wohnviertel der gehobenen Mittelschicht. Hier finden sich gute Restaurants und gepflegte Bars, der Strand selbst ist Tummelplatz vor allem der gutbürgerlichen Jugend. Deshalb findet man hier am Wochenende auch keine ungestörte Ruhe. Dafür gibt es Spiel und Sport, Strandvolleyball- und Fußballturniere oder Aerobic zum Mitmachen.

Linker Hand führt hinter Pocitos die Avenida Dr. Luis Alberto de Herrera zum **Montevideo Shopping Center,** einem großen Konsumtempel mit zahlreichen edlen Geschäften, und zum ambitionierten Bau des **Montevideo Trade Center,** das helfen soll, Montevideo zum Finanz-Dienstleistungszentrum des Mercosur (S. 46) zu machen.

Anschließend an die Bucht von Pocitos folgen der **Yachthafen,** die etwas groß angelegte **Plaza Armenia** und einer der größten Friedhöfe der Stadt, der **Cementerio del Buceo.** Gegenüber liegt auf einer Verkehrsinsel ein Gebäude, das architektonisch an eine Moschee erinnert, das **Museo Oceanografico-Zoologico Damaso Antonio Larrañaga,** mit einer der wichtigsten meeresbiologischen Sammlungen Lateinamerikas.

Weitere Sandstrände, immer wieder durch kleine Felsengruppen voneinander abgetrennt, folgen: **Playa del Buceo, Playa de Malvin, Playa Honda, Playa de los Ingleses, Playa Verde und Playa Carlos Gardel.** Die meisten Strände sind sauber, statt der großen Apartmenthäuser wie in Pocitos stehen hier größere und kleinere Einfamilienhäuser, hin und wieder ein Ferienhaus oder ein Restaurant. Hier wirkt die Stadt schon fern, auch in der Saison sind die Strände nicht überlaufen.

Der letzte unter Montevideos Stränden ist die **Playa de Carrasco.** Carrasco ist der teuerste Stadtteil Montevideos und schon seit langem der Wohnsitz der Reichen. Den Häusern in den Straßen um das Hotel-Casino Carrasco, das selbst wie eine Filmkulisse wirkt, sieht man den Reichtum auch an. Luxuriöser Seebäder-Charme herrscht hier vor, teilweise mit dem abbröckelnden Flair alter Zeiten – wie beim Bau des Hotel-Casinos –, teilweise einfach schick und teuer.

Von Carrasco aus zieht sich der Sandstrand noch Hunderte von Kilometern weiter die Küste des Río de la Plata und später des Atlantik entlang.

4. *Vom Hauptbahnhof zum Cerro*

Die weitgestreckte Rundfahrt versucht, einige abgelegenere Punkte miteinander zu verbinden. Die Fahrt kann mit Bus oder Taxi unternommen werden, zu Fuß ist die Strecke doch etwas weit.

In Uruguay ist der Zugverkehr weitgehend eingestellt. Nur einzelne Linien verbinden Montevideo mit dem

Montevideo und Umgebung

Im Hauptbahnhof: Statt Reisetrubel spielende Kinder

Landesinnern, Personenzüge fahren fast gar keine mehr. Der **Hauptbahnhof** wurde für eine andere Zeit gebaut. Er ist großzügig und prunkvoll angelegt, Säulen, Balkone, Stuckverzierungen und Türmchen gliedern den Bau. Das Bahnhofsrestaurant ist passend dazu ebenfalls sehr edel eingerichtet. Im Bahnhofsinnern allerdings fehlt das Publikum. Hier spielen nur ein paar Kinder Fußball, einige Züge stehen traurig auf den Gleisen, und ein Hund liegt schlafend in der Ecke; in einem Schaukasten informieren Freunde der uruguayischen Eisenbahn über deren Geschichte.

Nahebei liegt der **Palacio Legislativo,** das schöne und prunkvolle Parlamentsgebäude, vom Hauptbahnhof über die Calle Valparaiso und die Avenida Lavalleja leicht zu erreichen. Es wurde am 25. August 1925 nach einer über 21jährigen Bauzeit eröffnet. 1904 hatte der Italiener Víctor Meano den Architekturwettbewerb für das Gebäude gewonnen. Als die Bauarbeiten dann aber 1905 an einem anderen als dem geplanten Ort begannen, übernahmen Jacobo Vázquez Varela und Antonio Banchini die Bauleitung. Sie erweiterten Meanos Pläne, blieben aber seinen stilistischen Vorgaben treu. Erst 1913 wurden dessen Pläne entscheidend verändert: Cayetano Moretti übernahm die Ausführung und entschloß sich, das Gebäude aus Marmor zu errichten und es gleichzeitig mit einem Dachturm zu krönen. Dieser ist geschmückt mit allegorischen Darstellungen der Musik, der Medizin, der Malerei, der Dichtkunst, der Bildhauerei, der Architektur, des Handels, der Landwirtschaft und der Industrie. Auch die Wissenschaft, das Recht, die Gerechtigkeit und die Arbeit sind allegorisch in den Gebäudeverzierungen herausgearbeitet. Im Innern ist vor allem der Parlamentssaal sehenswert. Er ist mit Gemälden und Wandmalereien geschmückt, das größte ist das 5 m x 7 m große Gemälde des Franzosen Fernando Laroche, auf dem das Treffen von José Artigas mit General José Rondeau während der zweiten Belagerung Montevideos am 26. Februar 1813 gezeigt wird.

Das Denkmal »La Diligencia« von José Belloni im Parque Prado in Montevideo

Reisen mit der Diligencia

Auch wenn heute einige Wege nur geschottert, nicht geteert sind, ist das Reisen doch frei von großen Strapazen. Vor 140 Jahren war das noch anders. Damals gab es als einziges Verkehrsmittel die Diligencia, eine staatliche Kutsche.

Der Deutsche Hermann Burmeister war vor 1860 mit einer Diligencia im Westen von Uruguay unterwegs. Seine dort gemachten Erfahrungen können aber für das ganze Land als typisch angesehen werden. Burmeister beschrieb seine Fahrt so:

»Die Einrichtung der Diligence, auf welcher ich Platz nahm, ist durchaus europäisch; ein solid gebauter Wagen mit Cabriolet, Coupé und Rotunde, worin etwa 12 Personen Platz nehmen können. Sieben Pferde, vier in erster Reihe nebeneinander, zwei davor und eins an der Spitze, ziehen den Wagen über Stock und Stein im sausenden Galopp, daß einem die Sinne vergehen; das vorderste Pferd reitet ein Knecht (Peon) und das linke hintere ebenfalls; ein Reiter, welcher neben dem Wagen galoppiert, haut von Zeit zu Zeit mit einer großen Hetzpeitsche auf die Pferde los und treibt zugleich ein Dutzend loser Pferde, welche für den Bedarf zum Wechseln nach ein paar Leguas stets bei der Hand gehalten werden. So geht es durch dick und dünn, über Bäche und Flüsse, über Hügel und Täler ohne Verzug weiter, bis man nach 2–2½ Stunden an ein Haus, einen sogenannten Rancho, kommt, wo die Tiere gewechselt werden und etwas Erfrischung zu haben ist. Der Rancho pflegt in der Regel ein Verkaufslokal aller auf dem Land benötigten Waren zu sein, wo Kleiderstoffe, Pferdegeschirre, Acker- und Landgeräte, nebst Tellern, Gläsern, Messern und Gabeln, endlich auch Schnaps, Wein und trockene Süßwaren feil sind; an dem einen Ende des Hauses ist ein Ladenfenster, von einem schützenden Sommerdach überwölbt, unter dem zu beiden Seiten ein paar Erdbänke zum Ausruhen sich befinden, und da nimmt man, was man braucht und bekommen kann, in Empfang. Binnen einer Stunde legt man 2½–3 Leguas zurück, fährt also am Tag 20–25 Leguas, d.h. 12–15 deutsche Meilen, etwa 2 Meilen die Stunde. Von dieser Schnelligkeit der Fahrt hat man in deutschen Postkutschen keine Vorstellung; ¾ Stunden die Meile das ist das Höchste, was ein königlich preußischer Postillon zu leisten berufen ist, und wenn er vor der Zeit kommt, wird er bestraft. Freilich fallen auch keine Pferde unterwegs tot zu Boden, wie das hierzulande nichts seltenes ist; aber dafür fehlt auch alle Andeutung einer gebahnten Straße; der Weg, über den man fährt, ist ohne alle Kunst, öfters gar ohne alle Spur; es geht über die natürliche Fläche hin, wie es gerade kommt; man traut seinen Augen kaum, wenn man zum Wagenfenster hinausblickt, daß auf solchem Boden gefahren werden könne. Stock und Stein, die ich vorhin erwähnte, gibt es freilich nicht; Holz ist selten im Land, und Rollsteine liegen nur in der Nähe der Cuchillas oder in einigen Bächen, aber nirgends auf der Grasflur, die als Weideland, wie als Fahrstraße benutzt wird; – doch Unebenheiten sind genug da, über welche der sausende Galopp den Wagen fortreißt und dabei den Reisenden zusammenstößt, daß ihm Hören und Sehen vergeht. Steil bergab in den Fluß hinunter stürzt die wilde Schar durch das Wasser, überall spritzen Tropfen umher, der Fluß schäumt auf von der rasenden Eile des Durchschnitts; – und ebenso schnell geht es an der anderen Seite mit furchtbarem Geschrei der Knechte und Peitschenhieben der Treiber wieder in die Höhe. Die arme Bespannung arbeitet mit gewaltiger Anstrengung und bleibt, ihr erliegend, nicht selten einzeln tot auf der Stelle. Kein deutscher Kutscher würde eine solche Fahrt für möglich halten, und doch geschieht sie hier täglich ohne jeden Anstand. Niemand nimmt sich der armen Tiere an oder denkt nur überhaupt an ihre Leiden; wer es wagen sollte, sich darüber zu äußern, würde von allen Anwesenden als Narr ausgelacht werden. Mit empörendem Gleichmut haut der Peon auf die Tiere los, wenn sie ermattet von der Anstrengung langsamer gehen oder gar stehen bleiben wollen; er stachelt sie mit seinen großen Sporen, deren Räder den Umfang einer Teetassenunterschale haben, und stößt so derb in ihre Seiten, daß Blut und Hautfetzen davonfliegen.«

Vorbei an den Hafenanlagen und Industriebauten erreicht man die **Avenida Agraciada,** die zunächst nur eine lebhafte Geschäftsstraße ist, auf der später aber einige schöne Bauten der Jahrhundertwende zu finden sind. Sie überquert den Bulevar Artigas und erreicht am Arroyo Miguelete, einem der beiden Bäche, die in die Bucht von Montevideo münden, den **Parque Prado.**

Parallel zum Fluß betritt man den Park, der von vielen alten Wohnhäusern umgeben ist. Im Park stehen einige Denkmäler: **La Diligencia** (»Die Postkutsche«) von José Belloni, die lebensecht über Stock und Stein zu rasen scheint (siehe Kasten S. 135), und das Denkmal für die letzten **Charrúa-Indianer** (S. 126). Auch sind ein Rosengarten und der Botanische Garten mit vielen einheimischen Pflanzen sowie das Gelände für die lokalen Viehauktionen hier zu finden. Das ist auch Schauplatz der bekannten Semana Criolla, während der in Montevideo einer der größten Viehmärkte veranstaltet wird. Begleitet wird der Viehmarkt von Auftritten bekannter Gauchos und Pferdezureiter, die hier ihre Show zeigen. Wild bäumen sich die nicht zugerittenen Pferde auf, verwegen versuchen die Gauchos, sich auf ihnen zu halten. Andere zeigen, wie Rinder mit dem Brandeisen gekennzeichnet werden, wie die Kastration der Tiere geschieht oder wie ein richtiges Gaucho-*asado* zubereitet wird. So wird versucht, auch in der Großstadt die alte Gaucho-Atmosphäre entstehen zu lassen.

Im Museo Municipal werden vorwiegend Werke von Juan Manuel Blanes und Pedro Figari gezeigt

Die Festung auf dem Hausberg von Montevideo

Beim Bummel durch die Parkanlage trifft man auch auf das **Museo Municipal de Bellas Artes »Juan Manuel Blanes«.** Hier werden vorwiegend Werke des Namensgebers gezeigt, aber auch von anderen bekannten uruguayischen Malern wie beispielsweise Pedro Figari.

Vom Prado gelangt man über die Avenida Agraciada und die Avenida Carlos María Ramirez in den Stadtteil am Fuße des **Cerro.** Hier sind die Häuser ärmlich, unschön der Blick auf die Raffinerieanlagen. Dennoch lohnt ein kurzer Bummel durch das Stadtviertel. Die Straßen verlaufen rechtwinklig, die Festung auf dem Berg ist ein guter Sichtpunkt, verlaufen kann man sich also nicht. Romantisch ist der kleine Friedhof am Cerro, von dort sind es noch etwa zehn Minuten zu Fuß, vorbei am Aussichtsrestaurant »Parador El Cerro« zur Spitze.

Dort oben erscheint einleuchtend, warum Magellan bei seiner Weltumsegelung bereits am Río de la Plata glaubte, die ersehnte Durchfahrt zum Pazifik gefunden zu haben: Endlos wie ein Ozean dehnt sich der Río de la Plata aus. Und ebenso endlos erscheint das Hinterland Montevideos.

Bekrönt wird der Cerro von der **Fortalezza,** der kleinen Festung, die 1809–11 von dem Gouverneur Francisco Xavier de Elío nach Plänen des Ingenieurs José del Pozo y Marquez erbaut wurde. Sie hat einen Umfang von 700 m^2 und ist von Steinmauern mit kleinen Wachtürmchen umgeben. Seit 1916 dient sie als Museo Militar José Artigas, hier werden Waffen vorwiegend aus dem 19. Jh. gezeigt. Gut ist die Aussicht aus der Festung, von wo man durch ein Teleskop auf die Stadt sehen kann.

Vom Cementerio de Cerro fährt die Buslinie 125 zur Aduana, der alten Zollstation im Hafen, dem Endpunkt aller Innenstadtbusse.

Montevideo von A bis Z

Apotheken

Auf der 18 de Julio und allen anderen größeren Straßen finden sich zahlreiche Apotheken, die bis tief in die Nacht geöffnet haben. Wie in vielen Ländern Lateinamerikas erhält man auch in Uruguay problemlos deutsche und Schweizer Arzneimittel. Vieles, was in Deutschland verschreibungspflichtig ist, kann hier frei erworben werden.

Automobilclub

Der uruguayische Automobilklub (Automovil Club del Uruguay) hat seine Zentrale in Montevideo auf der Colonia 1251/Ecke Yí, Tel. 98 47 10. Mitglieder eines internationalen Automobilklubs können hier auch Informationsmaterial (Karten) erhalten.

Autovermietung

Die meisten Autovermietungen, häufig kleinere Betriebe, sind im Viereck zwischen den Straßen Avenida 18 de Julio und Uruguay sowie den Plätzen Independencia und Eduardo Fabini (auch El Entrevero genannt) angesiedelt.

Autocar, Mercedes 863, Tel. 98 51 53, Fax 92 17 59

Autorent, Yaguarón 1683, Tel. 92 05 73, Fax 92 17 10

Avis, Rambla República de México 633, Tel. 60 81 29, Fax 61 70 07; Flughafen Carrasco, Ankunftshalle, Tel. und Fax 61 70 05

Budget, Mercedes 935, Tel. 91 63 63, Fax 92 53 63

Carrasco Rent-a-Car, Río Branco 1377, Tel. und Fax 92 54 72

Fontenay S. A., Avenida de las Américas 7876 (nahe am Flughafen Carrasco), Tel. 61 27 59

Hertz, Colonia 813, Tel. 92 39 40, Fax 92 26 66. In Flughafennähe: Avenida de las Américas 5670, Tel. 61 28 57

Multicar, Yaguarón 1344, Tel. 92 25 55, Fax 92 30 42

National Car Rental, Ciudadela 1397, Tel. 90 00 35, Fax 92 35 16. In Flughafennähe: Avenida de las Américas 5026, Tel. 61 52 67, Fax 61 51 52

Punta Car, Yaguarón 1523, Tel. 90 27 72, Fax 92 07 26. Am Flughafen: Tel. 61 14 04

Urucar S.A., Flughafen Carrasco, Tel. 61 70 05

Banken und Geldwechsel

Bessere Kurse als die Banken geben die Wechselstuben, sie tauschen bar fast alle Währungen. In Montevideo ist es nicht schwierig, z. B. DM gewechselt zu bekommen. Auf Reiseschecks wie American Express oder Thomas Cook ist meist eine einprozentige Komission. Die meisten Wechselstuben liegen in der Umgebung der Plaza Cagancha (auch Plaza Libertad genannt) entlang der Avenida 18 de Julio oder im Bankenviertel der Altstadt. An Sonntagen haben ebenfalls einige Wechselstuben an der Plaza Cagancha geöffnet, dann ist dort allerdings der Wechselkurs etwas schlechter.

Botschaften

Siehe wichtige Anschriften für deutschsprachige Besucher, S. 262

Bücher

Entlang der Avenida 18 de Julio finden sich zahlreiche gut sortierte Buchhandlungen. Eine Fundgrube auch antiquarischer Bücher (auch deutschsprachiger) sind die zahlreichen Antquitätenläden und Stände entlang der Straße Dr. Tristan Navarra, wo auch beim sonntäglichen Flohmarkt ein Stück Straße dem Büchermarkt vorbehalten ist. Englischsprachiges findet man in der Librería Inglesa Britannica, in der Straße Sarandí 580. Ebenfalls in der Altstadt, in der Juan Carlos Gómez 1435, liegt in einem restaurierten Altstadthaus die schönste Buchhandlung von Montevideo. Antiquarisches, aber auch seltene neue Bücher, dazu deutschsprachige oder andere fremdsprachige Literatur ist hier zu finden.

Busse

Stadtbus: Mit dem Stadtbus läßt sich jeder Ort in Montevideo schnell und billig erreichen. Der Fahrschein kostet etwa 80 Pfennig, egal wie lange man mitfährt. Das Fahrgeld wird vom Schaffner, seltener vom Fahrer kassiert; den Fahrschein sollte man aufbewahren, da hin und wieder zusätzlich kontrolliert wird.

Busfahrpläne hängen nicht öffentlich aus, mitunter werden welche an Straßenständen verkauft. Die Haltestellen sind mehr oder weniger gut gekennzeichnet; einen Streckenplan gibt es nicht, nur im Telefonbuch sind einzelne Linien mit (nicht allen) Haltestellen aufgeführt. Sich beim Fahrer oder bei anderen Wartenden durchfragen ist die Devise, dann kann man den Bus auch als Ortsfremder nutzen.

Überland: Seit 1994 besitzt Montevideo den modernen Busbahnhof Tres Cruces an der Ecke Bulevart Artigas/Avenida Italia. Im gleichen Gebäude sind mehrere Restaurants, Supermärkte und andere Geschäfte untergebracht, der Reiseproviant kann also direkt vor Ort gekauft werden. Von hier fahren alle Linien von Montevideo ins Inland, aber auch in die Nachbarländer. Sogar durchgehende Fahrten bis Santiago de Chile können gebucht werden.

Es lohnt sich, Preisvergleiche anzustellen, denn viele Strecken werden von mehreren Busgesellschaften angeboten.

Einkäufe

Auf Montevideos Hauptgeschäftsstraße 18 de Julio bekommt man alle Alltagsgegenstände, dort finden sich Modeboutiquen genauso wie Sportgeschäfte, Buchhandlungen oder Haushaltswarenläden. Viele Boutiquen und spezialisierte Läden gibt es auch im Montevideo Shopping Center, auf der Gral. Galarza 3514/Ecke Avenida Luis Alberto de Herrera (geöffnet von 10–21 Uhr).

Kunstgewerbe: Interessant sind Besuche des Mercado de los Artesanos auf der Plaza Cagancha und Bartolomé Mitre 1367. Ein anderer Markt mit Kunsthandwerk befindet sich auf der Straße Río Negro 1183. Auf der Plaza Cagancha, der Feria Dr. Tristan Navarra (S. 128) und an verschiedenen Punkten in der Stadt, in der Vorweihnachtszeit z. B. im Parque Rodo bei der Exposición International del Libros y el Grabado wird ebenfalls Kunsthandwerk verkauft. Die besten Wollwaren findet man bei Manos del Uruguay, einem Zusammenschluß verschiedener Werkstätten, die ihr Hauptgeschäft im modernen Montevideo Shopping Center haben.

Leder: Wer preiswert hochqualitative Lederwaren aus Rindsleder, aber auch Schaf- oder Lammwaren kaufen will, kann in Montevideo sehr gut fündig werden. Es gibt zahlreiche verschiedene Geschäfte mit nur geringen Preis- und Sortimentsunterschieden. Haupteinkaufsgebiet ist die 18 de Julio zwischen Plaza Independencia und Plaza Cagancha, die Seiten- und Stichstraßen der 18 de Julio in diesem Bereich sowie die Calle Sarandí in der Altstadt. Wer will, kann sich in einer der vielen Fabriken auch Lederwaren nach Wunsch anfertigen lassen. Zwei kleinere, die innerhalb von 24 Stunden liefern können, sind auf der Avenida Uruguay zwischen den Straßen Andes und Florida zu finden.

Halbedelsteine und Schmuck: Uruguay ist bekannt für seine Amethyste und andere Halbedelsteine. Die Steine sind hier wesentlich billiger als in Europa und auch als in den Nachbarländern. Viele Juweliere und Steinhandlungen finden sich entlang der Calle Sarandí zwischen Plaza Independencia und Plaza Constitución. Dort liegen auch einige gute Schmuckläden, die alten Schmuck, darunter auch versilberte *mate*-Gefäße, vorwiegend aus der Zeit der Jahrhundertwende bis etwa 1930, verkaufen.

Antiquitäten und Galerien: Auf der Straße Dr. Tristan Navarra gibt es die meisten Antiquitätenläden. Sie sind während des sonntäglichen Flohmarktes ebenfalls geöffnet. Ein anderes Zentrum für Antiquitätenläden ist in der Altstadt, nördlich der Plaza Constitución, in den Straßen Rincon und 25 de Mayo. Die meisten Galerien liegen am Beginn der Altstadt in der Calle Sarandí.

Märkte: Neben der sonntäglichen Feria Dr. Tristan Navarra gibt es noch weitere Märkte, auf denen neben Nahrungsmitteln auch Kleidung und Antiquitäten verkauft werden. Es sind unter anderem die Feria Villa Biarritz im Parque Zorrilla de San Martín am Samstagvormittag und die Feria del Parque Rodo auf der Avenida Julio Herrera y Reissig zwischen G. Ramirez und José Requena y García. Täglich findet ein Markt vor dem Terminal del Control de Omnibus im Straßengeviert Mercedes, Uruguay, Arsenal Grande und Fernández Crespo statt.

Filme und Fotos

Filme und Filmentwicklung sind sehr teuer. Wer dennoch einkaufen oder seine Bilder entwickeln lassen möchte, kann das u.a. bei Kilómetro Cero auf der 18 de Julio 1180 oder bei Kodak Uruguaya auf der Yí 1532 tun.

Flughafen

Der internationale Flughafen Carrasco liegt etwa 15 km außerhalb der Innenstadt, er ist mit dem Bus Nr. 209 oder mit dem Taxi zu erreichen. Die Busfahrt kostet etwa 1 DM, die mit dem Taxi hingegen etwa 30 DM. Auch wenn nicht alle großen Unternehmen Montevideo direkt anfliegen (auch Flüge mit Lufthansa nach Montevideo gibt es nur über Buenos Aires, nicht direkt), so haben doch fast alle Fluggesellschaften ein Büro in der Stadt. Die wichtigsten Linien:

PLUNA, Colonia 1021, Tel. 98 06 06

Varig/Cruzeiro, Río Negro 1362, Tel. 98 23 21

Aerolíneas Argentinas, Colonia 851, Tel. 91 94 66

LAN-Chile, Plaza Cagancha 1335, Tel. 98 27 27

Iberia, Colonia 975, Tel. 98 10 32

Lufthansa besitzt kein Büro mehr

Hotels (Auswahl)

Montevideo besitzt kein wirkliches Fünf-Sterne-Hotel, das höchstangesehene ist das Victoria Plaza Hotel. Es liegt mitten in der Stadt an der Plaza Independencia 759, Tel. 92 01 11, Fax 92 61 28, und ist mit etwa 250 Zimmern auch das größte Hotel der Stadt.

Weitere gute Hotels:

Alvear, Yí 1372, Tel. 98 68 90, Fax 92 37 28

América, Río Negro 1339, Tel. 92 03 92

Columbia Palace, Reconquista 470, Tel. 96 00 01, Fax 96 01 92

Embajador, San José 1212, Tel. 92 24 57, Fax 92 00 09

Internacional, Colonia 823, Tel. 92 00 01, Fax 92 12 42

Klee Internacional, San José 1303, Tel. 92 06 06

London Palace, Río Negro 1278, Tel. 92 00 24, Fax 92 16 33

Los Angeles, 18 de Julio 974, Tel. 92 04 39, Fax 92 10 72

Parque Hotel, Rambla Wilson, Tel. 48 83 72, Fax 48 83 80

Etwas preiswerter:

Balfer, Zelmar Michelini 1329, Tel. 92 01 35, Fax 92 42 28

California, San José 1237/39, Tel. 92 04 08, Fax 92 04 08

Cottage, Miraflores 1360, Tel. 60 08 67, Fax 60 72 16

Crillon, Andes 1318, Tel. 92 01 95, Fax 92 08 49

Ermitage, Juan Benito Blanco 783, Tel. 70 40 21

Español, Convención 1317, Tel. 90 38 16, Fax 90 47 72

Lafayette, Soriano 1372, Tel. 92 23 51, Fax 92 13 01

Lancaster, Plaza de Cagancha 1374, Tel. 92 10 54, Fax 98 11 17

Libertador, Florida 1128, Tel. 92 09 79, Fax 92 00 30

Oxford, Paraguay 1286, Tel. 92 00 46, Fax 92 37 92

Presidente, 18 de Julio 1038, Tel. 92 00 03

Billigere Hotels und Pensionen finden sich vorwiegend in der Altstadt und in den Nebenstraßen der 18 de Julio. Die beiden bestangesehenen Hotels in dieser Kategorie liegen sich an der Bartolomé Mitre direkt gegenüber. Es sind das Hotel Palacio in der Bartolomé Mitre 1364, Tel. 96 36 12, und die Hospedaje Nuevo Savoy, Bartolomé Mitre 1371.

Information

Touristische Informationen erhält man am besten am Kiosk auf der Plaza Eduardo Fabini. Ebenfalls Auskünfte erteilt der Informationsstand im Foyer des Tourismusministeriums, Avenida del Brig. General Lavalleja 1409.

Eine gute Informationsquelle über kulturelle Ereignisse, Bars und Restaurants ist der wöchentlich erscheinende »Guía del Ocio«. Er liegt der Freitagsausgabe der Tageszeitung »El Pais« bei.

Kulturinstitute

Das Goethe-Institut an der Calle Canelones 1524 besitzt eine gut sortierte Bibliothek und bietet ein monatliches Kulturprogramm. Vom United States Information Service wird die Biblioteca Artigas-Washington betrieben (Paraguay 1217). In der Soriano 1180 befindet sich die Alliance Française.

Museen (Auswahl)

Museo Zoologico »Damaso A. Larranaga«, Rambla República de Chile 4215, Tel. 62 02 58, geöffnet Di–So 13–17 Uhr. Anthropologische Sammlung

Museo Municipal de Historia del Arte y del Arte Precolombino, Ejido 1326, Tel. 98 92 52, geöffnet Di–So 16–20 Uhr

Museo Pedagogico, Plaza Libertad 1175, geöffnet Mo–Fr 14–19 Uhr. Malerei

Museo del Arte Contemporaneo, Galeria »El Pais«, Plaza Cagancha, Tel. 92 01 15, geöffnet Mo–Fr 15–20 Uhr, Sa, So 16–20 Uhr. Zeitgenössische Kunst

Museo Nacional de Artes Plasticas, Ecke Juan Herrera y Reissig und Tomás Garibaldi, Tel. 71 61 27, geöffnet Di–So 16–20 Uhr. Kunst

Museo Municipal de Bellas Artes »Juan Manuel Blanes«, Millán 4015, geöffnet Di–So 14–19 Uhr. Malerei

Museo Militar General Artigas, Cerro de Montevideo, Tel. 31 11 54, geöffnet Mi–So 13–18 Uhr. Militär und Geschichte

Museo del Ferrocarril, Paraguay 1173 (Bahnhof), geöffnet Sa 15–18 Uhr. Eisenbahngeschichte

Museo del Descubrimiento, Zabala 1472, Tel. 95 99 51, geöffnet Di, Do, So 14–18 Uhr. Geschichte

Casa de Rivera, Rincón, Tel. 95 33 16, geöffnet Di–Fr 12.30–18.30 Uhr, So und feiertags 14–18 Uhr. Geschichte

Casa de Lavalleja, Zabala 1469, Tel. 95 10 28, geöffnet wie Casa Rivera. Geschichte

Museo y Archivo Historico Cabildo, Juan Carlos Gómez 1362, Tel. 95 96 85, geöffnet Mo–Sa 15–19 Uhr

Museo de la Construcción »Tomás Toribia«, Piedras 528, Tel. 95 40 87, geöffnet Di–Fr 14–18 Uhr. Architekturgeschichte in Montevideo

Museo Romantico, 25 de Mayo 428, Tel. 95 53 61, geöffnet wie Casa Rivera. Geschichte

Casa Garibaldi, 25 de Mayo 314, Tel. 95 42 57, geöffnet Di–Fr 13–19 Uhr, So und feiertags 14–18 Uhr. Geschichte

Museo del Gaucho y la Moneda, 18 de Julio 998, Tel. 90 87 64, geöffnet Di–Fr 9.30–19 Uhr, Sa, So 15.30–19 Uhr. Geld, Geschichte des Geldes, Geschichte der Gauchos

Museo del Automovil, Colonia/Ecke Yí im Automobilklub Uruguay, Tel. 98 47 10, geöffnet Di–Fr 17–21 Uhr, Sa, So 15–21 Uhr. Oldtimer

Museo de la A. U. F. (Asociación Uruguaya de Fútbol), Estadio Centenario, Tribuna Olímpica, geöffnet Do, Sa, So 12–17 Uhr. Fußballgeschichte

Post und Telefon

Die Hauptpost ist in der Altstadt auf der Straße Buenos Aires 451, sie ist Mo–Fr von 8–18 Uhr göffnet. Ein anderes großes

Postamt mit längeren Öffnungszeiten (Mo–Fr 7–19 Uhr) befindet sich im Gebäude der Intendencia auf der Calle Ejido 1322.

Die Telefongesellschaft ANTEL hat mehrere Büros, eines auf der Fernández Crespo 1534, auf der San José 1108 (24-Stunden-Service) und Rincón 501. Telegramme kann man im Büro auf der Treinta y Tres 1418 aufgeben.

Reisebüros/Touren

Die meisten Reisebüros befinden sich im Geviert zwischen den Plätzen Independencia und Fabini sowie den Straßen 18 de Julio und Mercedes. Die meisten bieten Touren in die Nachbarländer an, einige aber auch geführte Reisen ins Interieur, zur Vogelbeobachtung, auf Estanzias oder kombinierte Touren durch das Land. Einige Anbieter:

Viajes Bueme's, Colonia 979, Tel. 92 10 50, Fax 92 17 91

Ecological Tours, Viajes Continental, 25 de Mayo 732, Tel. 92 09 30, Fax 92 09 96. Spezialisiert auf Vogelbeobachtung

Estancia de Turismo, Río Branco 1359, Apto. 705, Tel. 91 06 98, Fax 98 45 19. Besuche und Aufenthalte auf Estanzias

Cecilia Regules Viajes, Bacacay 1313, Tel. 96 30 11, Fax 96 30 12. Besuche und Aufenthalte auf Estanzias

Restaurants

Viele Restaurants in Montevideo erinnern ein wenig an hell erleuchtete Schnellimbisse, auch wenn das Essen meist besser ist. Das vielleicht schon seit vielen Jahren stilvollste Restaurant ist das »Restaurant del Ferrocarril«, das Bahnhofsrestaurant des alten Hauptbahnhofes. Das edel eingerichtete Interieur paßt zu den exzellenten Speisen, allerdings ist das Essen hier natürlich nicht billig. Gute Restaurants besitzen auch das Victoria Plaza Hotel und das Columbia Palace Hotel, empfehlenswert sind auch das Restaurant Morini, Ciudadela 1229, sowie das Mesón Viejo Sancho, San José 1229. Essen mit Ausblick über die Stadt kann man im Parador El Cerro, kurz vor dem Gipfel des Stadtberges.

Uruguayische Küche heißt in erster Linie Fleisch. Wer eine lebhafte Parrillada aufsuchen will, sollte mittags im Mercado del Puerto essen (S. 117). Für Vegetarier noch zwei Adressen vegetarischer Restaurants: La Vegetariana in der Calle Yí 11334 und Vida Natural in der San José 1184.

Der italienische Einfluß in Montevideo ist in den zahlreichen Pizzerien auf der 18 de Julio gut spürbar. Gute spanische Küche in sehr schöner Atmosphäre bietet der Club Español auf der 18 de Julio 1332. Deutsche Küche gibt es im Club Alemán, Paysandu 935, und im La Suiza, Soriano 939. Den besten Kuchen soll es im Oro de Rhin (Rheingold), Convención 1403, geben. Aber auch viele Cafés in der Altstadt bieten ausgesuchte Kleinigkeiten.

Viele modernere Restaurants mit internationaler Küche finden sich auch im Stadtteil Pocitos.

Schiffsverkehr

Das wichtigste Unternehmen für den Personenschiffsverkehr ist Buquebus, Río Negro 1400, Tel. 92 06 70. Es bietet mehrfach täglich eine direkte Verbindung (knapp drei Stunden) nach Buenos Aires, dazu auch eine kombinierte Bus-Boot-Tour über Colonia und von dort weiter nach Buenos Aires.

Sport

Fußball ist in Uruguay das Spiel der Spiele. Im Estadio Centenario findet während der Saison mindestens einmal pro Woche ein Spiel statt. Höhepunkt ist der Klassiker zwischen Peñarol und Nacional, den beiden wichtigsten Klubs der Stadt. Der Eintrittspreis für eine Tribünenkarte liegt bei etwa 25 bis 30 DM.

Taxis

Taxis gibt es leider zu wenig in Montevideo. Sie halten auf Zuruf und haben Taxameter, die eine Ziffer, nicht den Fahrpreis anzeigen. Jeder Ziffer entspricht einer Geldsumme, die der Fahrer in einer Liste (sie muß dem Kunden sichtbar sein, unterschiedliche Tarife für Tag und Nacht) nachschlägt.

Unterhaltung

Hier hilft ein Blick in den wöchentlich erscheinende »Guía del Ocio«, der der Freitagsausgabe der Tageszeitung »El Pais« beiliegt.

Kino: Die meisten Kinos in Montevideo liegen auf der Avenida 18 de Julio, nahe der Plaza Cagancha. Sie zeigen das normale internationale Programm, meist unsynchronisiert mit spanischen Untertiteln. Interessanter ist die Cinemateca Uruguaya. Deren wechselndes Programm in den verschiedenen Spielstätten wird in der Tagespresse annonciert.

Theater: Die wichtigsten Spielstätten sind Teatro Solís, Buenos Aires 678, Casa del Teatro, Mercedes 1878, Teatro Circular, Rondeau 1388, La Mascara, Río Negro 1180, Teatro del Anglo, San José 1426, Teatro Stella, Mercedes/Ecke Tristán Navarra.

Tango: In mehreren Cafés wird Tango getanzt oder gespielt. Freitags wird gesungen und gespielt im Café Sorocabana auf der Calle Yí. Danach geht es zum Tanz entweder ins La Vieja Cumparsita, Carlos Gardel 1181, ins Fun-Fun, Ciudadela 1229 (im Mercado Central), ins 1000 Años, Zelmar Michelini 1054, oder in die Tangueria del 40, Rambla República de Francia 473. In den meisten Tango-Bars beginnt das Leben allerdings erst ab 24 Uhr.

Die größte und bunteste Disko Montevideos ist der Palacio Sudamérica auf der Calle Yatai.

Die neuen Gemüsepreise werden notiert

Ausflüge in die Umgebung von Montevideo

Neben einem mehrtägigen Besuch von Buenos Aires, den man vielleicht am besten – und vor allem am billigsten – als Pauschalaufenthalt bucht, bieten sich von Montevideo aus noch einige weitere Ausflüge an. Eine Fahrt entlang der Küste bis nach Punta del Este wird in der Route 1 beschrieben, hier zwei andere Vorschläge.

Minas und seine Umgebung

Montevideo verläßt man über die Ruta 8 Richtung Pando. Nach 67 km erreicht man die Kreuzung mit der Ruta 9. Man fährt weiter auf der Ruta 8 Richtung Minas. Nach einigen Kilometern gelangt man in das Departemento Lavalleja, eine der landschaftlich reizvollsten Provinzen Uruguays. Das Departemento wird vollständig von der Cuchilla Grande durchzogen, der Höhenzug endet wenige Kilometer weiter südlich in der Provinz Maldonado beim Badeort Piriápolis (S. 152) am Río de la Plata.

10 km vor Minas erreicht man den **Parque Salus** mit der Fuente del Puma (Pumaquelle). Salus ist das beste Mineralwasser in Uruguay, mit dem Wasser von Salus wird auch Bier gebraut (Norteña). Innerhalb des schönen Parkes mit ursprünglicher Pflanzenwelt liegen verschiedene Thermalquellen; der einzige Puma, der zu sehen ist, ist allerdings ein Werk des Bildhauers Ramón Bauzá.

120 km von Montevideo entfernt liegt **Minas,** die Hauptstadt der Provinz. Die mit 40 000 Einwohnern mittelgroße Stadt hat den Standard-Stadtplan mit regelmäßigen Blöcken, im Zentrum befindet sich die schöne Plaza Independencia, an der Cafés, Restaurants und die Kathedrale liegen. Nur wenige Schritte entfernt steht die **Casa de la Cultura,** das Geburtshaus von General Juan Antonio Lavalleja. Es wird heute unter anderem als Museum genutzt, hier sind auch viele Werke des Komponisten Eduardo Fabini (1882–1950) ausgestellt.

Die Touristeninformation ist am Busbahnhof auf der Calle Treinta y Tres zwischen den Straßen Williman und Sarandí, nach Montevideo bestehen gute Busverbindungen.

Reizvoller als die Stadt selbst ist die Umgebung von Minas. Statt flacher Pampalandschaft liegt Minas inmitten kleinerer Berge. Über die Ruta 12 sind es nur wenige Kilometer bis zum nördlich der Stadt gelegenen **Cerro Arequita.** Der Cerro ist vulkanischen Ursprungs; an einer engen Schlucht vorbei, durch die der Río Santa Lucía fließt, gelangt man zur **Isla de los Ombues,** einem kleinen Wald aus Ombubäumen.

Um zum Wasserfall **Cascada del Peniente** zu gelangen, verläßt man Minas auf der Ruta 8 nach Nordosten und biegt nach 11 km rechts von der Ruta 8 ab. Der Fahrweg ist nun sehr schlecht, überall finden sich tiefe Schlaglöcher. Der landschaftlich schön in einer Schlucht gelegene, 20 m hohe klare Wasserfall versöhnt mit der Anfahrt und sein natürliches Bassin lädt zum Baden ein.

Sechs Kilometer westlich der Stadt, an der Ruta 12, liegt der **Cerro Verdun,** mit dem Heiligtum der Unbefleckten Empfängnis. Am 19. April, dem katholischen Festtag, pilgern jedes Jahr 70 000 Gläubige zum 1901 aufgestellten Heiligtum.

Estanzias als Ausflugsziele

Wer das uruguayische Landleben kennenlernen will, hat mehrere Möglichkeiten. Er findet vielleicht in einem Reisebüro einen Prospekt der Estanzia »El Terruño« (Tel. 05 76/27 00), die an der Ruta 2 kurz hinter Colonia Suiza, 140 km von Montevideo entfernt, liegt. Diese Estanzia hat allerdings eher den Charakter von Disneyworld, als daß sie einen wirklichen Eindruck vom Leben auf dem Lande in Uruguay vermittelt. So wird dort ganzen Busladungen von Touristen ein Standardprogramm vorgeführt.

Wer Wert auf mehr Authentizität legt, sollte sich nach Alternativen umsehen. Zwei größere Veranstalter bieten Estanzia-Aufenthalte – als Pauschalangebote für längere Aufenthalte oder auch als Tagesausflüge – an: Estancias de Turismo, Red de Estancias con Servicio Hostería Rural, Oficina Coordinadora Central, Río Branco 1359, Apto. 705, Montevideo, Uruguay, Tel. 00598-2-910698, Fax 984519, und Cecilia Regules Viajes, Bacacay 1313, Montevideo, Uruguay, Tel. 00598-2-963011, Fax 963012 (S. 241).

Reiterstandbild für Bruno Mauricio de Zabala in der Altstadt Montevideos

Nächste Doppelseite: Blick auf den Río de la Plata in Piriápolis

Drei Routen von Montevideo durch Uruguay

Route 1: Von Montevideo bis Punta del Este

Montevideo – Atlántida – Piriápolis – Maldonado – Punta del Este
(ca. 110 km)

Interbalneario heißt die Landstraße, die von Montevideo zumeist entlang der Küste bis etwa Punta del Este führt. Sie ist eine schöne Alternative zur Schnellstraße Ruta 9, die wenige Kilometer entfernt parallel dazu im Landesinnern verläuft. Die Interbalneario berührt zahlreiche schöne Badestrände am Río de la Plata. Hier finden sich die Wochenendhäuser der Montevideaner, aber auch die von argentinischen Touristen. In vielen Orten gibt es nur wenige Hotels und Pensionen, statt dessen werden hier Sommerhäuschen und Apartments vermietet. Die meisten Orte haben lange Sandstrände, die zum Baden und Wassersport einladen. Der Wellengang ist gering, genau wie an den Stränden des Río de la Plata in Montevideo. In vielen Orten gibt es Parks, kleine Rummelplätze, Strandpromenaden, Kasinos und Restaurants. Bei km 32 und 82 befinden sich Mautstellen auf der Interbalneario.

Man verläßt Montevideo über die Interbalneario in östlicher Richtung. Der erste kleine Badeort auf der Interbalneario, der auch von Busunternehmen (Cutsca und Copsa) aus Montevideo angefahren wird, ist **El Pinar.** Er liegt etwa bei km 28,5; dort führt die Avenida de la Playa zum Strand. El Pinar hat außerhalb der Saison 3 500, in der Saison etwa 10 000 Bewohner. Die Besucher leben zumeist in gemieteten Sommerhäuschen. El Pinar ist ein Familienbad, der flache Strand ist gut für Kinder geeignet.

Ab km 36 führen etwa alle zwei Kilometer Wege nach rechts Richtung Río de la Plata ab. Wie Perlen auf der Schnur sind die kleinen und kleinsten **Badeorte** aufgereiht: Neptunia, Pinamar, Salinas, Marindia, El Fortin und Villa Argentina bei km 44. Mit Ausnahme von Salinas mit 5 000 Einwohnern hat keiner dieser Orte mehr als (in der

Von Montevideo bis Punta del Este

Route 1: Montevideo – Atlántida – Piriápolis – Maldonado – Punta del Este

0 5 10 20 km

Saison) 1 500 Bewohner. Familienferien werden hier großgeschrieben. Wer kein eigenes Ferienhaus hat, kann statt dessen ein Sommerhaus oder Apartment mieten (pro Monat etwa 1 000 US-$). Hotels gibt es fast nirgendwo. Eine Besonderheit ist vielleicht El Fortin. Dort steht das gleichnamige, hochklassige Hotel, ein beliebtes Wochenendziel für reichere Montevideaner.

Der erste größere Badeort, Atlántida, ist nach 45 km auf der Interbalneario erreicht.

Atlántida

Die Kleinstadt, in der außerhalb der Saison 3 000 und in der Saison etwa 20 000 Menschen leben, war bis Anfang dieses Jahrhunderts ein verschlafenes Nest. Dann mauserte sie sich zum ersten wichtigen Badeort östlich von Montevideo, dem drittwichtigsten an der Interbalneario. Anfang des Jahrhunderts wurde Atlántida zum Urlaubsziel für viele Uruguayer aus dem Landesinnern. Atlántida verfügt über viele Kilometer breiter Sandstrände mit unterschiedlich starkem Wellengang des Meeres. Die **Playa Mansa** ist ruhiger als die südlich der Stadt liegende **Playa Brava.** Hier ist auch ein gutes Angelgebiet.

Nur wenige moderne Hotels sind in Atlántida zu finden, dominiert wird auch dieser Ort von den vielen Sommerhäuschen, die vor allem im Osten der Stadt in der Umgebung des kleinen, etwas ungepflegten Tierparks zu finden sind. Das Strandbad ist bevorzugtes Ziel vieler Familien und älterer Urguayer sowie Argentinier. Ihm fehlt die hektische Betriebsamkeit, die andere Orte wie Punta del Este im Sommer auszeichnet.

Atlántida besitzt aufgrund seiner Küstenlinien einen unregelmäßigen

Stadtplan. Von den beiden Ramblas gehen die einzelne Stichstraßen ins Land, sie ergeben mehrere regelmäßige Blöcke, die von den Hauptstraßen Avenida José Artigas, Avenida Cicunvalacion, Avenida Pinares, Avenida Roger Balet, Diagonal Este und Avenida Ferreira durchschnitten werden. Viele Straßen haben keine Namen, sondern nur Nummern.

In der Kleinstadt sind einige interessante Bauten zu bewundern. Die **Casa del Aguila** ist ein Betonbau, der sich wie ein Adlerkopf über dem Strand erhebt. Unverändert blieb das kleine Chalet, in dem der chilenische Dichter

Pablo Neruda – zunächst heimlich – seine Romanze mit seiner späteren Frau Matilde begann.

Die wichtigste Sehenswürdigkeit, mit Ausnahme der Strände, liegt allerdings etwas außerhalb der Stadt, an der nach Norden führenden Ruta 11. Hier steht die **Kirche Nuestra Señora de Lourdes,** erbaut nach Plänen von Eladio Dieste. Interessant ist die gewellte Konstruktion des Daches und der Seitenwände, sie verleihen dem Gebäude einen eigenartigen Schwung. Im Inneren findet sich eine vergoldete Christusfigur aus Holz, ein Werk des spanischen Bildhauers Eduardo Díaz Yepes.

Der breite weiße Sandstrand von Atlántida

Atlántida verlassend, fährt man die Interbalneario weiter nach Osten in Richtung Piriápolis. Nur wenige Kilometer trennen die Straße von der Küste. Bald sind die nächsten Orte erreicht. Bei km 47 liegt **Las Toscas.** Es folgen bei km 49 **Parque de Plata** und bei km 55 **La Floresta,** beides sehr beliebte Badeorte. Ihre Kasinos, die guten Freizeitmöglichkeiten und die Lage etwas oberhalb des weißen Strandes locken in der Saison etwa 20 000 Menschen an. Kleinere Orte folgen, sie sind besonders bei Sportfischern beliebt. Bald ist die Grenze des Departemento Canelones erreicht. Santa Ana, Balneario Argentino und Jaureguiberry sind die letzten Badeorte in Canelones, bei km 88 liegt das Balneario Solís, das erste im Departemento Maldonado. Hier ändert sich auch ein wenig die Landschaft: Das Hinterland ist hier bewaldet.

Bei km 96 ist Piriápolis, der zweitgrößte Badeort an der uruguyaischen Küste, erreicht.

Piriápolis

Weiße Sandstrände an einer wunderschönen Badebucht, dazu ein Hinterland mit für uruguayische Verhältnisse hohen Bergen – die Gegend von Piriápolis eignet sich gut als Touristenziel. Das dachte Ende des 19. Jh. auch der Montevideaner Francisco Piria, der als großer Entwickler des Tourismus in die uruguayische Geschichte einging und nach dem die Stadt heute benannt ist. Piria kaufte 1890 Land an der Küste und erbaute 1897 dort seinen Palast. 1905 folgte das erste Gran Hotel, und 1916 ließ Piria auf eigene Kosten den Hafen der Stadt bauen, damit Schiffe aus Argentinien dort anlanden konnten. 1918 startete Piria eine erste große Werbekampagne in Buenos Aires, um »sein« Seebad dort bekannt zu machen. Piria war verantwortlich für die Anlage der Strandpromenade und ließ

Atlántida von A bis Z

Autovermietung
Ciudad Jardin, República de Chile, zwischen Calle 22 und 24, Tel. 20 52
Turismo del Este, Calle 11/Ecke Montevideo, Tel. 21 32
Theotur, Calle 11, fast Ecke Montevideo, Tel. 43 51

Banken und Geldwechsel
Banco Pan de Azúcar, Calle 22/Ecke 11, und Banco de la República, Roger Balet/Ecke 11

Busse
Cot auf der Ecke Avenida Artigas/Ecke Calle 18 hat regelmäßige Verbindungen nach Montevideo und den anderen Orten an der Interbalneario.

Hotels (Auswahl)
Die besten Hotels von Atlántida sind das Argentina auf der Ecke der Straßen 11 und 24, Tel. 03 72/24 14, das Centenario (11 Ecke 24, Tel. 03 72/24 51), das Gardini (1 Ecke República Paraguay, Tel. 03 72/20 19) und das Saint Moritz (Rambla zwischen 10 und 12, Tel. 03 72/37 01). Darüber hinaus besitzt Atlántida jede Menge kleinerer Mittelklassehäuser.

Information
Auf der Kreuzung von Calle 1 und 14, Tel. 2 27 36

Post und Telefon
Das Postamt befindet sich auf der Calle 18/Ecke Calle 1; die Telefonzentrale von Antel auf der Ecke der Straßen 14 und 1.

Restaurants
Viele Restaurants haben sich auf der Calle 1 etabliert. An der Ecke zur Montevideo liegen z. B. das italienische Restaurant La Caracola und die Pizzeria La Bahia. Ein wenig weiter findet sich auf der Roger Ballet, fast an der Ecke zur 1, das Restaurant Paola. Das empfehlenswerte Fischrestaurant La Casona befindet sich auf der Calle 3, fast an der Ecke zur Roger Balet.

Unterhaltung
Auf der Calle 1 fast auf der Ecke zur Calle Montevideo und zur Calle 22 befindet sich das Spielcasino.

Blick auf die Bucht von Piriápolis, im Hintergrund der Cerro Pan de Azúcar (Zuckerhut)

ab 1920 das neue Argentino-Hotel, das 1930 fertig wurde, errichten. 1933 starb der Erfinder des Tourismus in Piriápolis, sein Denkmal steht unweit von Touristeninformation und Argentino-Hotel.

Pirias Vision vom Tourismus war erfolgreich. In Piriápolis leben normalerweise 6000 Menschen, in der Saison tummeln sich aber bis zu 30000 Erholungssuchende hier. Dennoch lassen sich in der waldreichen Umgebung und auch am breiten Sandstrand trotz stattfindender Volleyball- und Fußballturniere noch ruhige Plätze finden.

Piriápolis ist sehr übersichtlich. Alle Straßen verlaufen parallel oder als Stichstraße zum Wasser. Einen sehr guten Überblick über die Stadt, die Bucht und die angrenzenden Buchten, bei gutem Wetter sogar bis nach Punta del Este, bekommt man vom Gipfel des Hausberges Cerro del Inglés (Cerro San Antonio).

Wichtigste Landmarke in der Stadt ist das **Argentino-Hotel.** Unübersehbar steht der mächtige Block mit seinen 350 Zwei- und Mehrbettzimmern an der Rambla. Auch wer nicht darin wohnt, sollte einen Blick in den Prachtbau mit seiner prunkvollen Eingangshalle, dem Swimming-Pool im Garten und dem Spielcasino werfen. Der Rosenpavillon neben dem Argentino-Hotel ist übrigens ein Werk des französischen Architekten Gustave Eiffel.

Der Cerro Pan de Azúcar (Zuckerhut)

Das Argentino-Hotel, das größte und schickste Haus am Platz

Links vom Argentino-Hotel führt die Avenida Artigas ins Landesinnere, vorbei am Parque Municipal La Cascada y Museo de la Fauna und am Castillo de Piria zum Cerro Pan de Azúcar und der Stadt Pan de Azúcar.

Der **Parque Municipal La Cascada y Museo de la Fauna** ist der Stadtpark von Piriápolis. Hier finden sich ein kleiner, künstlicher Wasserfall, öffentliche Einrichtungen für Grillabende und Picknick sowie ein kleines Museum, in dem zahlreiche ausgestopfte Tiere zu betrachten sind. Das Castillo de Piria ist das ehemalige Wohnhaus von Francisco Piria. Das 1897 erbaute Haus erinnert an eine romantischen Vorstellungen verpflichtete Burg, es ist heute als Museum eingerichtet.

Einen Ausflug lohnt der **Cerro Pan de Azúcar.** Am Fuße des weithin an seinem 35 m hohen, weißen Gipfelkreuz zu erkennenden Berges liegt der schönste Zoo Uruguays. Der Cerro selbst ist mit 493 m der dritthöchste Berg des Landes. Er kann zu Fuß bestiegen werden. Im Zoo werden nur in Uruguay heimische Tiere gezeigt. Er dient der Nachzucht bedrohter Arten, die Tiere sind in teilweise sehr großzügigen Freigehegen gehalten. Unzählige Vogelarten sind zu bewundern, aber auch Großkatzen oder die in freier Wildbahn nur mit viel Geduld zu sehenden Biber, Stink- und Gürtel-

Ein Sessellift fährt auf den Cerro Inglés hinauf

tiere, dazu Füchse oder auch Carpinchos, die in den uruguayischen Sumpfgebieten lebenden, größten Nagetiere der Welt.

Ein anderer Weg vom Argentino-Hotel führt an der Rambla und dem Strand entlang zum Hafen. Von dort fährt ein Sessellift auf den **Cerro del Inglés,** auch Cerro San Antonio genannt (der Berg kann problemlos auch zu Fuß bestiegen werden). Weg und Lift enden an der Kapelle für den heiligen Antonius. Von hier genießt man einen wunderschönen Blick über die Bucht von Piriápolis und die angrenzenden Orte. Der Abstieg erfolgt am besten spätnachmittags über die Straße, man hält sich dabei am besten südlich und erreicht kurz vor Sonnenuntergang die Statue der Virgen de los Pescadores (die Jungfrau der Fischer). Der Blick über den Río de la Plata auf die untergehende Sonne ist großartig.

Etwas im Landesinnern liegen noch zwei Quellen. Die **Fuente del Toro** ist eine Mineralquelle, die in einen Stierkopf gefaßt ist, während die **Fuente de Venus** unter einem nachempfundenen griechischen Tempel, der Kopie eines Kunstwerkes in der Villa Paravicini in Italien, hervorsprudelt.

Autovermietung

Multicar, Immobiliaria Noel, Rambla/Ecke Sanabria, Tel. 37 92

Banken und Geldwechsel

Die Banco del Uruguay befindet sich an der Ecke Tucuman und Sanabria. Bargeld wird auch im Argentino-Hotel gewechselt.

Busse

Überland: Alle Busunternehmen (Cot, Onda, Díaz) haben ihre Büros direkt an der Rambla. Cot (Tel. 22 59) bietet während der Saison die besten Verbindungen nach Montevideo und die anderen Orte an der Interbalneario.

Einkäufe

Entlang der Rambla de los Argentinos liegen einige Boutiquen, Kunstgewerbliches erhält man in der Paseo de la Pasiva neben dem Argentino-Hotel.

Hotels (Auswahl)

Wie in fast allen Orten an der uruguayischen Riviera gibt es in Piriápolis eine Fülle von Unterkünften. Allerdings sind die Saisonpreise häufig dramatisch hoch, vor allem ab Weihnachten und im Januar

wird häufig das Doppelte des Normalpreises verlangt. Das beste Hotel am Platz ist das Argentino-Hotel (Tel. 27 91). Mittelklassehotels gibt es in Hülle und Fülle in Piriápolis. Die meisten liegen an den Stichstraßen, die auf das Ufer zuführen.

Information

Rambla de los Argentinos 1348,
Tel. 25 60, neben dem Argentino-Hotel

Post und Telefon

Das Postamt befindet sich auf der Ecke Rambla de los Argentinos und Manuel Freire, das Büro der staatlichen Telefongesellschaft Antel auf der Calle Tucuman, nahe der Ecke zur Calle Manuel Freire.

Restaurants

Ebenso wie an Hotels herrscht auch an Restaurants kein Mangel. In fast jeder Preisklasse wird etwas geboten. Ausgehviertel ist die Rambla, dort liegen auch einige gute Restaurants. Neben dem im Argentino-Hotel bieten auch die Restaurants La Langosta, Rambla de los Argentinos 1215, Viejo Martín an der Ecke der Rambla de los Argentinos zur Calle Trapani und das Restaurant Delta an der Ecke der Rambla de los Argentinos zur Calle Atanasio Sierra gute Küche.

Wieder auf der Interbalneario, geht die Fahrt weiter in Richtung Maldonado. Auch hinter Piriápolis gibt es noch einige kleine Badeorte, der Sog von Maldonado und Punta del Este wird aber bereits spürbar. Bald ist die **Laguna del Sauce,** ein Süßwasserlagune, die mit 5 000 ha größer als die Bucht von Montevideo ist, erreicht. Sie ist eingebettet in verschiedene Höhenzüge, die hier aufeinandertreffen, ihr Abfluß in den Río de la Plata erfolgt im Süden und ist von der Straße überspannt. Hier ist auch der Flughafen von Punta del Este – eigentlich ein Militärflughafen – zu finden. Wenig später erstreckt sich links der **Wald von Lussisch,** eine Art Botanischer Garten mit 305 verschiedenen exotischen Bäumen und unzähligen Arten einheimischer Gewächse. Nach rechts erstreckt sich **Punta Ballena.** Von hier ist die Skyline von Punta del Este schon gut zu sehen. Punta Ballena ist eine kleine Landzunge mit grottenbesetzter Steilküste, die wie eine Kulisse aus Piratenfilmen weit in den Río de la Plata hineinreicht. Auf Punta Ballena hat der bekannte Maler Jorge Páez Vilaró ein schneeweißes, eigenwillig surrealistisches Haus mit Anklängen an spanisch-maurische Archi-

tektur erbaut. Mit seinen fließenden Linien erinnert es eher an eine bizarre Gipsskulptur als an ein Apartmenthotel. Im Casa Pueblo ist auch ein Ateliermuseum des Künstlers untergebracht.

Nur wenige Kilometer trennen Punta Ballena von der Stadt Maldonado.

Maldonado

Anders als die sie umgebenden Seebäder ist Maldonado eine alte Stadt. Sie wurde bereits 1754 von 13 oder 14 spanischen Familien auf Initiative des Gouverneurs von Montevideo José Joaquin de Viana gegründet. Um die Bucht und den natürlichen Hafen zu schützen, befestigten die Spanier nach und nach den neugegründeten Ort, aber der Einzug britischer Truppen, die 1806 mit 40 Schiffen und 3 000 Soldaten hier landeten, konnte dennoch nicht verhindert werden.

Im Zentrum der Stadt hat sich einiges an kolonialer Atmosphäre erhalten können, aber insgesamt leidet das Stadtbild an der Nähe zu Punta del Este. An den Rändern zersiedelt die Stadt, nach Süden ist sie mit dem berühmten Nachbarn bereits vollständig zusammengewachsen. Heute ist die Stadt auch für viele Urlauber eine Alternative zu Punta, da hier die Preise insgesamt doch wesentlich niedriger sind.

Im Zentrum der Stadt liegt die **Plaza Fernando.** Alle wichtigen Sehenswürdigkeiten sind von dort zu Fuß gut zu erreichen. Der Plan des Zentrums ist regulär rechteckig, nur nach Süden, nach Punta hin wird diese Regelmäßig-

Die steile Felsküste bei Punta Ballena ist ein ideales Fischgebiet

Casa Pueblo, der markante Bau des Jorge Paéz Vilaró auf Punta Ballena

Der alte Uhrturm in Maldonado

keit aufgelöst. Die beiden wichtigen Nord-Süd-Verbindungen sind die Rambla Claudio Williams (am Río de la Plata) und die Rambla Lorenzo Batlle Pacheco (an der Atlantikküste). Orte an dieser Straße werden nach der Nummer der Bushaltestelle *(parada)* angegeben.

Anders als Punta bietet Maldonado zahlreiche historische Sehenswürdigkeiten. Am Hauptplatz befindet sich die **Kathedrale,** ein neoklassizistisches Gebäude mit zwei Türmen und einer mächtigen Kuppel aus Kacheln *(azulejos),* das von 1801–95 erbaut wurde. Nur wenige Blocks entfernt auf der Plaza Vigía steht der alte Uhrturm **Torre del Vigía,** der ab 1800 erbaut wurde. Er diente den Spaniern als Wachturm, von hier konnten sie die Einfahrt in den Río de la Plata beobachten. Das **Cuartel de Dragones y de Blandengues** war ursprünglich eine Militäranlage und dient heute dem Museo Didactico Artiguista als Unterkunft. Auch das Museo del Arte Americano ist in einem alten Kolonialgebäude untergebracht.

Ärztliche Versorgung

Etwa acht Blocks westlich der Plaza San Fernando befindet sich in der Calle Ventura Alegre das Hospital der Stadt (Tel. 2 58 89).

Banken und Geldwechsel

Cambio Bella Unión befindet sich an der Plaza San Fernando in der Calle Florida 764, im Gebäude des Hotel le Petit. Nahe der Kathedrale an der 25 de Mayo/Ecke 18 de Julio ist Cambio Dominus.

Busse

Acht Blocks südlich der Plaza San Fernando befindet sich der Busbahnhof. Hier fahren alle Busse nach Montevideo oder Punta del Este ab. Cot, Onda und Nuñez fahren jeweils mehrmals täglich nach Montevideo.

Hotels (Auswahl)

Die besten Hotels der Stadt sind das nahe der Kathedrale gelegene Hotel Colonial, Tel. 2 33 46, und das an der Ecke Florida/Sarandí gelegene Hotel Le Petit, Tel. 2 30 44. Mittelklasse bieten die Hotels Esteño, Sarandí 881, Tel. 2 52 22, das Hotel Maldonado, Florida 830, Tel. 2 46 64, und das Hotel Sancar, Juan Edye 597, Tel. 2 35 63.

Information

Das Touristenbüro (Tel. 2 19 24) ist im Edificio Comunal auf der Calle Sarandí zwischen den Straßen Juan A. Ledesma und Enrique Burnett. Ein Kiosk befindet sich am Busbahnhof.

Museen (Auswahl)

Museo del Arte Americano, Treinta y Tres 823, Tel. 2 22 76, Mo–So 18–20 Uhr, nur in den Sommermonaten. Amerikanische Kunst

Museo San Fernando, Pérez del Puerto/Eke Sarandí, in der Casa del la Cultura, Tel. 3 17 86, Di–So 12.30–19 Uhr. Koloniale Kunst, Geschichte

Museo Mazzoni, Ituzaingo/Ecke 18 de Julio, Tel. 2 11 07, Di–So 12.30–19 Uhr. Koloniale Kunst, Geschichte

Museo Didactico Artiguista, Rafael Pérez del Puerto/Ecke 18 de Julio in dem Cuartel de Dragones, Tel. 2 53 78, Mo–So 9–18 Uhr. Geschichte, Kunst

Restaurants

Auch in Maldonado finden sich einige gute Restaurants, so das Al Paso, eine Parrillada auf der 18 de Julio 888. Gute spanische Küche, vor allem Fisch und Meeresfrüchte, erhält man im Mesón del Centro Español auf der Ecke Arturo Santana und 18 de Julio. Auf der Calle Sarandí nahe der Enrique Burnett befindet sich das vielgelobte Restaurant Forte di Makale.

Post und Telefon

Das Postamt ist auf der Ecke der Straßen Ituzaingó und San Carlos, Antel befindet sich an der Ecke Artigas und Florida.

Punta del Este

Der Übergang von Maldonado nach Punta del Este ist nicht zu spüren. Die Bebauung ändert sich nicht wesentlich, überall stehen große Hotels und Apartmenthäuser, in Punta sind sie lediglich noch höher und stehen noch dichter aneinander. Der Bauboom scheint ungebrochen: Auf jedem noch so kleinen Grundstück werden mindestens 20 Stockwerke hochgezogen.

Punta del Este ist eine Welt für sich: Die Kleinstadt ist der teuerste und exklusivste Urlaubsort in ganz Lateinamerika, Schauplatz großer Kongresse und Veranstaltungen. Alles, was man als Tourist in schicken, europäischen Badeorten wie in Nizza oder auf Sylt findet, gibt es hier auch – nur viel teurer und noch exklusiver. Wer schön, reich oder wichtig ist, hat ein Sommerhaus in Punta oder mietet ein Apartment an und schickt Frau und Kinder dorthin; man verbringt die Woche über bei den Geschäften in Buenos Aires, São Paulo oder Montevideo und fliegt fürs Wochenende kurz bei der Fa-

milie ein. Die Fernseh- und Radiosender Uruguays und aus Buenos Aires verlegen im Sommer einen Teil ihrer Studios nach Punta, alle uruguayischen Zeitungen berichten mit Sonderseiten von dort, auch die wichtigsten Zeitungen aus Buenos Aires. Die argentinische Illustrierte »Gente« füllt in der heißen Jahreszeit ihre Seiten mit Klatsch und Tratsch der Prominenz in Punta, wo sich informell die Präsidenten aller Länder des Cono Sur treffen; auch alle Minister können dort mit ihren Kollegen konferieren.

Obwohl die Preise teilweise horrend sind – für ein Sommerhaus werden zwischen 5000 und 40000 US-$ monatlicher Miete gezahlt – ist Punta den Sommer über meist ausgebucht. Mercedes-Händler und Verkäufer anderer Nobelkarossen machen hier in wenigen Monaten ihr Jahresgeschäft, alles scheint möglich zu sein, solange es nur teuer und repräsentativ ist.

Das wichtigste in Punta sind nicht die ausgezeichneten Wassersportmöglichkeiten, sondern der abendliche und nächtliche Corso. Dann füllen sich die Restaurants, Tanzpaläste und Diskotheken mit Vergnügungssüchtigen, vor 23 Uhr geht keiner aus und vor fünf Uhr keiner zu Bett. Der Vormittag wird verschlafen, am Nachmittag füllen sich nach und nach die Strände mit Urlaubern.

Puntas Lage ist einzigartig: Der Ort erstreckt sich auf einer Halbinsel, die genau an der Mündung des Río de la Plata in den Atlantik ins Meer ragt. Das westliche Ufer ist dem Río de la Plata zugewandt, das östliche dem Atlantik. Hier ist das Meer unruhiger, große Wellen fordern die Surfer heraus. Ist der obere Teil der Halbinsel noch dicht an dicht bebaut, so hat der südliche Teil seine eigenen Reize. Hier ist die Bebauung niedriger, hier steht der Leuchtturm, in dessen Umgebung Punta gar nicht wie ein mondänes Seebad wirkt. Nach Osten erstrecken sich die großen Villengebiete der reichen Sommergäste, dort beginnen auch die Atlantikstrände, die bis nach Brasilien reichen.

Die Rambla José Artigas führt einmal um die Halbinsel. Sie beginnt an der Río-de-la-Plata-Seite, führt vorbei an der Playa Mansa und dem Yachtha-

Die Skyline von Punta del Este; deutlich ist zu erkennen, daß die eigentliche Halbinsel mit niedrigeren Häusern bebaut ist

Eines der modernen Hochhäuser in Punta

fen – Freunde großer Yachten kommen hier vor allem bei der jährlichen Whitebread Regatta auf ihre Kosten –, dann um den alten Kern der Stadt herum und erreicht an der Playa del El Emir die Atlantikseite der Halbinsel. Weiter nördlich schließt sich auf der Ostseite die Playa Brava an. Eine Nord-Süd-Verbindung innerhalb der Halbinsel ist die Avenida Juan Gorlero, die gleichzeitig die wichtigste Einkaufsstraße Puntas ist und an der auch der Hauptplatz, die Plaza Artigas, liegt.

Neben dem Strandleben lassen sich von Punta aus reizvolle Ausflüge organisieren. Hauptziel sind die beiden Inseln vor der Küste, die **Isla Gorriti** mit einem kleinen Hafen und einem Fort aus der Kolonialzeit und die **Isla de los Lobos,** ein Naturreservat, in dem etwa 300 000 Seelöwen leben. Weitere schöne Ausflugsziele sind die Strände östlich von Punta (S. 216) und die Stadt San Carlos, etwa 15 km entfernt im Landesinnern (S. 214).

Stadtplan Punta del Este

Str.-Nr.	Straßenname
1	1
2	Los Sargos
3	Isla de Lobos
4	Puesta de Sol
5	El Faro
6	El Pampero
7	Cap. Miranda
8	El Trinquete
9	La Salina
10	2 de Febrero
11	Juan Diaz de Solis
12	Virazon
13	Mareante
14	El Foque
15	Obenque
16	Rambla José Artigas
17	El Estrecho
18	Baupres
19	Comodoro Gorlero
20	El Remanso
21	La Galerna
22	Avda. Juan Gorlero
23	El Corral
24	El Mesana
25	Los Arrecifes
26	Realsero
27	Los Muergos
28	Los Meros
29	Los Gaviotas
30	Las Focas
31	Inzaurraga
32	La Angostura

Punta del Este von A bis Z

Autovermietung

Alle größeren Verleihfirmen haben Büros in Punta del Este. Sie befinden sich alle in der Nähe der Avenida Juan Gorlero: Hertz (Tel. 4 24 31) auf der Calle Los Neros, Budget (Tel. 4 63 63) auf der Calle Los Muergos und direkt auf der Avenida Gorlero und Multicar (Tel. 4 31 43) auf der Avenida Gorlero 860.

Banken und Geldwechsel

Fast alle Banken und Geldwechsel-Büros haben ihre Lokale entlang der Calle Gorlero.

Busse

Der Busbahnhof befindet sich auf der Rambla General Artigas/Ecke Inzaurraga. Hier fahren alle Busse nach Montevideo ab. Cot, Onda und Nuñez fahren jeweils mehrfach täglich in die Hauptstadt.

Einkäufe

Kunsthandwerk kauft man am besten auf der Feria an der Plaza Artigas.

Flughafen

Vom Flughafen in Punta del Este bestehen in der Saison Verbindungen nach Montevideo, Buenos Aires und nach Brasilien.

Pluna, Gorlero 940, Tel. 4 18 40

Aerolíneas Uruguayas, Bulevar Artigas/ Ecke Parada, Tel. 8 84 44

Aerolíneas Argentinas, Gorlero zwischen Inzaurraga und Las Focas, Tel. 4 38 01

Hotels (Auswahl)

In der Saison sind die Preise in Punta del Este teilweise astronomisch. An guten und teuren Hotels herrscht kein Mangel, Preise von mindestens 100 US-$ pro Person muß man dafür allerdings kalkulieren. Die wirklichen, noch teureren Luxushotels liegen etwas außerhalb der Stadt, wie das extravagante Hotel L'Auberge im Barrio Parque del Golf, Tel. 8 26 01, das Hotel Solana del Mar bei Punta Ballena, Tel. 7 88 88, und das Posta del Cangrejo in La Barra, Tel. 2 00 21. Preiswertere Unterkünfte zu finden ist schwierig. Versuchen kann man es im Hotel Peninsula, Gorlero 761, Tel. 4 15 33, im Florinda, Calle 27, Tel. 4 00 22, oder im Hotel Charrúa, Calle 27, Nr. 617, Tel. 4 14 02. Am besten sucht man den Informationskiosk an der Plaza Artigas auf, dort ist ein mehr oder weniger komplettes Hotelverzeichnis (mit Preisen) erhältlich.

Information

Schon vor der Einfahrt auf die Halbinsel findet sich an der Kreuzung der Rambla mit der Straße de Angostura die Touristeninformation (Tel. 4 05 14). Hier erhält man neben Karten von Punta auch verschiedene nützliche Broschüren. An der Plaza Artigas ist ein weiteres Infobüro (Tel. 4 05 12), vor allem mit Hotelanschriften.

Post und Telefon

Das Postamt ist auf der Golero 633, das Antel-Büro befindet sich auf der Ecke der Straßen Arrecifes und Mesana.

Reisebüros/Touren

Turalfi, Roosevelt/Ecke Parada 11, Tel. 8 42 28

Six Tour, Calle 9, Nr. 660, Tel. 4 02 28

Caravelle Viajes, Calle 24/Ecke 30, Tel. 4 18 89

Restaurants (Auswahl)

Punta del Este bietet eine Überfülle guter Restaurants, die Auswahl ist hier fast größer als in Montevideo. In den meisten Restaurants hat die gute Küche aber auch ihren – manchmal stolzen – Preis. Es gibt jedoch auch preiswertere Pizzerien oder Parrilladas.

Andres, Parada 1, Edificio Vanguardia, Tel. 8 18 04. Fischgerichte, guter Nachtisch, ausgesuchtes Publikum

Blue Cheese, Rambla de Circunvalción/ Ecke 23, Tel. 4 03 54. Schöne Terrasse zum Hafen

Bungalow Suizo, Avenida Roosevelt/ Ecke Parada 8, Tel. 8 23 58. Schweizer Küche in Schweizer Ambiente

Doña Flor, Plaza Paris/Ecke San Rafael, Tel. 8 47 20. Französische Küche vom feinsten

Floreal, Pedragosa Sierra/Parada 5, Tel. 8 32 41. Speisen im Garten bei Kerzenschein

La Bourgogne, Avenida del Mar/Ecke Pedragosa Sierra, Tel. 8 20 07. Französische Küche vom feinsten

La Posta del Cangrejo, im Barrio La Barra, La Calle de la Posta, Tel. 7 00 21. Gehobenes Hotelrestaurant, Spezialität: Meeresfrüchte

Sport

Punta del Este ist ein Paradies für Wassersportfreunde. Windsurf- und Bootsverleihe sind zahlreich, es gibt aber auch Tennis, Paddle-, Rugby-, Golf- und Poloplätze.

Unterhaltung

Punta del Este ist der Urlaubsort am Río de la Plata. Unterhaltung wird groß geschrieben, zahlreiche Diskotheken, Klubs, Kinos und Veranstaltungen wetteifern um die Gäste. Hier empfiehlt sich ein Blick in die Veranstaltungsseiten der Zeitungen, auch da sich die Adressen der »In-Diskotheken« häufig ändern. »El Pais« aus Montevideo erscheint in Punta freitäglich mit einem Veranstaltungskalender, die argentinische Illustrierte »Gente« hat im Sommer sogar eine eigene Redaktion in Punta.

Hier einige Adressen, die in den letzten Jahren immer »in« waren:

Diskotheken

Space, Parada 31, über La Brava im Rincón del Indio. In den letzten Jahren die Top-Disko in Punta. Ab 24 Uhr geöffnet

Kal, im Balneario Buenos Aires, direkt am Strand

La Plage, Rambla Lorenzo Batlle/Ecke Parada 11. Öffnet erst um 24 Uhr

Toronto, Parada 19/Ecke Brava. Fürs jüngere Publikum, öffnet erst um 1 Uhr

BA, Parador la Olla, Parada 3 de la Brava. Überraschungsfeste, ab 24 Uhr geöffnet

Swan, Parador Zorba en Parada de la Brava. Klassische Hits, ab 24 Uhr geöffnet

Kinos

Gorlero, Gorlero, fast auf der Ecke 27

Libertador, Gorlero/Ecke 25

Pigalle, Gorlero, fast auf der Ecke 28

San Rafael, Denuville/Ecke Ostende

Lido, Calle 20, fast Ecke 31

Fragata, Gorlero 798, zwischen Calle 25 und 27

Concorde, Gorlero/Ecke 14

Punta Shopping, Galería Shopping Punta, Gorlero zwischen Calle 28 und 29

Nächste Doppelseite: Der Stausee im Río Negro

Durch den Westen Uruguays

Route 2: Durch den Westen Uruguays
Montevideo – Colonia del Sacramento – Cármelo – Mercedes – Fray Bentos – Paysandú – Salto – Bella Unión – Artigas – Rivera – Tacuarembó – (Valle del Eden) – Paso de los Toros – Durazno – (Trinidad – Lago artificial de Paso del Palmar) – Florida – Montevideo (ca. 1720 km, mit Abstechern ca. 2010 km)

Route 2: Montevideo – Colonia del Sacramento – Cármelo – Mercedes – Fray Bentos – Paysandú – Salto – Bella Unión – Artigas – Rivera – Tacuarembó – (Valle del Eden–) Paso de los Toros – Durazno – (Trinidad – Lago artificial de Paso del Palmar–) Florida – Montevideo

0 50 100 km

Montevideo verläßt man über die Fernstraße Nr. 1, die nach General Manuel Oribe benannt ist. Nach wenigen Kilometern hat man das Weichbild der Stadt hinter sich und erreicht bald den **Río Santa Lucía.** Der Fluß, dessen breite Mündung in den Río de la Plata hier seit 1925 von einer einst drehbaren, heute aber stillgelegten Eisenkonstruktion überspannt ist, bildet gleichzeitig die Grenze zwischen Montevideo und dem Departemento San José. Zwischen seiner Mündung, die ein kleines Delta bildet, und der Stadt Santa Lucía ist der Río Santa Lucía ein beliebtes Ausflugsziel der Montevideaner. An der Mündung sieht man kleine Wochenendhäuser, in dem kleinen Hafen liegen Yachten, ein beschaulicher Platz, der auch noch mit den Stadtbussen von Montevideo aus erreicht werden kann.

Die Fernstraße 1 verläuft etwa zehn Kilometer vom Fluß entfernt im Landesinnern parallel zum Río de la Plata. Stichstraßen führen zu einzelnen Badeorten wie **Playa Pascual** oder den **Balnearios Kiyu** und **Boca de Cufre.** Der Río de la Plata besitzt hier eine Steilküste. Bis zu 40 m tief brechen die Sandklippen hier ab, vor dem Fluß befindet sich zumeist ein breiter Sandstrand und ein flacher Zugang zum Wasser. Die Badeorte hier sind beschaulicher als die im Osten Montevideos, sie sind nur eine Ansammlung von Ferienhäusern mit einem kleinen Supermarkt und eventuell einem Restaurant, das richtige für einen ruhigen Wochenendaufenthalt. Selbst der Río de la Plata paßt sich dieser Ruhe an. Hier dümpelt er meist wie ein stiller See an seine Ufer, allerdings – die Steilufer weisen teilweise darauf hin – kann diese Ruhe und Beschaulichkeit des Wassers auch schnell umschlagen.

Kurz nach Überqueren der Grenze zum Departemento Colonia erreicht man bei etwa km 125 die **Colonia Suiza,** auch Nueva Helvecia genannt.

Durch den Westen Uruguays

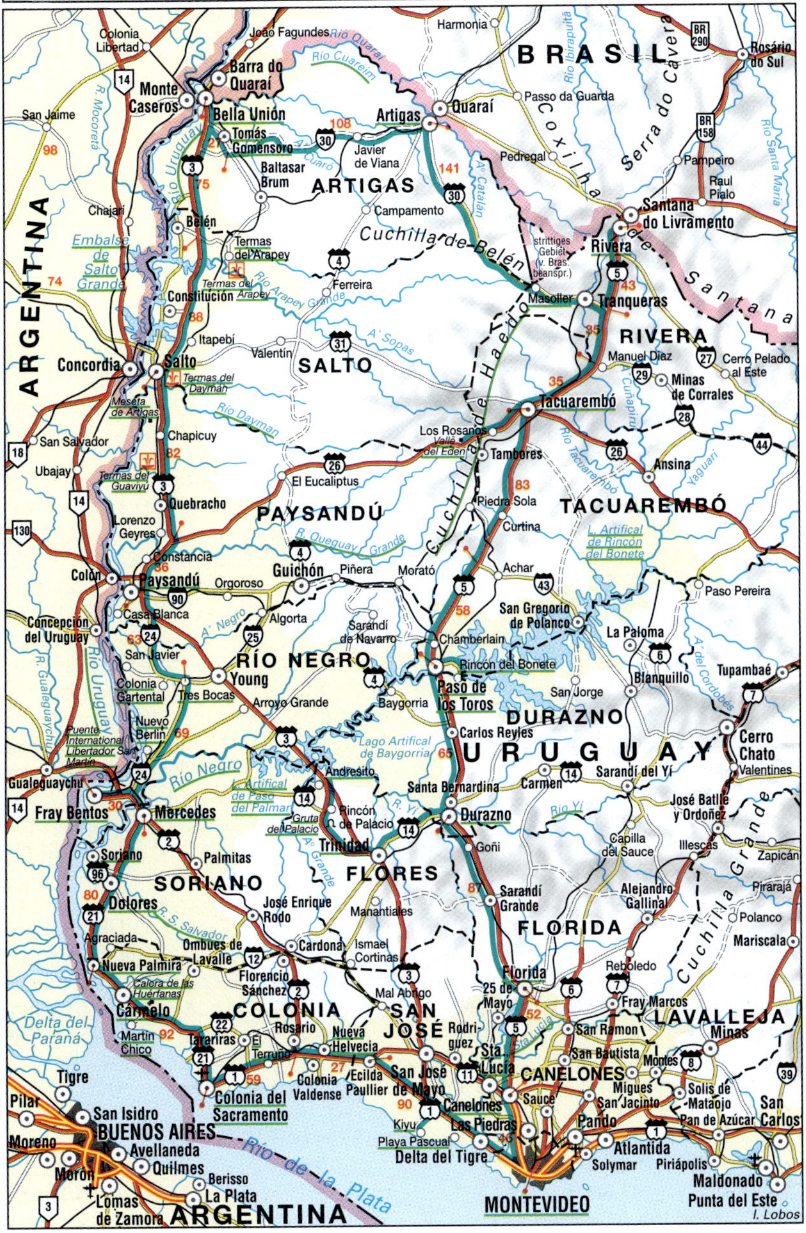

Hier befand sich einst das wichtigste Siedlungsgebiet Schweizer Kolonialisten. Am 25. April 1862 gründeten Schweizer Familien, begleitet von einigen Österreichern, Deutschen und Franzosen auf Initiative eines Basler Bankhauses ihre Kolonie. Sie lebten zunächst von Milchwirtschaft, und auch heute noch kommen 60 % des in Uruguay hergestellten Käses von hier. Der Ort selbst ist ruhig, es gibt einige schöne Kolonialbauten, und auf dem zentralen Platz erinnert ein mächtiges Denkmal an die ersten Schweizer Siedler. In einer Nebenstraße liegen die Schönstatt-Werkstätten, ein Missionswerk katholischer Laien, das 1914 von Josef Kentenich in der Schweiz gegründet wurde und inzwischen weltweit verbreitet ist.

Die Ruta 1 führt weiter nach Westen, kurz hinter Colonia Suiza zweigt die Ruta 2 nach Norden ab, und der Verkehr auf der Ruta 1 wird ruhiger. Die Landschaft ist gewellt hügelig, die Straße führt durch Wiesen und Wei-

den. Bei km 140 liegt rechts der Straße die **Estanzia »El Terruño«** (Tel. 05 76/ 27 00). Hier wird Estanzia-Tourismus geboten, doch trotz der vielen Empfehlungsschreiben, die »El Terruño« vorzeigen kann, hinterläßt der Besuch ein etwas zwiespältiges Gefühl. Das dort den Touristen vorgeführte Programm hat mit dem wirklichen Estanzialeben nicht viel zu tun. Wer sich für das Landleben interessiert, kann problemlos bessere Möglichkeiten finden (S. 241).

Nach weiteren 40 km ist Colonia del Sacramento erreicht.

Colonia del Sacramento

Colonia ist der Stolz vieler Uruguayer. Die 1680 gegründete Stadt, die somit 46 Jahre älter als Montevideo ist, hat bis heute viel koloniale Atmosphäre bewahren können. Die Altstadt erweckt den Eindruck eines Freilichtmuseums. Hier gibt es noch alte gepflasterte Straßen, Häuser mit windschiefen Wänden, enge Gassen, schmiedeeiserne Gitter und gekachelte Straßenschilder.

Als Gegengewicht zu Buenos Aires gründeten 1680 die Portugiesen genau gegenüber der argentinischen Hauptstadt eine Niederlassung, da man den Spaniern nicht ohne Gegenwehr den Einfluß über das gesamte Gebiet des Río de la Plata überlassen wollte. Der Ausbau von Handel (und Schmuggel) war das Hauptziel der Stadtgründung, dafür nahm man auch in Kauf, daß Colonia del Sacramento strategisch sehr ungünstig lag: zu nah bei Buenos Aires und zu weit weg von der nächsten großen portugiesischen Niederlassung, Rio de Janeiro.

Colonia war während der ersten 150 Jahre seiner Geschichte ständig umkämpft: Spanien, Portugal oder die aufständischen Uruguayer besaßen die Stadt, erst mit der Konsolidierung Uruguays kam auch Colonia zur Ruhe.

Ruhig haben es die etwa 20 000 Bewohner Colonias auch heute. Obwohl die Stadt eines der beliebtesten Touristenziele Uruguays ist, herrscht hier nur wenig Rummel. Die meisten Besucher kommen aus Argentinien. Sie zieht es nur zu einer kurzen Runde in

Brücke über die Mündung des Río Santa Lucía in den Río de la Plata

Altstadtgasse in Colonia

die Altstadt, danach geht es weiter Richtung Montevideo oder Punta del Este.

Colonia liegt am Ostufer einer kleinen Bucht im Río de la Plata. Der Altstadtkern erstreckt sich auf einer kleinen Halbinsel, die den östlichen Abschluß der Bucht bildet. Ihr Grundriß ist – anders als in anderen Kolonialstädten – sehr unregelmäßig, kreuz und quer bilden die meist engen Gassen ein unregelmäßiges Netz, einzig von der zentralen Avenida General Flores durchschnitten, die auch die Hauptstraße der östlich gelegenen Neustadt ist.

Die **Altstadt,** das Barrio Historico, ist das Pflichtziel für Besucher. Eingang zur Altstadt ist die **Puerta de Campo,** an der Calle Manoel Lobo, die

Stadtplan Colonia del Sacramento

Die Kathedrale von Colonia ist
die älteste Kirche Uruguays

nach dem Gründer einer ersten Feste im heutigen Colonia benannt ist. Das alte Stadttor von 1745 steht seit 1811 an diesem Platz, links von ihm befindet sich die **Bastión de San Miguel,** ein Teilstück der großen Befestigungsanlagen von Colonia. Nahebei liegt die **Calle de los Suspiros** (Seufzergasse), eine der engsten, gepflasterten Altstadtgäßchen, bebaut mit Häusern aus der ersten Hälfte des 18. Jh. Die Seufzergasse führt auf die **Plaza Mayor,** den begrünten Hauptplatz der Altstadt. Er ist von kleinen Läden und schönen Kolonialbauten umgeben, auch der **Leuchtturm** und das alte **Franziskanerkonvent** sind dort. Direkt am Platz, in Kolonialbauten aus dem 18. Jh., sind zwei Museen untergebracht. Im **Museo Portugues** erinnern Landkarten, Stiche, Kleidungsstücke, Einrichtungsgegenstände und Kacheln an die portugiesischen Stadtgründer, das **Museo Municipal** vorwiegend mit Dokumenten an die Stadtgeschichte und die spanische Eroberung. Direkt neben dem Museo Municipal sind zwei weitere schöne Bauten zu finden: die **Casa Rosada** und die **Casa de Virrey,** das Haus des Vizekönigs, obwohl in Colonia niemals ein Vizekönig residiert hat. Ebenfalls am Platz liegt das **Archivo Regional** mit einem kleinen Museum und Buchladen.

Westlich der Plaza, kurz vor dem Ufer, steht die **Casa Portugues,** eines der ältesten Häuser der Stadt. Vor über 300 Jahren wurde das Gebäude errichtet, heute beherbergt es das **Museo del los Azulejos.** Das Museo de los Azulejos zeigt Keramikarbeiten aus den letzten beiden Jahrhunderten, darunter auch europäische Keramik, die damals in der Oberschicht von Buenos Aires und Montevideo sehr beliebt war.

An der Uferfront führt der **Paseo de San Gabriel** vorbei. Der palmenbewachsene Weg kreuzt die Avenida General Flores, führt vorbei an der **Bastión de Santa Rita,** und kurz vor dem alten Hafen geht rechts die Calle Santa Rita ab, die zum Museo Español führt. Das **Museo Español** ist in einem alten portugiesischen Gebäude von 1720 untergebracht. Es zeigt Möbel, Landkarten und Gemälde aus der spanischen Zeit. Nur wenig entfernt liegt die **Bastión del Carmen,** ein Teil der alten Stadtbefestigung, in der das **Teatro del Carmen** untergebracht ist.

Der Calle Virrey Zeballos nach Süden folgend, erreicht man die **Iglesia Matríz,** bevor man wieder zur Plaza Mayor gelangt. Die Iglesia Matríz ist die älteste Kirche Uruguays. Ihr Bau wurde bereits 1680 begonnen, mehrfach zerstört und erst 1810 unter der Leitung des Stadtarchitekten von Montevideo Tomás Toribio vollendet. Auch danach blieb der Bau nicht verschont. Während der brasilianischen Besetzung Colonias 1823 wurden durch eine Explosion die Wände stark beschädigt und die Innenausstattung fast vollständig zerstört.

Außerhalb der Altstadt lohnen sich nur wenige Ziele. In der neuen Stadt liegt die **Casa de la Cultura** mit dem kleinen **Museo Indigena,** in dem Wurfkugeln und Keramikarbeiten der Indianer ausgestellt werden, und in der Bucht von Colonia und auch östlich der Stadt gibt es einige schöne **Badestrände.** Etwa fünf Kilometer nordwestlich der Stadt liegt der kleine Ort **Real de San Carlos,** in dem der argentinische Unternehmer Nicolás Milhanovich um die Jahrhundertwende über 1,5 Mill. US-$ investierte, um den Ort zu einem Touristenziel für Argentinier zu machen. So ließ er dort ein **Spielcasino** und 1910 auch eine **Stierkampfarena** für zehntausend Zuschauer bauen, da Stierkämpfe in Argentinien verboten waren. Lediglich acht Kämpfe wurden dort ausgetragen, denn 1912 verbot auch die uruguayische Regierung den Stierkampf. Die Arena und die Anlagen sind heute etwas verfallen, aber noch zu besichtigen. In Funktion ist noch die **Pferderennbahn,** die ebenfalls zu jener Zeit erbaut wurde.

Autovermietung

Avis, Alberto Mendez/Ecke General Flores, Tel. 24 48

Puntacar, Puerto, Tel. 26 14

Serracar, General Flores 507, Tel. 33 88

Busse

Colonia hat keinen zentralen Busbahnhof. Die Büros von Cot (Avenida General Flores 430, Tel. 31 21) und Onda (General Flores 396) liegen aber dicht beieinander.

Hotels (Auswahl)

Gut und etwas teurer:

Posada del Gobernador, 18 de Julio 205, Tel. 29 18

Hotel Leoncia, Rivera 214, Tel. 23 69

Royal, General Flores 340, Tel. 31 39

El Mirador (mit Casino), Avenida F. D. Roosevelt, Tel. 20 04

Etwas preiswerter:

Hotel Esperanza, General Flores 237, Tel. 29 22

Hotel Los Angeles, Avenida F. D. Roosevelt 213, Tel. 23 35

Information

General Flores 499, fast auf der Ecke zur Calle Rivera, Tel. 21 82

Museen

Alle Museen außer dem Museo Indigena sind täglich von 11.30–18 Uhr geöffnet.

Museo del Azulejo, San Miguel de las Misiones de los Tapes/Ecke Rambla

Museo Portugues, Plaza Mayor

Museo Español, de España/Ecke de San José

Museo Municipal, del Comercio

Museo Indigena, Casa de la Cultura, Avenida Artigas 327, Mo–So 14–20 Uhr

Post und Telefon

Das Postamt ist in der Calle Lavalleja 226, das Büro von Antel in der Calle Rivadavia 420.

Restaurants

Viele Restaurants finden sich entlang der Avenida General Flores, darunter El Portón und El Suizo, in der Altstadt sowie am Hafen (Yachtclub).

Schiffsverbindungen

Mehrere Linien fahren mehrfach täglich die 2,5 Std. lange Strecke nach Buenos Aires. Die Abfahrtkais liegen nicht im Hafen der Altstadt von Colonia, sondern im Hafen südlich der neueren Innenstadt.

Unterhaltung

Anfang Mai findet in Colonia die Fiesta Nacional de la Leche statt.

Colonia verläßt man über die Ruta 21 nach Norden, entfernt sich vom Río de la Plata und gelangt durch eine sanft geschwungene Landschaft nach 31 km an die Kreuzung der Ruta 21 mit der Ruta 22. Dort wendet man sich nach Westen, folgt der Ruta 21 weitere 20 km und biegt dann bei km 256 nach rechts in einen sogenannten Camino Vecinal (Nachbarschaftsweg) Richtung Calera de las Huérfanas (ausgeschildert, 4 km) ab. Links geht es nach Martín Chico, ein kleiner Ort direkt an der Mündung des Río Uruguay in den Río de la Plata.

Die **Calera de las Huérfanas** war das Zentrum einer riesigen Estanzia der Jesuiten. Sie siedelten hier ab 1738. Zur Blütezeit lebten etwa 200 Menschen auf der Estanzia, die 30 000 Rinder versorgten, dazu Werkstätten, Bäckereien und Milchwirtschaft betrieben. 1767 wurden die Jesuiten aber bereits vertrieben, und das Gelände kam zu Buenos Aires. Juan Zorrilla de San Martín, der Vater des argentinischen Nationalhelden José Zorilla de San Martín, versorgte damals die Estanzia. 1815 eroberte José Artigas die Estanzia zurück. Von der ehemaligen Jesuitenkirche sind nur die Außenmauern erhalten. Das Dach ist eingestürzt, aber selbst die Ruine vermittelt einen guten Eindruck von der ehemaligen Größe der Anlage mit zahlreichen Nebengebäuden.

Zurück auf der Ruta 21, ist nach wenigen Kilometern die Kleinstadt Cármelo erreicht.

Cármelo ist eine ruhige, etwas verschlafene Kleinstadt mit etwa 15 000 Einwohnern direkt an der Mündung des Río Uruguay in den Río de la Plata, gegenüber dem ausufernden Delta des Río Paraná. Im Stadtgebiet mündet auch der kleine Arroyo de las Vacas in den Río Uruguay. Von Cármelo starten Bootsfahrten auf den Río Uruguay und das Delta des Paraná.

Cármelo wurde 1816 von Artigas gegründet. Die Stadt lebt heute vom Weinbau und der Landwirtschaft und ein wenig vom Tourismus. Die Orien-

Die alte Jesuitenkirche in Calera de las Huérfanas

tierung ist einfach: An der Mündung des Arroyo de las Vacas in den Río Uruguay liegt der Hafen. Am Arroyo de las Vacas beginnt auch die Hauptstraße 19 de Abril, die sich an der zentralen **Plaza Artigas** mit der 18 de Julio kreuzt. Um die Plaza liegen die meisten Geschäfte, Restaurants und Hotels sowie die 1835 errichtete Kirche Santuario de la Santissima Virgen del Carmen. Die Straßen sind baumgesäumt.

Das touristische Zentrum der Stadt ist auf der anderen Seite des Arroyo de las Vacas zu finden. Auf einer kleinen Landzunge südlich der Innenstadt breitet sich ein **Park** aus, in dem **Spielcasino** und **Campingplatz** liegen. Hier sind auch die schönen Badestrände zum Río Uruguay.

Weiter auf der Ruta 21 liegt nur wenige Kilometer nordwestlich von Cármelo **Nueva Palmira,** ein weiterer Badeort am Río Uruguay. Auch dort schwappt der an dieser Stelle gut drei Kilometer breite Río Uruguay ruhig an die Ufer. Der Badestrand ist flach und sandig.

Etwa drei Kilometer nördlich der Stadt liegt der Punkt, an dem die 33 Orientalen (S. 30) von Argentinien kommend an Land gingen und Uruguay eroberten. Ein **Obelisk** erinnert an die Nationalhelden. Lohnend ist auch ein kurzer Besuch des **Museo Arqueologico Paleontologico** »Lucas

Schattiges Strandcafé unter Platanen – Urlaub in Cármelo

Roselli« auf der General Jacinto Laguina, fast auf der Ecke zur Artigas (Di–So 7.30–12.30 Uhr).

Die Ruta 21 führt von Nueva Palmira parallel zum Río Uruguay weiter nach Norden. Die Landschaft bleibt sanft hügelig, auch im Departemento Soriano, dessen Grenze kurz nach Nueva Palmira überschritten wurde. Entlang des Río Uruguay wird viel aufgeforstet, vor allem mit Eukalyptus.

Nach 46 Kilometern ist die Stadt **Dolores** erreicht. Die Kleinstadt (13 000 Einwohner) ist ebenfalls das Zentrum eines Landwirtschaftsgebietes. Sie liegt am Río San Salvador, etwa 20 km vor dessen Mündung in den Río Uruguay. Dolores besitzt den gleichen Grundriß wie fast alle Landstädte in Uruguay. Am rechteckigen zentralen Platz finden sich die wichtigsten Einrichtungen: ein oder zwei Bars oder Restaurants, die Busgesellschaft, die schöne Backsteinkirche und die Stadtverwaltung. Vom Platz geht die Hauptstraße ab, um ihn gruppieren sich meist niedrigere Bauten, die Straßen sind häufig plantanengesäumt.

Dolores hieß bei seiner Gründung Ende des 18. Jh. ursprünglich »Nuestra Señora de los Dolores del Espinillo«, ein Name, der sich über »Dolores de San Salvador« und »San Salvador« hin zum heutigen Dolores veränderte. Mitte des letzten Jahrhunderts war der Ort Schauplatz eines kuriosen Unabhängigkeitsstrebens: Teile der Provinz Soriano wollten sich abspalten und mit Dolores als neuer Hauptstadt eine eigene Provinz innerhalb Uruguays bilden.

Folgt man von Dolores aus der Ruta 96 nach Nordwesten, erreicht man nach 15 km **Soriano,** den ältesten Ort Uruguays. Hier, an der Mündung des Río Negro in den Río Uruguay, gründeten Franziskaner unter Führung von Juan de Vergara 1624 die Siedlung San Francisco de Olovares. Die ursprüngliche Festung gegen die Charrúa-Indianer zog mehrfach um, seit 1708 befindet sie sich an der heutigen Stelle. Weil Soriano sehr verkehrsungünstig liegt, wurde die Stadt Mercedes später Hauptstadt des Departementos Soriano. In dem kleinen Ort Soriano scheint sich seit der Kolonialzeit nicht viel verändert zu haben. Schön sind die alten Kolonialbauten wie die **Casa de Marfetán** von 1805 mit ihren dicken Mauern und dem großen Kamin oder die kleine weißgetünchte Kolonialkirche.

Von Soriano sind es nur knappe 40 km nach **Mercedes,** der Hauptstadt des Departementos.

Mercedes

Mercedes liegt etwa 270 km von Montevideo entfernt am Ufer des Río Negro. Die Stadt hat heute etwa 40 000 Einwohner, sie ist regionales Zentrum und gleichzeitig ein Verkehrsknotenpunkt, da hier eine der wenigen Brücken über den Río Negro führt und Mercedes über die Hauptfernverkehrsstraßen 1 und 2 gut von Montevideo aus zu erreichen ist. Hier endet auch die nordwestlich von Montevideo ins Land gehende Eisenbahnlinie.

Auch Mercedes hat den traditionellen Schachbrettgrundriß, dessen Zentrum hier die **Plaza Independencia** ist. Die beiden wichtigsten Geschäftsstraßen sind die beiden Straßen Colón

Neobarocker Altar in der Kirche von Mercedes

und Artigas; die eine führt westlich, die andere östlich am Platz vorbei. Nach Norden leiten beide zum Ufer des Río Negro, einer schönen schattigen Anlage mit Stränden.

Die Strände entlang des Río Negro sind für Touristen auch die größte Attraktion in Mercedes. Dennoch lohnt ein kurzer Rundgang durch die Stadt. Er führt über die Artigas bis zur Plaza, wo die mächtige **Kathedrale Nuestra Señora de las Mercedes** mehr als einen Blick verdient. Der dreischiffige Kuppelbau ist im Innern blau ausgemalt. Er besitzt zahlreiche schöne Seitenaltäre, die Kuppel ist mit farbigen Glasfenstern verziert. Weiter geht es über die Calle Giménez, wo auf der Ecke zur Sarandí die **Biblioteca Museo Giménez** zu finden ist, in der regelmäßig Kunstausstellungen stattfinden. Außerhalb (westlich) der Stadt liegt das **Museo Paleontólogico** (Di–So 7.30–18.30 Uhr), das eine wertvolle Fossiliensammlung besitzt. Nahebei liegt auch das **Castillo de Mauá,** das 1857–59 errichtet wurde und heute ein kleines **Kolonialmuseum** bietet. Von Mercedes aus lassen sich auch gute Boots- und Angelausflüge auf die vielen Inseln, die der gewundene Río Negro bildet, unternehmen.

Busse

Mercedes besitzt keinen zentralen Busbahnhof, die wichtigen Unternehmen sind aber alle nahe der Plaza Independencia. Buses Klüver, Calle Giménez/Ecke Colón, fährt nach Palmar und Durazno, Onda, gegenüberliegend, nach Montevideo, Fray Bentos und Dolores. Chadre, Artigas 176, fährt ebenfalls nach Montevideo. Cut und Eta fahren nach Argentinien, sie haben Artigas 233 ihr gemeinsames Büro.

Hotels (Auswahl)

Das beste Hotel ist Brisas del Hum, Artigas 201, Tel. 27 40. Empfehlenswert ist auch Hotel Marín, Rodó 668, Tel. 29 87, mit dem zweiten Haus auf der Roosevelt 627, Tel. 21 15.

Information

Die Information ist Artigas 215, nahe der Plaza Independencia.

Post und Telefon

Das Postamt ist auf der Rodó 650 an der Ecke zur 18 de Julio, Antel auf der 18 de Julio zwischen Roosevelt und Castro y Careaga.

Restaurants

In der Stadt empfehlen sich die beiden Grillrestaurants La Churrasquera, Castro y Careaga 790, nahe der Ecke Ituzaingó, und die Parrillada Volver, Giménez /Ecke 18 de Julio; am Flußufer liegen der Club Remeros Mercedes, de la Rivera 949, und das Restaurant Isla del Puerto auf der gleichnamigen Insel im Río Uruguay.

Der Río Negro trennt die beiden Departementos Soriano und Río Negro voneinander. Da Mercedes, die Hauptstadt von Soriano, ganz im Norden ihres Departementos und die Hauptstadt von Río Negro, Fray Bentos, ganz im Süden ihres Departementos liegt, trennen die beiden Städte nur 32 km über die gut ausgebaute Ruta 2, eine knappe halbe Stunde mit dem Auto.

Fray Bentos

Das Departemento Río Negro ist wegen seiner gut bewässerten Weiden eines der besten Viehzuchtgebiete in Uruguay. Hier wurde bereits im letzten Jahrhundert Viehzucht getrieben. Verarbeitet wurde das Schlachtvieh damals in der Provinzhauptstadt Fray Bentos.

Der Aufschwung in der Kleinstadt ging mit der industriellen Verarbeitung des Rindfleisches einher. 1861 hatte der deutsche Ingenieur Georg Giebert in Fray Bentos die erste Firma gegründet, die nach dem Verfahren des deutschen Chemikers Justus von Liebig Fleisch extrahierte. 1865 gründeten Engländer die Liebig's Extract of Meat Company, die am Ende des Jahrhunderts allein 800 Arbeiter in der Fleischextraktion beschäftigte. Um die Jahrhundertwende betrug das Kapital dieser Gesellschaft etwa eine Million Pfund Sterling. 1920 wurde ein neues Werk installiert, und 1924 wurde Liebig's umgewandelt in die Gefrierfleischfabrik Anglo del Uruguay, die neben Gefrierfleisch auch andere Produkte wie Seife, Glycerin oder Süßigkeiten herstellte.

Parallel zum Boom der Fleischindustrie erfolgte der Ausbau der Infrastruktur. Der Hafen wurde angelegt und vergrößert, eine Eisenbahnlinie gebaut. Aber mit dem Ausbau einer besseren Infrastruktur, dem Straßenbau vor allem, sank auch die Bedeutung von Fray Bentos. Als die Rinder noch in großen Trecks entlang der Straßen zum Schlachthaus getrieben wurden, mußten die Schlachthäuser nahe bei den guten Weiden liegen. Zu anstrengend war der Weg, die Tiere verloren unterwegs Gewicht und damit an Wert. Heute werden die meisten Rinder in Montevideo geschlachtet. Sie gelangen auf Lastwagen dorthin, die kraftraubenden Wege entfallen, damit aber auch die Arbeit in den Fleischfabriken der Provinz.

Fray Bentos ist heute als regionales Zentrum und Verkehrsknotenpunkt wichtig. Der Río Uruguay ist problemlos bis hierhin schiffbar, und nur wenig nördlich der Stadt befindet sich die südlichste der drei Brücken über den Río Uruguay. Fray Bentos liegt somit an der kürzesten Straßenverbindung zwischen Montevideo und Buenos Aires, fast gleich weit (jeweils ca. 300 km) von beiden Hauptstädten entfernt. Das **Kasino** der Stadt ist für die Bewohner von Buenos Aires, die nicht mit den Schiff nach Colonia oder Montevideo fahren wollen, ein beliebtes Ziel.

Auch Fray Bentos hat einen schachbrettartigen Stadtplan mit der Plaza Constitución als Zentrum. Auf dem sehr offen wirkenden Platz stehen nur wenige Palmen und eine Replik eines kleinen Pavillons viktorianischen Zeitalters. Dort liegt, in einem schönen klassizistischen Bau, der auch das Museum beherbergt, das Touristenbüro. Die Hauptstraße 18 de Julio geht im Osten des Platzes in Nord-Süd-Richtung entlang, sie führt im Norden zum **Parque Roosevelt,** in dem das Kasino der Stadt liegt und von dem aus man einen schönen Blick über das Ufer des Río Uruguay hat. Der hier mehrere Kilometer breite Fluß liegt wie ein See vor dem Betrachter. Im Parque Roosevelt ist auch das schöne Sommertheater, ein Bau wie ein Amphitheater mit 4 000 Plätzen und hervorragender Akustik angelegt, zu finden.

Das schönste Gebäude in der Stadt ist das **Teatro Young.** Das Gebäude nahe der Plaza an der Ecke 25 de Mayo und Zorrilla wurde von 1909–12 erbaut. Es hat 400 Plätze und wurde nach einem reichen Estanziero benannt, der den Aufbau des Theaters finanzierte. Heute dient es verschiedenen kulturellen Einrichtungen, es hat kein festes Ensemble, sondern wird von Gastspielen bedient.

Nordwestlich der Innenstadt und des Parque Liebig liegt das **Barrio Histórico del Anglo,** die heute stillgelegte Gefrierfleischfabrik. Sie wird zur Zeit zu einem Museo de la Revolución Industrial umgebaut, aber einige Gebäude sind, vor allem von außen, bereits zu besichtigen. Hier stand die Liebig's Extract of Meat Company, ein echtes eigenes Stadtviertel mit niedrigen Wohn- und Arbeitsgebäuden, aber auch luxuriöseren Gebäuden wie dem Haus des Managers und dem ehemaligen britischen Konsulat (geöffnet Mo–So 13–19 Uhr).

Weiter südlich am Río Uruguay, der hier fast 5 km breit ist, liegt das **Balneario Las Cañas,** ein schöner, sandiger Badestrand mit Einrichtungen wie gemauerten Grills und Campingplätzen, die man für einen kürzeren oder länger andauernden Badeaufenthalt braucht.

Auch wer nicht nach Argentinien weiterreisen will, sollte einen Abstecher zur **Puente International Libertador San Martín** machen. Die Brücke liegt wenige Kilometer östlich der Stadt. 1980–83 wurde der 5,3 km lange Bogen über den Río Uruguay mit einem Kostenaufwand von 36 Mill. US-$ erbaut. Der zentrale Bogen mißt 220 m, er ist damit einer der größten aus Spannbeton in Lateinamerika.

Autovermietung

Buzo y Cia, 18 de Julio/Ecke Brasil, Tel. 24 13

Postiglioni Propiedades, 18 de Julio/Ecke 25 de Mayo, Tel. 32 96

Sichtbares Zeichen alten Reichtums: das Teatro Young in Fray Bentos

Busse

Fray Bentos hat ebenfalls keinen zentralen Busbahnhof, die Büros von Onda (Rincón/Ecke 25 de Mayo) und Chadre (Plaza Constitúcion), die über die meisten Busverbindungen verfügen, liegen aber dicht beieinander.

Hotels (Auswahl)

Die Hotelauswahl in Fray Bentos ist nicht besonders groß. Gut ist das Hotel Casino Gran Hotel Fray Bentos in der Paraguay/ Ecke 18 de Julio, Tel. 23 58, das trotz seines pompösen Namens nicht ganz so teuer ist.

Etwas preiswerter:

Hotel 25 de Mayo auf der Ecke 25 de Mayo und Lavalleja, Tel. 25 86

Hotel Colonial auf der Ecke 25 de Mayo und Zorrilla de San Martín, Tel. 22 60

Information

Calle Treinta y Tres, gegenüber der Plaza Constitución, Tel. 27 37

Post und Telefon

Das Postamt ist in der Calle Treinta y Tres 32 71, Antel in der Calle Zorrilla de San Martín 1127.

Restaurants

Am Platz und in der Calle 25 de Mayo finden sich einige Restaurants, empfohlen wird auch das Restaurant La Enramada, España zwischen 25 de Mayo und 25 de Augusto.

Von Fray Bentos aus führen die Ruta 2 und anschließend die Ruta 24 weiter parallel zum Río Uruguay nach Norden. Nach 37 km auf der Ruta 24 geht links eine kleine Straße ab, sie führt vorbei an Weiden und Eukalyptusplantagen nach **Nuevo Berlin.** Bald erreicht man den großzügigen Bulevar Alemania, dessen Straßenschild viel zu groß für die heute kleine, unattraktive Siedlung erscheint. Nichts erinnert daran, daß sie einst als Zentrum für Deutsche erbaut wurde, die sich als Landarbeiter auf einer der großen Estanzias dieser Region verdingten. Außer ehrgeizigen Plänen entstand damals nicht viel, die Siedlung wurde bald aufgegeben, die damals Angesiedelten zerstreuten sich rasch und assimilierten sich. Selbst auf dem kleinen Friedhof der Gemeinde sind keine Gräber mit deutschen Namen zu finden.

Zwischen dem Río Uruguay und der Straße ziehen sich große Eukalyptuspflanzungen hin. Hier lag einst die Estanzia Nueva Melem, zu der allein 40–45 000 ha Land gehörten.

Wieder auf der Ruta 24, zweigt 32 km weiter bei der kleinen Landgemeinde Tres Bocas rechts der Weg zur Stadt **Young** ab. Ein Abstecher lohnt nicht, Young ist eine der kleineren Landstädte ohne besondere Attraktionen. Links führt die Ruta 24 weiter, nach einigen Kilometern steht ein Schild an der Straße mit der Aufschrift »Colonia Gartental. Bienvenido« und darunter auf deutsch »Herzlich willkommen«.

Die **Colonia Gartental** ist eine Siedlung von deutschen Mennoniten, die nach dem Zweiten Weltkrieg die damaligen deutschen Ostgebiete verlassen mußten. Nach einem kurzen Aufenthalt in der Pfalz siedelten sie 1952 nach Uruguay um, kauften als Genossenschaft Land und bewirtschaften es seither.

Es gibt mehrere deutsche Mennonitensiedlungen in Uruguay, Gartental ist die jüngste. Die Mennonitensiedlungen sind die einzigen deutschen Siedlungen, die ihren spezifischen Charakter, mit deutsch- und spanischsprachiger Schule beispielsweise, bewahrt haben. Für den Zusammenhalt der Gemeinde sorgt der gemeinsame mennonitische Glaube.

Verstreut liegen die Höfe in der flachen Wiesenlandschaft, im Zentrum der Colonia stehen das Gemeindegebäude, die Schule, die Kirche. Der Friedhof verrät die Struktur der Gemeinde: nur deutsche Namen, alle noch in Europa geboren, kein Grabstein ist älter als zehn Jahre.

Nach etwa 20 km erreicht man die Grenze zum Departemento Paysandú, nach zehn weiteren die Ruta 3, die direkte Verbindung zwischen Montevideo und Paysandú, der Hauptstadt des gleichnamigen Departementos. Hier zweigt der Weg nach links ab. Nach 16 km erreicht man Paysandú.

Paysandú

Die nach Montevideo und Salto drittgrößte Stadt des Landes hat etwa 90 000 Einwohner und ist nach Montevideo die zweitwichtigste Industriestadt in Uruguay. Sie liegt direkt am Río Uruguay, 370 km nordwestlich von Montevideo und 110 km nördlich von Fray Bentos. Paysandú ist nicht nur ein regionales Zentrum, sondern mit seiner Zucker-, Textil-, Leder- und Nahrungsmittelindustrie auch wichtig für die Gesamtwirtschaft Uruguays. »Stadt der Biere« verkündet das Schild der Norteña-Brauerei am Stadteingang stolz.

Paysandú, verkehrsgünstig südlich der Puente International General José Artigas, die über den Río Uruguay nach Argentinien führt, gelegen, hat einen Hafen mit Schiffswerft und einen Flughafen. Mit einer Landwirtschaftlichen Fakultät besitzt die Stadt die einzige Hochschuleinrichtung außerhalb von Montevideo.

Paysandú wurde 1772 von Pater P. Sandú und einigen christlichen Indianerfamilien, die aus einer Jesuitenmission stammten, gegründet. Die Stadt diente als Missionsstandort und Handelsstützpunkt. Sie wurde oftmals von verschiedenen Truppen erobert, Spanier, Brasilianer und beide uruguayischen Bürgerkriegsparteien richteten bei ihren Eroberungen schwere Zerstörungen an.

Paysandú hat einen etwas unregelmäßigen Stadtplan. Das Leben spielt sich vorwiegend auf der Plaza **Constitución** ab, dort liegen auch die Kathedrale, das Touristen- und das PLUNA-Büro. Südlich der Plaza verläuft die Avenida España, die Haupteinkaufsstraße der Stadt. Sie führt im Westen als Avenida Brasil bis zum Flußufer.

Bei der Besichtigung der Stadt beginnt man am besten an der Plaza. Die Kirche **Basílica de Nuestra Señora del Rosario y San Benito del Palermo** wurde ab 1850 erbaut, ihre Vorgängerin war bei Gefechten mit Brasilianern, die sich 1846/47 in ihr verschanzt hatten, zerstört worden. Sie besitzt ein eindrucksvolles Portal und im Innern eine Walker-Orgel von 1906. Auf dem Platz befindet sich das Mausoleum für den Nationalhelden General Leandro Gómez. Das unterirdische Gebäude wurde 1984 eröffnet. Neben der Kathedrale liegt das **Museum der Salesianer,** in dem vorwiegend naturhistorische Sammlungsstücke gezeigt werden. Das Historische Museum der Stadt befindet sich auf der Ecke der Straßen Zorrilla und Sarandí. Lohnend ist auch ein Besuch des alten Friedhofs **El Monumento a la Perpetuidad,** der im Osten der Stadt liegt und heute ein nationalhistorisches Denkmal ist.

Der **Hafen** von Paysandú wirkt zwar ein wenig verschlafen, ist aber Ausgangspunkt für verschiedene schöne Ausflugsfahrten auf die Inseln im Río Uruguay nördlich und südlich der Stadt (Informationen über Abfahrtzeiten im Touristenbüro). Diese Inseln sind unbewohnt und besitzen meist schöne Sandstrände.

Einmal jährlich in der Semana Santa (Karwoche) oder Semana de Turismo, wie diese Woche in Uruguay genannt wird, findet in Paysandú die

Bierwoche (Semana de Cerveza) statt, eine Art uruguayisches Oktoberfest mit Wahl der Bierkönigin, sportlichen und anderen Vergnügungen und deutscher Küche. Schließlich ist die größte Brauerei am Ort, Norteña, im Besitz des deutschen Lebensmittelkonzerns Oetker.

Autovermietung

National Car Rent, Florida 1249, im Pluna-Büro, Tel. 30 71

Busse

Onda (Leandro Gómez 1000, Tel. 30 20) und Chadre (Avenida España/Ecke Juncal, Tel. 53 10) haben die besten Verbindungen zu den Nachbarorten und nach Montevideo.

Hotels (Auswahl)

Das beste Hotel der Stadt ist das Gran Hotel Paysandú (Tel. 34 00) auf der Ecke 19 de Abril und 18 de Julio

Weitere Hotels:

Hotel Lobato, Leandro Gómez 1415, Tel. 22 41

Hotel Bulevar, Bulevar Artigas 960, Tel. 26 82

Hotel Rafaela, 18 de Julio 1181, Tel. 50 53

Information

Gegenüber der Plaza Constitución in der Avenida 18 de Julio, Tel. 62 21

Post und Telefon

Das Postamt ist auf der 18 de Julio 1052, Antel auf der Montevideo 875

Im Hafengebiet von Paysandú

Restaurants

Drei Restaurantempfehlungen: Restaurant Artemisio, 18 de Julio 1248; Sociedad Española, Leandro Gómez 1192; Restaurant Don Diego, 19 de Abril 917

Über die Ruta 3 verläßt man Paysandú Richtung Norden. Die Landschaft bleibt weit und sanft hügelig, ab und an sind kleine Eukalyptuswälder zu sehen. Nach etwa 30 km wird der Río Queguay erreicht. Westlich der Straße liegen die kleinen Wasserfälle, inmitten eines natürlichen Waldes. Hier beginnt auch die Zone kleinerer Palmenhaine. Bei km 57, kurz hinter einem solchen Palmenhain, erreicht man die **Termas de Guaviyú,** die ersten warmen Quellen im nördlichen Uruguay. Hier hat das Wasser, anders als in den weiter nördlich gelegenen Thermalbädern, eine Temperatur von 38 °C. Das Gelände hier ist gut erschlossen, für den Urlauber gibt es Hotels und Motels, Campingplätze und sogar ein kleines Kino. Die Anlage ist schön, aber lohnender sind die weiter nördlich gelegenen Quellen.

90 km nördlich von Paysandú zweigt ein kleinerer Weg von der Hauptstraße Ruta 3 nach links Richtung Flußufer ab. 13 km geht es durch kleinere Wälder und Weiden, dann trifft man auf die **Meseta de Artigas,** den Platz, wo General José Artigas während der Unabhängigkeitskämpfe sein Lager hatte. Die Meseta – zu deutsch Hochebene – liegt etwa 45 m über der Höhe des Río Uruguay, sie fällt in horizontalen Bänken zum Fluß hin ab. Ein schöner Platz und guter Aussichtspunkt, der durch das an den Nationalhelden erinnernde Denkmal – eine 5 m hohe Büste von Artigas auf einer 37 m hohen Steinsäule – nicht unbedingt gewinnt.

Zurückgekehrt auf die Ruta 3 findet sich 20 km weiter, kurz vor Salto, die nächste große Thermalbadanlage. Mit dem Río Daymán wird die Provinzgrenze von Paysandú nach Salto überquert, und direkt hinter dem Fluß liegen bei km 487 die **Termas del Daymán,** knappe 10 km von der Stadt Salto entfernt.

Das 42 °C warme Wasser dient nicht nur zum Baden, sondern auch für gesundheitliche Anwendungen. Es soll gegen Rheuma helfen, dazu sind bei den Thermen auch Lasertherapie, Massage, Sauna und andere Anwendungen möglich. Acht Schwimmbäder mit Thermalwasser gibt es hier, dazu viele andere Freizeitmöglichkeiten wie Sportplätze für Tennis, Fußball und Paddle (Reservierungen Tel. 07 32/57 11). Obwohl Hotels und andere Unterkünfte zur Verfügung stehen, wird

Selbst beim Sonnenbad in den Thermen darf die mate nicht fehlen

Daymán vorwiegend von Besuchern aus dem nahegelegenen Salto aufgesucht. Die Stadt ist per lokalem Bus problemlos zu erreichen.

Salto

Die letzte größere Stadt am Ufer des Río Uruguay liegt 520 km von Montevideo entfernt. Sie ist der nördlichste Übergang nach Argentinien. Die Provinzhauptstadt hat etwa 100 000 Einwohner und ist damit die zweitgrößte Stadt Uruguays. In Salto endet die Schiffahrt auf dem Río Uruguay, da die Stromschnellen oberhalb der Stadt, die ihr und der Provinz den Namen gaben, den Fluß weitgehend abriegeln. Nur kleinere Boote können über den Stausee Salto Grande und danach den Río Uruguay bis nach Bella Unión fahren. Salto ist Zentrum eines Landwirtschaftsgebietes, in dem die Viehzucht und der Anbau von Zitrusfrüchten vorherrschen. Wirtschaftlich bedeutsam ist die Stadt auch, weil nördlich von ihr das Wasserkraftwerk Salto Grande im Río Uruguay liegt. In diesem uruguayisch-argentinischen Gemeinschaftsprojekt wird ein Großteil der Energie, die in den Orten entlang des Río Uruguay verbraucht wird, produziert. Die maximale Kapazität des Kraftwerks beträgt 1 890 000 Megawattstunden. 39 m hoch sind die Staumauern, die hier den Río Uruguay zu einem See von 78 300 ha aufstauen.

1756 wurde eine erste Siedlung am Flußufer gegründet. Die Bevölkerung wuchs schnell, in der Mehrzahl waren es Siedler aus Brasilien, Argentinien und Montevideo, die sich hier niederließen. Zahlen für 1890, die allerdings für die gesamte Provinz Salto erhoben wurden, sprechen von 30 944 Einwohnern. Die Mehrzahl von ihnen lebte aber schon damals in der Stadt. Interessant ist auch die nationale Zusammensetzung der damaligen Bevölkerung. Von den 30 994 Menschen waren 21 610 Uruguayer, 4 039 Brasilianer, 1 885 Italiener, 1 680 Argentinier, 1 152 Spanier, 373 Franzosen, 71 Engländer,

Das Kasino in Salto

69 Paraguayer, 46 Deutsche, 12 Schweizer und 7 Chilenen.

Das Departemento Salto gehört zu den am dünnsten besiedelten Regionen Uruguays, und die meisten Orte im Innern der Provinz haben auch heute noch weniger als 200 Einwohner.

Kein Wunder, daß Salto ein recht lebendiges Städtchen ist. Obwohl die richtigen Sehenswürdigkeiten fehlen, lohnt der Bummel durch die betriebsamen Einkaufsstraßen. Hauptstraßen sind die Uruguay und die Artigas, die von Ost nach West auf das Flußufer zulaufen und dabei auch die zentrale Plaza nördlich (Uruguay) und südlich (Artigas) begrenzen. Ein Bummel zum Flußufer lohnt sich. Er führt auf der Uruguay entlang. An der Ecke 18 de Julio trifft man auf das **Museo Bellas Artes** (geöffnet Di–So 14–19 Uhr), und am anderen Ende der Uruguay trifft man auf das **Teatro del Palacio Cordoba,** das heute als Kasino dient. Von dort ist es nur ein Katzensprung zum Flußufer, nach Norden und Süden schließen sich einige schöne Strände an. Zum Teil sind sie schlicht bewirtschaftet, zum Teil bieten sie die in Uruguay unverzichtbaren Grillplätze.

Südlich der Innenstadt liegt der **Parque Harriague,** in dem eine kleine Freilichtbühne und ein kleiner Zoo zu finden sind.

Nicht nur für Technikinteressierte lohnt ein Ausflug zum 18 km nördlich der Stadt gelegenen **Kraftwerk Salto Grande.** Das Werk kann besichtigt werden, erkundigen kann man sich wegen der wechselnden Zeiten am besten beim Fremdenverkehrsamt (Uruguay 1052, Tel. 40 96).

Busse

Der Busbahnhof befindet sich auf der Ecke der Straßen Latorre und Larrañaga, Tel. 29 09

Hotels (Auswahl)

Die besten sind das Gran Hotel Uruguay auf der Calle Brasil 891, Tel. 51 97, und das Gran Hotel Concordia, Uruguay 749, Tel. 27 35, gut ist auch das Hotel Español, Brasil 822, Tel. 40 48.

Information

Calle Uruguay 1052, Tel. 40 96

Post und Telefon

Das Postamt ist auf der Ecke Treinta y Tres und Artigas, Antel auf Grito de Asencio/ Ecke Uruguay.

Restaurants

Viele gute Restaurants befinden sich an der Uferpromenade, ansonsten hilft ein Rundgang über die Calles Uruguay und Artigas.

Von Salto aus führen zwei Straßen weiter nach Norden, die neue und die alte Ruta 3. Empfehlenswert ist die Fahrt über die neue Straße, sie führt zwar nicht so unmittelbar am Stausee **Lago de Salto Grande** vorbei, dafür kann man von ihr aus die Abfahrt zu den Termas del Arapey nicht verpassen. Die Landschaft wird hier flacher und weiter als zuvor, Hügel sind kaum noch zu sehen. Je weiter man nach Norden kommt, desto dünner wird auch der Verkehr, eine halbe Stunde

über die Hauptstraße ohne Gegenverkehr ist nichts Ungewöhnliches. Nach etwa 55 km überquert man den Río Arapey und hat nach Westen einen schönen Blick auf den großen flachen Stausee Lago de Salto Grande. Die Ufer sind flach, der See scheint direkt auf den Weiden zu liegen.

Wenige Kilometer später zweigt nach rechts die schmale Straße zu den Termas del Arapey ab. Je weiter man sich vom Fluß entfernt, desto dünner ist die Region besiedelt. Unendlich erscheinen die Weideflächen, nur die Zäune, die parallel zur Straße verlaufen, geben dem Blick die Möglichkeit, sich festzuhalten.

Entlang der Straße gibt es auf beiden Seiten noch vor den eigentlichen, durch Zäune abgetrennten Weiden eine etwa 10–15 m breite Wiesenfläche. Auf diesen Wegen wurde früher das Vieh überland zu den Schlachthöfen getrieben. Auch heute sieht man ab und an hier Gauchos das Vieh entlangtreiben.

In der nördlichen Hälfte des Landes, wo die Weideflächen größer werden und die Besiedlung dünner, sind auch viel mehr Ñandus zu sehen. Während man am Beginn dieser Route nur vereinzelt und mit viel Glück einen dieser Laufvögel beobachten konnte, ist das im nördlichen Binnenland, in allen dünnbesiedelten Regionen, problemlos möglich. Friedlich weiden die Ñandus zwischen Schafen und Rindern, wenig scheu lassen sie sich auch vom Auto aus betrachten.

Etwa 20 km sind es bis zu den Termas del Arapey, 80 km etwa sind sie von Salto entfernt.

Die **Termas del Arapey** sind die schönsten, größten, ausgebautesten und beliebtesten Thermen in Uruguay. In der Hauptsaison kann es deshalb hier schon einmal zu Überfüllung kommen, aber außerhalb des Ferienmonats Januar findet sich problemlos Platz. Eine Voranmeldung ist beim Fremdenverkehrsamt von Salto möglich (Salto, Uruguay 1052, Tel. 07 32/40 96, Fax 07 32/57 40) oder auch bei verschiedenen Reisebüros in Montevideo, Colonia, Maldonado, sogar in Buenos Aires, unterschiedlichen Städten Brasiliens und in Asuncion (Paraguay).

Am Steilufer über dem Río Arapey liegen die Thermen

Badefreuden in den Termas del Arapey

Die Thermen bieten alles, was für einen Familienurlaub benötigt wird. Ein Campingplatz steht zur Verfügung, auch verschiedene andere Unterkünfte, von preiswerten *cabañas* (Hütten) mit Mehrbettzimmer, Koch- sowie Grillgelegenheit für etwa 20 US-$ über etwas teurere Bungalows (60 US-$ maximal für 4 Personen) bis hin zu Einzelunterkünften im Hotel (45 US-$ für 2 Personen). Hinzu kommen Sportanlagen für Fußball, Tennis und Paddle, Geschäfte, ein Kino, Glücksspiele, kurz: alles was zum Wohlbefinden notwendig ist.

Das Wichtigste aber ist das Wasser der warmen Themalquellen. Es ist 41 °C heiß und sprudelt in einer Menge von 86 000 Litern pro Stunde aus 725 bzw. 1 300 m Tiefe. Es ist leicht radioaktiv und kann sowohl für Trink- als auch für Badekuren angewandt werden.

Die meisten Besucher baden nur in den Thermalquellen. Die Anlagen sind sehr gepflegt angelegt. Es gibt verschiedene Schwimmbäder (Freiluft und Halle) mit unterschiedlichen Wassertemperaturen in einem schön gestalteten Landschaftspark in den Hängen oberhalb des Río Arapey.

Zurück auf der Ruta 3, wendet man sich nach Norden Richtung Bella Unión. Bald ist das Departemento Artigas erreicht. Selbst auf der Hauptstraße gibt es kaum noch Verkehr, statt dessen sieht man unendliche Weiden, Rinder, Schafe und immer wieder Ñandus, einzeln oder in kleineren Gruppen. Auch Reis und Zuckerrohr wird im Departemento Artigas angebaut.

Artigas wurde nach dem großen Nationalhelden Uruguays benannt. Die Ruta 3 heißt ebenfalls nach ihm, sie zeichnet in etwa den Verlauf des Rückzugs von Artigas aus Montevideo nach (S. 29). Schon vorher war der Nordwesten des Landes das Kerngebiet von Artigas' Macht gewesen. Hier war der spätere Volksheld als Schmuggler aktiv gewesen, hier hatte er sein Heer rekrutiert. Im Departemento selbst sind die ältesten Spuren menschlicher Besiedelung in Uruguay zu finden. Es handelt sich um den sogenannten »Hombre

Kiosk und Bushaltestelle in Salto

catalaniense«, der vermutlich zwischen 15 000 und 9 000 v. Chr. hier lebte. Später lebten Indianer hier, nach den beiden Volksstämmen sind der Río Cuareim und der Río Arapey, die Grenzflüsse nach Brasilen bzw. zum uruguayischen Departemento Salto, benannt. Die ersten Europäer waren die Jesuiten, die 1720 kamen.

Nach Osten zweigt die Straße nach Tomás Gomensoro ab, geradeaus weiter ist nach 23 km **Bella Unión,** die Grenzstadt zu Brasilien, erreicht. Der Ausdruck Stadt ist trotz der knapp 10 000 Bewohner übertrieben, Bella Unión – 601 km von Montevideo entfernt – ist eher ein kleines, staubiges Provinznest. Eine Brücke führt über den Río Cuareim nach Brasilien. In Bella Unión selbst gibt es wenig zu sehen. Wenn man Glück hat, ist **Markt** (ständig wechselnde Termine), dann können Waren aus Brasilien gekauft werden. Aber Bella Unión ist nicht so ein Handelsort wie beispielsweise die Grenzstadt Rivera (S. 199). Ein Mittelklasse-Hotel gibt es hier, das Oriente (General Rivera 1291), nur wenige Restaurants. Der Rundgang durch die Stadt ist schnell gemacht: Über die General Artigas nach Westen bis zum Park vor dem Ufer des Río Uruguay, dann über die Rivera zurück.

Von Bella Unión führt der Weg nach Süden, zunächst über die Ruta 3, aber nach wenigen Kilometern zweigt man nach Osten auf eine kleinere Straße ab, die parallel zur Eisenbahnlinie verläuft. Die Straße ist zunächst asphaltiert, doch nach etwa 30 km hört der Straßenbelag auf, es beginnt eine Schotterpiste. Nach weiteren 5 km folgt eine Straßenkreuzung mit einer weiteren Schotterpiste. Hier muß man aufpassen, denn die Kreuzung ist leicht zu übersehen. An dieser Kreuzung biegt man nach links (nach Osten) Richtung Artigas ab, weg von der Eisenbahnlinie; es beginnt eine längere, gut 70 km weite, staubige Fahrt über Schotter auf der Ruta 30.

Nächste Doppelseite:
Weiden nördlich von Salto, im Vordergrund ein etwa 1,5 m großer Ñandu

Unterwegs gibt es keine Orte, keine einzelnen Häuser, nur endlos erscheinende Weideflächen, unterbrochen vielleicht von einem kleinen Schotterweg, der zu einer Estanzia führt.

Insgesamt sind es etwa 140 km von Bella Unión bis nach Artigas, mit dem Pkw braucht man aber doch gut zwei Stunden für die Fahrt.

Artigas, auf direktem Weg 612 km von Montevideo entfernt, ist die Hauptstadt des gleichnamigen Departementos und wie Bella Unión Grenzstadt zu Brasilien. Der Río Cuareim trennt die Stadt von ihrem brasilianischen Gegenüber Quaraí. Artigas hat etwa 25 000 Einwohner und ist ein wichtiger Handelsplatz für den Warenaustausch mit Brasilien. Die Stadt hat den üblichen regelmäßigen Plan, Hauptstraße ist die Avenida Lecueder, die von Süd nach Nord zur Puente International de la Concordia führt. Dort finden sich ein schöner Badestrand am Flußufer sowie Plätze für Picknick und die obligatorische Parrillada.

In der Region um Artigas werden die meisten **Halbedelsteine** wie Achate und Amethyste gefördert. In der Avenida Lecueder 349 gibt es ein Geschäft (Tel. 37 98), das Besuche eines Halbedelsteinbruches arrangieren kann.

Aufgrund der Nähe zu Brasilien werden bestimmte Feste wie Karneval und Iemanya (S. 68) in Artigas größer als in anderen Orten gefeiert. Und wie alle Orte direkt an der brasilianischen Grenze besitzt Artigas ein Spielcasino (Río Branco 257).

Busverbindungen von Artigas gibt es nach Montevideo, Bella Unión und Rivera; die drei Hotels liegen in der Lecueder 507 (Hotel del Norte) und in zwei Stichstraßen der Hauptstraße, der Luis Alberto de Herrera 292 (Hotel Municipal) und Lavalleja 466 (Hotel Ramón Correa).

Die Ruta 30 führt von Artigas aus in südöstlicher Richtung nach Rivera. Etwa 50 km hinter der Stadt überquert man den Arroyo Catalán Chico und gelangt in ein Gebiet, in dem mit viel Glück noch Zeugnisse der Urbevölkerung, des »Hombre catalaniense« (S. 194), aufzuspüren sind. Unter anderem sind Messer, Äxte und bearbeitete Steine zu finden.

Bei dem kleinen Ort **Masoller** überschreitet man die Grenze zum Departemento Rivera. Die Gegend ist auch hier zunächst eine weite Weidenlandschaft. Aber nach ungefähr 10 km (120 km von Artigas) ändert sich das Bild. Die leichte Hochebene, auf der man sich die ganze Zeit bewegte, fällt plötzlich ab. Einzelne Tafelberge und Bergkegel, die ebenfalls mit Weide bewachsen sind, stehen wie große Hüte in der Landschaft – die **Cuchilla de Haedo,** einer

der großen Höhenrücken in der ansonsten gleichförmigen, höchstens gewellten Landschaft ist erreicht.

Rivera ist das gebirgigste Departemento Uruguays. Zwar gibt es auch dort keine hohen Berge, aber plötzliche kleinere Abbrüche oder kegelförmige, alleinstehende Hügel sind keine Seltenheit. Ausläufer der Cuchilla de Haedo und der kleineren, weiter östlich liegenden Cuchilla del Hospital durchziehen die Provinz.

146 km hinter Artigas wird die Ruta 5, die nach General Fructuoso Rivera benannt wurde, erreicht. Sie ist die direkte Verbindung zwischen Montevideo und der Stadt Rivera. 501 km trennen die beiden Städte, 43 km sind es von dieser Straßenkreuzung aus nach Norden bis Rivera.

Rivera

Rivera ist die wichtigste der drei Grenzstädte im Norden Uruguays. Zwischen Uruguay und Brasilien verläuft hier keine natürliche Grenze wie mit dem Río Cuareim in Bella Unión oder Artigas. Hier verbindet eher, als daß sie trennt, eine breite Straße mit Mittelstreifen das uruguayische Rivera und das brasilianische Gegenüber Santana do Livramento. Die eine Straßenseite ist portugiesisch, die andere spanisch beschriftet. Auf der uruguayischen Seite lockt das **Kasino** – Glücksspiele sind in Brasilien verboten –, auf der brasilianischen Seite locken große **Supermärkte** – Lebensmittel, Arzneien, fast alle Dinge des täglichen Bedarfs sind in Brasilien wesentlich billiger.

Die Grenzstraße Brasilien–Uruguay in Rivera: Im Vordergrund Straßenstände auf der brasilianischen Seite, im Hintergrund auf der uruguayischen Seite lockt das Spielkasino

Um den Handel auf der uruguayischen Seite anzukurbeln, wurde Rivera zur Freihandelszone erklärt. Die Stadt ist ein einziger Duty-free-Shop. Wer teures, französisches Parfüm liebt, eine neue Kamera, ein Faxgerät oder einen Walkman braucht, fährt auch von Montevideo aus hierhin. Reisende können sich in Rivera mit neuen Filmen eindecken, die hier zwar immer noch teurer sind als zu Hause, aber wesentlich billiger als in Montevideo oder anderen Städten. Die Zollkontrolle findet bei der Einreise nach bzw. Ausreise von Rivera statt. Kein Ausweis wird beim Grenzübertritt innerhalb der Stadt benötigt.

Die wichtigste Straße ist die **Avenida Sarandí.** Sie führt von Süd nach Nord an den Plätzen Flores und Artigas vorbei zum **Parque Internacional,** der Grenze zwischen Uruguay und Brasilien. Die **Plaza Artigas** ist das Zentrum der urguayischen Stadt, wirklicher Mittelpunkt ist aber der Parque Internacional, der von zahlreichen Verkaufsständen gesäumt ist. Auf der Avenida Sarandí liegen die meisten Duty-free-Shops, auf ihrer Verlängerung in Brasilien einige große Supermärkte.

Hotels

Nuevo Hotel, Ituzaingó 411, Tel. 30 56
Hotel Uruguay-Brasil, Sarandí 440, Tel. 30 68
Casablanca, Sarandí 484, Tel. 32 21

Grabhügel in der Nähe von Tacuarembó

Sarandí, Sarandí 777, Tel. 35 21

Casino, 33 Orientales 974, Tel. 30 60

Die Hotels sind in Brasilien jedoch billiger, direkt hinter der Grenze locken einige Hotelschilder.

Bus

Der Busbahnhof ist in der Uruguay zwischen M. Vera und Artigas. Verbindungen gibt es nach Artigas und Montevideo.

Post und Telefon

Das Postamt befindet sich auf der Sarandí, Antel hat das Büro auf der Agraciada 606.

Information

Dirección de Turismo, Cultura y Deporte, Anolles 328

Wir verlassen Rivera über die Ruta 5 in Richtung Süden. Die Straße ist sehr gut ausgebaut, sie führt durch eine hügelige Landschaft. Steile Tafelberge, unten mit Wald bewachsen, oben mit Weide, säumen die Route. 77 km hinter Rivera, bei der Einmündung der Ruta 29, die von Osten kommt, wird die Grenze zum Departemento Tacuarembó überschritten. Die Provinz Tacuarembó ist die größte Provinz Uruguays. Im Norden ist sie geprägt durch die Ausläufer der Cuchillas, nach Süden hin wird die Landschaft ruhiger.

Die Provinzhauptstadt **Tacuarembó** hat etwa 30 000 Einwohner. Sie ist 390 km von Montevideo entfernt, 114 km sind es von Rivera. Tacuarembó ist ein wichtiger Viehumschlagplatz, hier kreuzt sich die Ruta 5 mit der wichtigen Fernstraße Ruta 26 von Paysandú nach Melo und Río Branco. Außerdem ist der Ort regionales Zentrum, in dem die Landbewohner ihre Besorgungen machen. Wie in allen Landstädten ist der Verkehr nicht groß, statt Autos werden auch hier oft Pferdekarren benutzt.

Die Stadt hat den üblichen, regelmäßigen Grundriß, allerdings mit zwei Plätzen. Zentraler Platz ist die **Plaza 19 de Abril,** an der sich auch die Touristeninformation befindet. Entlang der Plaza führen die beiden Straßen 25 de Mayo und 18 de Julio nach Süden zur Plaza Colón, nach Norden bis zum Ufer des Arroyo Tacuarembó Chico, wo auch der Parque Rodó liegt.

Sehenswert sind das **Museo del Indio y Gaucho** (Flores/Ecke Artigas, geöffnet Mo–Fr 14–18 Uhr, Sa und So 10–13 Uhr) und das alljährlich Ende März stattfindende **Gaucho-Festival,** bei dem neben Gauchovorführungen auch Umzüge veranstaltet werden.

Tacuarembó liegt auf der Busstrecke von Montevideo nach Rivera, das Büro der Busgesellschaft Onda ist auf der 18 de Julio/Ecke Herrera, das von Chadre auf der Suárez/Ecke 25 de Mayo. Zwei Hotels bieten Unterkünfte, das Central, General Flores 300, Tel. 23 41, und das Tacuarembó, 18 de Julio 133, Tel. 29 45.

Bevor man auf der Ruta 5 weiter nach Süden fährt, bietet sich ein kleiner Abstecher zum Valle del Eden an.

Abstecher zum Valle del Eden
(Hin- und Rückfahrt insgesamt 90 km)

Das Tal liegt etwa 30 km westlich der Stadt Rivera, an der Ruta 26 nach Paysandú. Das malerische Tal des Arroyo Jabonería mit einem kleinen, fast subtropischen Wald wird überspannt von einer schwingenden Hängebrücke aus Holz. Hier befinden

Ein Badeparadies: der Stausee bei Paso de los Toros

sichauch einige kleinere Berge, in denen die Indianer in früheren Zeiten ihre Toten beerdigten.

Auf demselben Weg zurückgekehrt auf die Ruta 5, führt die weitere Fahrt nach Süden, Richtung Paso de los Toros und zum Stausee Lago de Rincón del Bonete. Zunächst bleibt die Landschaft hügelig, später wird sie leicht wellig, dann flach wie ein Pfannkuchen. Der Weg führt an kleineren Ortschaften vorbei, meist wohnen hier Leute, die auf den Estanzias in der Umgebung arbeiten. Nach 205 km auf gut ausgebauter Straße ist

Paso de los Toros erreicht (249 km von Montevideo).

Die Kleinstadt (15 000 Einwohner) zwischen den beiden künstlichen Stauseen im Río Negro ist normalerweise eher ein verschlafenes Nest. Nur wenige Male im Jahr verwandelt sich der Ort, und um die neugotische **Kirche Santa Isabell** wird es ein wenig hektisch: Zehntausende von Schafen werden hier verladen, und das verkehrsgünstig an Hauptstraße und Eisenbahnlinie gelegene Paso de los Toros rühmt sich dann zu Recht, das »Centro Ovejero del Pais« (das Zentrum der Schafzucht des Landes) zu sein.

Der Tourismus in Paso de los Toros ist gering. Zwei Hotels gibt es in der Stadt, das Sayonara auf der Sarandí/ Ecke Rivera ist teurer, das an derselben Ecke liegende Italiano ist billiger.

Reizvoll ist jedoch weniger die Stadt als ihre Umgebung. Nur 5 km östlich liegt der **Staudamm des Río Negro** mit dem **Wasserkraftwerk Rincón del Bonete.** Hier wird der Großteil der Elektrizität Uruguays erzeugt. Schon vor dem Staudamm ist ein kleiner Park am Seeufer mit Kinderspielplatz, Liegewiese, Grill- und Picknickplätzen angelegt. Der Staudamm läßt sich zu Fuß oder mit dem Pkw überqueren. Man gelangt in einen kleinen Mischwald aus Eukalyptus und Kiefern direkt am Wasser. Nur wenige Menschen verlieren sich am schönen Sandstrand; die Bäume reichen fast bis zum Wasser, der feine Sand ebenfalls. Das Wasser ist warm, die Uferlinie flach, und kein Bootsverkehr stört die Ruhe.

Hinter Paso de los Toros führt die Ruta 5 parallel zur Eisenbahn weiter Richtung Süden, vorbei an Viehweiden. Nach etwas über 60 km wird der Río Yí überquert, nach 65 km ist Durazno, die Hauptstadt der gleichnamigen Provinz, erreicht. 183 km sind es von hier nur noch bis Montevideo.

Durazno

Durazno wurde auf Befehl des Generals Fructuoso Rivera am 12. Oktober 1821 gegründet. Der uruguayische Präsident wollte durch die Stadtgründung die strategisch wichtige Stelle südlich des Río Yí besetzen. Heute findet an dem Gründungstag (12. Oktober) jedes Jahr ein großes internationales Folklorefestival statt.

Durazno ist eine nette Kleinstadt (25 000 Einwohner) mit zahlreichen platanengesäumten Straßen und vielen Kolonialzeitbauten. Die Hauptstraßen sind die Artigas und die 18 de Julio, sie führen direkt am Hauptplatz vorbei. Interessant ist auch das **Viehauktionsgelände,** das etwas vor der Stadt liegt. Die Zufahrt erfolgt über die schöne, platanenbestandene Avenida Winston Churchill, auf der auch zahlreiche Skulpturen zu bewundern sind. Bei Viehauktionen ist hier das originäre Landleben anzutreffen.

Hauptsehenswürdigkeit der Stadt ist der außerhalb an der Ruta 5, auf Höhe von km 182,5 liegende **Zoo.** Er ist etwas klein, die Gehege auch, aber er bietet einen guten Überblick über die einheimische Vogelwelt.

Bus

Es gibt fast stündlich eine Verbindung nach Montevideo. Nuñez hat das Büro an der Ecke Zorrilla/18 de Julio, Chadre auf der 18 de Julio 593.

Hotels

Central, Manuel Oribe 699, Tel. 23 67

Durazno, Herrera 947, Tel. 20 40

Post und Telefon

Das Postamt ist auf der Rivera 428, Antel auf der Ecke Rivera/Zorrilla.

Statt direkt weiter nach Florida und Montevideo zu fahren, ist ein längerer Abstecher über die Ruta 14 nach Trini-

Granitsäulen stützen die Gruta del Palacio

dad und dann weiter zum zweiten großen Stausee im Río Negro möglich.

Abstecher nach Trinidad und zum Lago artificial de Paso del Palmar
(Hin- und Rückfahrt insgesamt 200 km)

Man verläßt Durazno auf der Ruta 14 Richtung Westen. Nach einigen Kilometern schon überquert man die Grenze des Departemento Durazno und kommt ins Departemento Flores. Flores ist die jüngste der 19 uruguayischen Provinzen. Zu Beginn des 19. Jh. gehörte das Gebiet der heutigen Provinz fast vollständig zur Estanzia von Francisco Alazayar und Miguel Ingnacio de la Cuadra. Erst am 30. Dezember 1885 wurde das Departemento Flores gegründet. Die kleine Provinz ist nur dünn besiedelt. Sie hat etwa 25 000 Einwohner, davon leben allein 20 000 in der Hauptstadt Trinidad.

Trinidad liegt 42 km von Durazno entfernt, 188 km sind es auf direkter Strecke nach Montevideo. Die hübsche Kleinstadt besitzt nur wenige touristische Attraktionen, einige schöne **Kolonialbauten** und die mächtige zweitürmige **Kathedrale** am Hauptplatz, vor der das obligatorische Denkmal für José Artigas steht. Im **Parque Centenario** lockt ein buntes Freizeitangebot mit Tennis-, Fußball- und Paddleplätzen, Grillhütten und sogar einer Schlittschuhbahn. An jedem ersten Montag im Monat findet in den schönen Viehauktionsanlagen von Trinidad ein großer Viehmarkt statt, bei dem häufig bis zu 10 000 Tiere (Kühe, Rinder, Pferde, Schafe) versteigert werden.

Trinidad liegt an der Strecke Montevideo–Paysandú, daher sind die Busverbindungen gut. Einziges Hotel ist das Hotel Gran Flores in der Luis A. de Herrera 612, Tel. 26 54.

Von Trinidad führt die Ruta 3 Richtung Paysandú zum zweiten großen Stausee im Río Negro. Zunächst geht es nach Norden, nach etwa 40 km zweigt links die Straße ab zur Gruta del Palacio. Die **Gruta del Palacio** ist eine geologisch einzigartige Gesteinsformation, die etwa 70 Mill. Jahre alt ist. Sie besteht aus senkrecht stehenden Granitsäulen, deren Zwischenräume mit weicherem Gestein verfüllt waren. Wasser spülte dieses weichere Gestein heraus, der härtere Granit blieb stehen, und so entstand die Säulenformation. Man kann einige Meter in die Höhle hineinlaufen, das Tageslicht reicht allerdings nicht aus. Im Innern soll sich ein größerer See befinden. Früher war die Grotte ein beliebtes Touristenziel, zur Zeit wird aber die Umgebung der Grotte renaturalisiert, daher ist der Zugang limitiert (am Eingang fragen).

Kurz hinter der Grotte erreicht man bald den **Lago artificial de Paso del Palmar.** Links liegt das Dorf **Andresito,** eine Neugründung, da das ursprüngliche Dorf Andresito bei der Flutung des flachen Tals überschwemmt wurde. Ein Motel lädt zu einem Aufenthalt ein. Der See selbst eignet sich dank seiner flachen Ufer hervorragend zum Baden. An der Nordseite des Sees, der hier von der Autobrücke überspannt wird, kann man öfter beobachten, wie Viehzüchter ihre Tiere säubern und desinfizieren. Alle Tiertransporte müssen hier anhalten, da es nördlich des Río Negro eine durch Moskitos verbreitete Tierkrankheit gibt, die im Süden unbekannt ist. Um diese nicht einzuschleppen, müssen alle Tiere gereinigt werden.

Auf gleichem Wege zurückgekehrt nach Durazno, wendet man sich nach Süden auf die Ruta 5 und erreicht nach 87 km Fahrt durch eine flachgewellte Weidelandschaft die Stadt Florida, Hauptstadt der gleichnamigen Provinz.

Florida

Das Departemento Florida hat etwa 70 000 Einwohner, etwa ein Drittel davon lebt in der Hauptstadt. Die Stadt Florida ist für die uruguayische Ge-

schichte bedeutsam. Hier wurde am 25. August 1825 die Unabhängigkeit des Landes verkündet. Östlich der Innenstadt, im **Prado Piedra Alto,** erinnert ein glattpolierter Granit an dieses historische Ereignis. Dort befindet sich auch das **Teatro de Verano,** eine Freilichtbühne für mehr als 1 000 Besucher.

Der Prado Piedra Alta grenzt an den Río Santa Lucía Chico. Östlich vom Fluß liegt der **Parque Robaina** mit schönen Freizeitmöglichkeiten. Hier finden sich Tennis- und Volleyballplätze, Grillstellen, Restaurants und Strände am Fluß.

Hauptsehenswürdigkeit innerhalb der Stadt ist die **Basílica Nuestra Señora del Lujan.** Durch eine mächtige Bronzetüre betritt man die Kathedrale, die 1894 von Don Andrés Martínucci erbaut wurde. Im Innern fallen die Malereien von Don Arquimedes Vitales auf.

Höhepunkt des Festjahres in Florida sind der 2. und 3. Juni. Dann wird das Fest des San Cono gefeiert. Der Heilige wurde Ende des 19. Jh. in Salerno (Italien) geboren. Er entschied sich früh dazu, Priester zu werden und ein gottesfürchtiges Leben zu führen. In der Nacht zum 2. Juni hatte der damals Achtzehnjährige eine Himmelserscheinung. Sein Tod wurde ihm angekündigt, und einen Tag später starb er. Die **Kapelle** auf der Ecke J. E. Rodo und C. Lacosta erinnert an ihn. Dort ist ein Bild von ihm aus Palermo (Italien) ausgestellt. Jedes Jahr am 2. und 3. Juni ruht das öffentliche Leben in der Stadt. Die Kinder haben schulfrei, und Tausende von Pilgern bringen dem Heiligen ihre Verehrung dar.

Südlich der Stadt wird der Río Santa Lucía zu einem schönen See gestaut.

Hotels

Español, José E. Rodo 360, Tel. 22 62

Giant, A. Fernández/Ecke Rivera

Bus

Der Busbahnhof befindet sich an der Ecke Batlle y Ordóñez und Luis A. de Herrera. Gute Verbindungen bestehen nach Montevideo und Durazno.

Auf den Estanzias dienen Pferde als wichtige Arbeitstiere

Südlich von Florida gerät man schon fast in den Sog der uruguayischen Hauptstadt. Florida liegt nur knapp 100 km von Montevideo entfernt, mit jedem Kilometer, den man sich auf der Ruta 5 der Hauptstadt nähert, nimmt der Verkehr zu, und auch die großflächige Weidelandschaft verliert sich mehr und mehr. Bald ist die Grenze nach Canelones überschritten; hier in der Provinz, die Montevideo am nächsten ist, dominiert nicht mehr die Rinderzucht, sondern der Ackerbau. Statt auf 1 000 oder gar 2 000 ha Land wie auf den großen Estanzias wird hier auf 25–50 ha Obst, Gemüse und Wein angebaut, dazu kommen Milchwirtschaft, Geflügelzucht, Mais-, Tabak- und Zuckerrübenanbau. Die Gegend ist eher zersiedelt, überall gibt es auch kleinere Industriebetriebe, die landwirtschaftliche Produkte verarbeiten. Canelones ist die nach Montevideo kleinste Provinz, allerdings mit den – ebenfalls nach Montevideo – meisten Einwohnern.

Kurz vor der Hauptstadt Canelones trifft man bei km 54 an der Ruta 5 auf die **Represa del Canelon Grande.** Hier, in dem schönen Park um den Stausee, lohnt ein Zwischenstopp. Im Oktober finden auf dem See die nationalen Segel- und Ruderregatten statt.

Canelones

Die Hauptstadt **Canelones** ist von Florida aus nach 53 km erreicht, bis Montevideo bleiben noch 46 km. Canelones hat 17 000 Einwohner und ist damit nur die drittgrößte Stadt der Provinz: Las Piedras direkt an der Grenze zu Montevideo hat 58 000 Einwohner, und die weiter östlich im Departemento, ebenfalls näher an Montevideo gelegene Stadt Pando hat 20 000 Einwohner.

Canelones hat den Standard-Schachbrett-Stadtplan fast aller Städte in Uruguay. In der Mitte liegt die Plaza; die kleine Innenstadt besteht aus je drei Straßen, die parallel zur Plaza in allen vier Himmelsrichtungen liegen. Nach Norden Dr. Tomás Berreta, Tolentino González und Héctor Miranda; nach Osten Treinta y Tres, Florencio Sánchez und Luis A. de Herrera; nach Süden J. E. Rodó, José Artigas und Joaquin Suárez; nach Westen José Batlle y Ordóñez, Baltasar Brum und Francisco Soca.

In diesem Straßengeviert liegen alle bedeutenden Sehenswürdigkeiten der Stadt. Die **Kathedrale Nuestra Señora de Guadalupe** (Rodo/Ecke Batlle y Ordóñez) wurde 1834 erbaut, allerdings später immer wieder verändert. Ihre heutige Konstruktion stammt aus dem Jahr 1870. Im Innern findet man die einzige Orgel Südamerikas aus dem 19. Jh. Sie wurde 1900 hier eingebaut, geschmückt ist sie mit einem Bild der Jungfrau Maria (von 1759), das aus Cuzco (Peru) stammt.

Außer der Kathedrale gibt es noch einige andere Bauten aus dem frühen 19. Jh. Sehenswert sind das **Teatro Colon** (Berreta/Ecke Treinta y Tres) und die **Escuela 199** (Treinta y Tres/Ecke Rodó). Die heutige Jefatura de Policia (Berreta/Ecke Batlle y Ordóñez) war Sitz der ersten nationalen Regierung von Uruguay im Jahre 1813.

Über die gut und autobahnähnlich ausgebaute Ruta 5 erreicht man nach knapp 50 km wieder Montevideo, den Ausgangspunkt der Rundfahrt.

Gauchos bei der Arbeit auf einer Estanzia

Nächste Doppelseite: In den Sumpfgebieten von Rocha

Durch den Osten Uruguays

Route 3: Durch den Osten Uruguays
Montevideo – Ruta Panorámica – San Carlos – Punta del Este – Laguna Garzón – Laguna de Rocha – Rocha – (Cerro Catedral) – La Paloma – Cabo Polonio – Monte de Ombues – Aguas Dulces – (Fortalezza Santa Teresa – Punta del Diablo) – Chuy – Fuerte de San Miguel – Cebollati – Treinta y Tres – Quebrada de los Cuervos – Melo – (Antigua Postal de Chuy– Lago Merín) – Montevideo
(ca. 1 200 km, mit Abstechern ca. 1 540 km)

Zu Beginn berührt die Route nicht die Badeorte am Río de la Plata, diese sind ausführlich im Kapitel »Route 1: Von Montevideo bis Punta del Este« (S. 148) beschrieben.

Man verläßt Montevideo über die Ruta 8 Richtung Pando. Die Stadtgrenze von Montevideo ist bald erreicht, aber die Region bleibt auch im Departemento Canelones dicht besiedelt. Die zweitgrößte Stadt des Departementos ist **Pando** (20 000 Einwohner), sie

Durch den Osten Uruguays

bietet wenig Sehenswertes und wird daher ausgelassen. Nach 67 km ist die Kreuzung mit der Ruta 9, die nach Osten zu den Badeorten in Maldonado führt, erreicht. Man folgt weiterhin der Ruta 8 Richtung Minas und überschreitet nach wenigen Kilometern die Grenze des Departemento Canelones zum Departemento Lavalleja. Etwa 90 km hinter Montevideo folgt die Kreuzung der Ruta 8 mit der Ruta 81. Hier wendet man sich nach rechts und fährt weiter auf der Ruta 81 Richtung Osten. Die Straße ist nicht sehr gut ausgebaut, teilweise nur Schotterpiste, teilweise Asphalt, allerdings mit Schlaglöchern. **Ruta Panorámica** heißt diese Strecke aber nicht zu Unrecht, es ergeben sich immer wieder schöne Ausblicke auf die Berglandschaft. Hier wirkt Uruguay nicht wie ein weites Land, hier gibt es sanfte und schroffere Hügel, kleine Felder statt riesiger Weiden, kleine Höfe, ein wenig Ackerbau, immer wieder Flußläufe, an deren Rändern Naturwälder wachsen. Die Ruta Panorámica ist nicht lang, nach 25 km ist die Ruta 60, die nach Süden Richtung Pan de Azúcar (S. 155) führt, erreicht.

Bei Pan de Azúcar wendet man sich auf der Ruta 9 nach Osten, fährt im Norden an der **Laguna del Sauce** (S. 158) vorbei und gelangt nach gut 30 km in die Stadt **San Carlos,** eine der ältesten Städte in Uruguay. 1763 wurde sie auf Veranlassung des Gouverneurs

Die Pferde werden von der Weide zur Estanzia getrieben

Hügellandschaft an der Ruta Panorámica

von Buenos Aires Don Pedro de Ceballos gegründet, knappe 40 Jahre später als Montevideo. Sie diente zur weiteren Absicherung des spanischen Einflusses am Ostufer des Río de la Plata. Ihren Namen erhielt die Stadt nach dem spanischen Bourbonenkönig Carlos III. Die ersten Bewohner waren seltsamerweise Portugiesen, die meisten kamen von den Azoren.

Die größte Sehenswürdigkeit der Stadt ist die **Iglesia de San Carlos** an der Plaza Artigas, die ab 1778 erbaut und 1804 geweiht wurde. Die weißgetünchte Kirche mit den beiden Türmen ist im Innern eher schlicht, aber dennoch eindrucksvoll. Von San Carlos wendet man sich auf der Ruta 39 nach Süden und erreicht nach ungefähr 15 km bei Punta del Este (S. 162) den Atlantik. Von nun an folgt die Strecke auf der Ruta 10 erst einmal dem Verlauf der Küste Richtung Osten. Kurz hinter Punta wird die schön geschwungene

Brücke über die Barra de Maldonado überquert. Hier sind noch die Ausläufer von Punta del Este zu spüren. Die Badeorte sind klein und teuer, in der Saison überfüllt, die Häuser sind noch ähnlich luxuriös wie in Punta del Este.

Allmählich verliert sich das, der Strand wird freier, und bei Santa Monica, 30 km hinter Punta, ist – zumindest außerhalb der Hochsaison – vom Tourismusgiganten Punta nichts mehr zu spüren. Kilometerlang folgen weiße, leere Sandstrände, auf vereinzelten Schildern am Straßenrand wird Grund und Boden zum Verkauf angeboten. Ins Landesinnere schließen sich große Weideflächen mit einzelnen Baumgruppen an.

Lagunenlandschaft in Rocha: Hinter der Sanddüne ist das Meer zu erkennen

Zu den Lagunen

Die Ruta 10 verläuft vorbei an der **Laguna José Ignacio** entlang der Küste; sie wird allerdings durch die **Laguna Garzón** und die **Laguna de Rocha** unterbrochen. Da hier keine Brücken über die Lagunen führen – mit etwas Glück verkehrt auf der Laguna Garzón eine kleine Fähre –, muß man über Stichstraßen zurück ins Landesinnere fahren, dort weiter auf der Ruta 9 und

Mit eigenartigem Schwung überwindet die Brücke die Barra de Maldonado

über weitere Stichstraßen wieder zurück zur Küste. Das ist etwas aufwendig, doch der Weg zurück zu den zahlreichen Lagunen lohnt sich.

Die Lagunen hier sind flache Süß- und Brackwasserreservoirs, die meist einen kleinen Zufluß haben und normalerweise nicht immer mit dem Meer verbunden sind. Der Atlantik wirft Sand an die Küste, und es entsteht ein Damm zwischen Lagune und Meer. In der Lagune steigt daraufhin das Wasser wegen des fehlenden Abflusses immer mehr an; wenn der Wasserspiegel hoch genug gestiegen ist, überwindet das Wasser diese Sanddämme, und die Lagunen können in den Atlantik entwässern.

Die Lagunen sind wertvolle, aber nicht leicht zu schützende Biotope. Sie haben ein labiles ökologisches Gleichgewicht. Sie sind fischreich und dienen vielen seltenen Vogelarten als Rückzugsgebiet. Hier in der Wasserlandschaft, weiter nördlich in der Provinz Rocha auch Wasser- und Sumpflandschaft, finden sich Flamingos, unzählige Enten- und Gänsearten, eine Artenfülle von Wasservögeln, wie sie in Europa nirgendwo zu finden ist. Dazu kommen seltene Nagetiere wie der Biber oder der fast ausschließlich in Uruguay vorkommende Carpincho, der größte Nager der Welt.

Zwischen den beiden Lagunen Garzón und Rocha locken Ruhe und Beschaulichkeit. Hier gibt es keinen Ort, keine Bar, kein Restaurant. Nur einige wilde Camper verlieren sich an den kiefernbestandenen Ufern der Lagunen; abends lassen sich Tiere beobachten, tagsüber locken die fast 40 km unberührter Sandstrand am Atlantik zwischen den beiden Lagunenmündungen. Nach Norden dehnen sich große Weideflächen aus. Einzelne Lagunen, wie die Laguna de Rocha, sollen als Naturreservate eingerichtet werden.

Rocha

Über die Ruta 9 erreicht man schließlich **Rocha,** die Hauptstadt des gleichnamigen Departementos im Osten des Landes. Rocha ist das Gebiet der Lagunen, Sümpfe *(bañados),* Wie-

senmoore und Palmenwälder. »Donde nace el Sol de la Patria« – »Wo die Sonne des Vaterlandes geboren wird« heißt es patriotisch über diese Provinz, die viele Uruguayer für die schönste ihres Landes halten. Rocha war das Gebiet, das lange und am stärksten zwischen Argentinien und Brasilien umkämpft war, daher gibt es hier einige historisch interessante Orte zu besuchen.

Die Stadt Rocha selbst, 210 km von Montevideo entfernt, ist für Touristen nur mäßig interessant. Sie ist der typische Verwaltungsort einer Region, mit dem einheitlichen, gleichmäßigen Schachbrettstadtplan, gruppiert um die Plaza. An der Plaza finden sich auch der obligatorische Club Social, die Kirche, zwei oder drei Bars und das Denkmal für José Artigas. 1793 wurde die Stadt gegründet, aber aus der über zweihundertjährigen Vergangenheit ist außer einigen Kolonialbauten in der Nähe der Plaza wenig erhalten. Interessant ist das **Museo Regional Municipal**, ein historisches und archäologisches Museum (geöffnet Di–Sa 16–18.45 Uhr).

Hotels

Trocadero, 25 de Augusto/Ecke 18 de Julio, Tel. 23 49

Centro, José P. Ramírez 152, Tel. 23 48

Méndez, Sánchez 198, Tel. 26 04

Quarahy, Ruta 9, km 207, Tel. 25 65

Von Rocha aus kann man einen Abstecher ins Landesinnere zum höch-

Gebirgslandschaft auf dem Weg zum Cerro Catedral, dem höchsten Berg des Landes (513 m)

sten Berg Uruguays, dem Cerro Catedral, unternehmen.

Abstecher zum Cerro Catedral
(Hin- und Rückfahrt insgesamt 90 km)

Über die Ruta 109, die langsam den Berg ansteigt und immer wieder schöne Ausblicke über die angrenzenden Täler bietet, wird Rocha nach Nordwesten Richtung Aiguá verlassen. Es geht vorbei an einer privaten Autorennstrecke, und nach etwa 25 km zweigt links ein Weg zum **Cerro Catedral** ab. Obwohl der Cerro Catedral, der höchste Berg des Landes, nur 513 m mißt, vermittelt die Anfahrt zum Berg schon das Gefühl einer wirklich gebirgigen Landschaft. Vorbei an Bergwiesen geht die Fahrt, die Straße ist schmal, die Kurven eng, sie windet sich teilweise wie eine Alpenstraße den Hang hinauf. Der Berg selbst kann problemlos bestiegen werden, der Blick von oben reicht weit über die Hügellandschaft. Zurück geht es wieder über die Ruta 109.

La Paloma

Von Rocha aus führt die Ruta 109 weiter zur Atlantikküste zum Badeort **La Paloma.** Der kleine Urlaubsort ist beliebt bei jüngeren Leuten, er ist wesentlich preiswerter als die Umgebung von Punta del Este, allerdings auch wesentlich ruhiger. Der Strand ist die Hauptattraktion mit seinem weißen, feinen Sand, der sich endlos auszudehnen scheint und zum Sonnenbaden einlädt. Der Atlantik ist kühler als der Río de la Plata, die Wellen sind höher, aber das Schwimmen in dem klareren Wasser ist das größere Vergnügen. Die Möwen kreischen, die Wellen spülen Muscheln an den Strand, überall suchen Angler ihr Glück, andere fahren mit Fischerbooten hinaus, und abends wird auf der kleinen Hauptstraße, der Avenida Solari, flaniert.

Die **Avenida Solari** ist die Hauptstraße der Stadt. La Paloma besitzt keine zentrale Plaza, das Zentrum ist am südlichen Ende der Avenida, wo auch das Kasino, das Postamt und die Busstation von Onda (gute Verbindungen nach Montevideo) liegen. Wichtigste Landmarke ist der große **Leuchtturm,** der bereits 1874 gebaut wurde. Er kann besichtigt werden, und zwar im Sommer täglich von 19–20 Uhr, im Winter von 18–18.15 Uhr.

Unterkunft

An Hotels herrscht kein Mangel in La Paloma. Eine aktuelle Adressen- und Preisliste ist im Touristenbüro in der Avenida Nicolás Solari/Ecke Paloma zu erhalten.

Mittelklasse-Hotels:

La Pedrera, La Pedrera, Tel. 60 28

Trocadero, Centro La Paloma, Tel. 60 07

Hotel Viola, Centro La Paloma, Tel. 60 20

La Tuna, Centro La Paloma, Tel. 60 83

Tirrenia, Centro La Paloma, Tel. 62 30

Einige Makler, die Bungalows oder Apartments für einen längeren Zeitraum vermieten:

Piemonte, Tel. 60 96

Tío Con, Tel. 60 75

Alborada, Tel. 60 93

Im Parque Andresito befindet sich ein schöner Campingplatz. Hier vermietet die Stadt auch kleine, sehr schöne und preiswerte Bungalows.

Von La Paloma führt die Ruta 10 weiter am Atlantik entlang. Hier liegen kleine Badeorte aufgereiht, sie unterscheiden sich kaum voneinander. Überall können Ferienhäuser gemietet werden, auch Fischerboote oder Pferde. Auf **Costa Azul** folgt **La Pedrera,** wo eine kleine Steilküste ins Meer abbricht, dann wieder lange Sandstrände wie bei **San Antonio** und **Atlántica.** Nachdem die Ruta 10 über 30 km am Meer entlangführte, schwenkt sie kurz vor Cabo Polonio ein wenig ins Land ein.

Cabo Polonio

Cabo Polonio liegt etwa bei km 265 an der Ruta 10, allerdings direkt am Meer, vom Hinterland durch ein großes Dünengebiet, teilweise mit Kiefernwäldern bewachsen, abgeschirmt. Mit dem Auto kann man nicht dorthin gelangen, der Zugang erfolgt entweder direkt von der Ruta 10 mit Pferd oder Pferdewagen oder über **Barra de Valizas.** Dieser kleine Ort liegt wenige Kilometer nördlich von Cabo Polonio. Er ist über eine schlechte Schotterstraße, die bei km 271,5 von der Ruta 10 abgeht, mit dem normalen Pkw zu erreichen. Von dort geht es ebenfalls nur per Pferd oder Pferdewagen weiter; möglich ist es auch, zu Fuß in einer längeren Strandwanderung von Barra de Valizas nach Cabo Polonio zu gelangen.

Cabo Polonio ist kein richtiger Urlaubsort, es ist ein kleiner, in den Atlantik vorgeschobener Flecken mit Leuchtturm. Ursprünglich ein Fischer-

Felsenküste bei Cabo Polonio

Der Leuchtturm von La Paloma

ort, ist er heute zum bevorzugten Refugium junger Aussteiger aus Uruguay, Argentinien und Brasilien geworden, die dort in selbstgebauten Holzhütten leben. Die ursprünglichen Bewohner leben vom Fischfang, überall im Ort wird Fisch auf Gestellen getrocknet.

In Cabo Polonio gibt es nur wenige Restaurants und Geschäfte, die Infrastruktur ist dürftig bis gar nicht vorhanden. Es gibt kein Telefon und kein fließendes Wasser, die 400 kleinen Häuser, die den Ort bilden, sind nicht durch Straßen miteinander verbunden. Lange, einsame und breite Sandstrände ziehen sich am Ort entlang.

Früher gab es auch die Möglichkeit, mit Allradfahrzeugen nach Cabo Polonio zu fahren. Das ist inzwischen aus Umweltschutzgründen verboten. Die Dünen sind Wanderdünen, und der große Druck der Allradfahrzeuge fährt Wege in dem Dünengebiet fest, wodurch der komplizierte Prozeß der Sandwanderung gestört wird: Der Wind treibt an der einen Seite den Sand hoch, weht ihn über die Düne hinweg und legt ihn an der windge-

Cabo Polonio besteht aus einer Handvoll verstreut liegender Häuser; im Hintergrund sind die weißen Sandstrände zu erkennen

schützten Seite wieder ab. Langsam, fast unmerklich wandert so die Düne vorwärts.

Auch der Kiefernwald, der überall um Cabo Polonio wächst, gehört eigentlich nicht in diese Region. Er wurde während der Militärdiktatur gepflanzt, mit dem Ziel, die Dünen haltbar zu machen und die Wanderung zu verhindern. Daß dadurch aber das ganze labile Gleichgewicht gestört wurde und die Dünen so über kurz oder lang verschwinden würden, hatte man nicht bedacht.

Statt mit dem Allradfahrzeug nach Cabo Polonio zu gelangen, gibt es umweltverträgliche Möglichkeiten, die mindestens genauso viel Spaß bieten. Pferdewagen können in Valizas gemietet werden, so dauert die Fahrt über die Dünen auch länger, und man kann mehr von der faszinierenden Landschaft sehen. Auch an der Ruta 10 gibt es kleine Unternehmen, die mit dem Pferdewagen fahren. Die vielleicht schönste Möglichkeit ist, sich in Valizas ein Pferd zu leihen und nach Cabo Polonio zu reiten. Auch an der Ruta 10 werden Pferde verliehen, z. B. von Abel Rivero bei km 265,5.

Bei km 267,17, also noch kurz vor der Zufahrt nach Barra de Valizas, überquert man einen kleinen Fluß, den Arroyo Valizas. Der Fluß ist die Verbindung zwischen der links der Straße liegenden **Laguna de Castillos** und dem Atlantik.

Am Fluß stehen einige kleine Hütten der Fischer, die auf der Laguna de Castillos fischen. Von hier sind auch Fahrten mit dem Fischerboot zum nahegelegenen **Monte de Ombues** möglich. Die Bootsmiete kostet etwa 20 US-$, es können bis zu fünf Personen mitfahren. Der Monte de Ombues, der Ombú-Wald, ist eine kleine Natursensation. Die Ombú-Bäume, die mit ihren weit ausladenden Kronen, ihren verwinkelt wachsenden Ästen und Wurzeln und den dicken Stämmen wie aus einem Märchenbuch mit Trollen und Feen entnommen zu sein scheinen, wachsen normalerweise selten in ganzen Wäldern zusammen. Der Baum steht meistens alleine, inmitten anderer Gewächse. Hier im Ombú-Wald sind die ältesten Exemplare 500 Jahre alt, sie haben mächtige Stämme, sind aber nicht hoch gewachsen. Ombú-Bäume sehen fest aus, haben aber keinen ökonomischen Nutzen. Ihr Holz ist kein richtiges Holz, die Stämme und Äste bestehen nur aus dicken Schichten von Rinde.

Schon die Bootsfahrt zum Wald ist wunderschön. Der Arroyo Valizas schlängelt sich durch die Weiden, Fischreiher, Enten und Rinder beobachten interessiert das Boot. Netze laufen quer durch den Fluß, die Fischer sind auf den Fang von Süßwasserkrabben spezialisiert. Der Ombú-Wald liegt direkt vor der Laguna de Castillos. Auf die Lagune selbst darf man als Tourist nicht, sie ist Naturschutzgebiet, und nur die Fischer dürfen dort arbeiten. Die Lagune selbst ist mehr als 10 000 ha groß. Ihr Wasserspiegel ist unterschiedlich hoch, je nachdem, ob die Verbindung zum Meer gegeben ist. Im Frühjahr, nach den Regenfällen im Winter, überschwemmt der Arroyo Valizas den Sanddamm, den das Meer vor seinen Ausfluß geschwemmt hat.

Im Monte de Ombues: Die Ombú-Bäume wachsen in bizarren Formationen

Ein Ombú-Baum; gut sichtbar ist, daß der Stamm nur aus zahlreichen Rindenschichten besteht

Aguas Dulces

Von Cabo Polonio geht es weiter auf der Ruta 10. Sie endet wenige Kilometer später, dort trifft sie auf die Ruta 16, die nach rechts zum Meer, nach links ins Land nach Castillos führt. Rechts liegt Aguas Dulces, ein kleiner Bade- und Fischerort, der nur aus einigen Häusern besteht. Unterkünfte gibt es im Hotel Gainford (nicht zu verfehlen) oder auf einem Campingplatz, am besten nimmt man aber eines der vielen privat vermieteten Apartments (z. B. bei Cosme Emilio Sena, Sector D 946, Tel. 0475/9006). Aguas Dulces ist der richtige Platz, um einige ruhige Tage mit Baden, Strandspaziergängen und Ausflügen in die Umgebung zu verbringen.

In Aguas Dulces haben sich viele Uruguayer ihre Ferienhäuser einfach auf den Strand gebaut. Sie sind meist mit Holzpfählen tief im Sand veran-

kert, teilweise auch direkt am Dünenhang, und tragen poetische Namen wie »gegen Wind und Meer«. Wind und Meer setzen diesen Häusern auch heftig zu, jedes Jahr verschwinden etwa 50 Holzhütten einfach im Atlantik. Die Winterstürme peitschen das Meer bis zu den Dünen, das Wasser unterspült die Fundamente, und am Ende des Winters ist oft von der Hütte außer einigen Holzbalken nichts mehr übriggeblieben.

Die Ruta 16 verbindet Aguas Dulces mit **Castillos,** dem kleinen Ort im Hinterland, der an der Ruta 9, der Hauptstrecke von Montevideo nach Brasilien, 266 km von Montevideo und 74 km von der Grenze entfernt, liegt. Castillos selbst hat nicht viel zu bieten. Es ist ein Ort an der Durchgangsstraße, hier kommen die Fischer von den Küstenorten und die Landarbeiter von den Estanzias zum Einkaufen.

Schon auf dem Weg von Aguas Dulces nach Castillos sind überall Palmen zu sehen. Doch nördlich dieser Stadt beginnen die großen **Palmares** (die großen Palmenhaine) **von Rocha.** In

Sumpfgebiete und Wiesenmoore, dazwischen immer wieder kleine Palmenhaine, bestimmen das Landschaftsbild im Binnenland von Rocha

Rocha wachsen fast ausschließlich Butiá-Palmen, eine Palmenart, die etwas dickere Stämme hat, dafür in der Regel aber nicht höher als etwa 10 m wird. Die Butiá-Palmen tragen gelbliche Früchte, etwa so groß wie Erdbeeren, mit einem süßen, faserigen Fruchtfleisch. Im Spätsommer und Herbst werden diese Früchte in der Region von Castillos überall, teilweise auch an Ständen entlang der Ruta 9, verkauft. Mit Zuckerrohrschnaps aufgesetzt, ergeben sie einen wohlschmeckenden Likör.

Die Palmenhaine von Rocha sind im Bestand gefährdet. Kaum zu glauben, sieht man die riesigen Wälder, die sich im Hinterland der Ruta 16, jetzt nördlich von Castillos, erstrecken. Aber die Rinder fressen die jungen Palmsetzlinge, teilweise auch die Früchte, und so ist die Vermehrung der Palmen geringer als ihr natürliches Absterben. Alte Chroniken berichten, daß sich die Indianer einfach in die Palmenhaine zurückgezogen hätten und zwischen den Bäumen »verschwunden« seien. So dicht müssen die Palmen damals gestanden haben, vor allem wenn man bedenkt, daß es in den Palmenhainen kein Unterholz gibt.

Es gibt einige Theorien über die Herkunft der Palmen: Wissenschaftlich nicht haltbar ist die Theorie, daß die Jesuiten Palmensamen aus Brasilien mitgebracht hätten. Andere wieder vermuten, daß sie lediglich die Fortsetzung des Palmenwuchses in Brasilien seien. Fest steht jedoch, daß die Palmenhaine in Uruguay die südlichsten der Welt sind.

Man verläßt Castillos über die Ruta 16 nach Norden und fährt westlich an der **Laguna Negra** vorbei. Der Weg führt durch große **Sumpfgebiete und Wiesenmoore,** in denen Kühe durch das Wasser waten, vorbei an riesigen Palmenhainen und Reisfeldern. Nach 15 km zweigt nach links die Ruta 13 ab, die Fahrt geht weiter geradeaus, bis zur Ruta 14, die etwa 20 km später erreicht wird. Hier wendet man sich nach rechts und gelangt nach ca. 25 km auf die Ruta 9. Links geht es zur uruguayisch-brasilianischen Grenze

(26 km), nach rechts Richtung Montevideo liegen in sieben bzw. 13 km die lohnenswerten Ziele Fortalezza y Parque Nacional de Santa Teresa und der Fischerort Punta del Diablo, zu denen man einen Abstecher machen sollte.

Abstecher zur Fortalezza y Parque Nacional de Santa Teresa und nach Punta del Diablo
(Hin- und Rückfahrt insgesamt 40 km)

Nach wenigen Kilometern auf der Ruta 9 ist die **Fortalezza Santa Teresa** schon von weitem zu sehen. Ihre gelblichen, zinnenbewehrten Granitmauern stehen scheinbar uneinnehmbar über der Ebene, der Blick ist nach Brasilien gerichtet, die Kanonen zwischen den Zinnen ebenfalls. Zwar bauten die Portugiesen die erste Festung 1762 an dieser Stelle, später aber eroberten die Spanier diesen Platz und befestigten das Fort, das am einzigen Weg zur brasilianischen Grenze lag. Das Fort mit dem fünfeckigen Grundriß und den kleinen Wachtürmen an den massiven Mauern ist heute ein Museum. Eingerichtet sind unter anderem die Küche und die Schlafzimmer mit Möbeln und Hausrat aus dem 18. Jh. Nahebei steht das Denkmal für Leonardo Olivera, der das Fort für Uruguay eroberte, eine Bronzearbeit des Bildhauers José Belloni.

Der über 3 000 ha große **Nationalpark** bietet keine unberührte Natur. Er ist ein Zwischending zwischen Landschaftspark und botanischem Garten. Hier wachsen neben regionalen Pflanzen auch solche, die aus anderen Ländern, teilweise sogar anderen Kontinenten importiert wurden: Bäume wie bestimmte Kiefernarten der nördlichen Hemisphäre oder Araukarien, die ansonsten vorwiegend in Chile vorkommen. Dazu gibt es einen kleinen Zoo, herrliche, gepflegte weiße Sandstrände sowie alle notwendigen touristischen Einrichtungen wie Zeltplatz, Sport- und Grillplätze, Restaurant, Postamt, Telefonzentrale und Supermarkt.

Das 5 km weiter südlich, abseits der Ruta 9 gelegene Fischerdorf **Punta del Diablo** bietet weniger ausgefeilte touristische Einrichtungen. Der Ort ist ein kleines Fischerdorf, das weitgehend seine ursprüngliche Struktur behalten hat. Hier werden nicht so viele Apartments angeboten, nur die Verkäufer an einigen Ständen mit Kunstgewerbe, angefertigt aus Fischknochen und Muscheln, spekulieren auf das Geschäft mit den Besuchern. Die Fischknochen stammen meistens vom *tiburón,* dem Haifisch, denn eine Spezialität der Fischer hier ist die Haijagd.

Seinen Namen hat der kleine Ort von den Felsen, die hier wie von Teufelshand geworfen aus dem Meer ragen. Die glattgespülten großen Felsflächen am Ufer sind untypisch für die Region: An anderen Orte steht der Fels eher schroff im Wasser, durchspült und in Kanten geschliffen vom Meer. Nicht unbedingt eine Verschönerung ist das **Artigas-Monument** auf den Felsen. Seine Eckigkeit

Mächtig und uneinnehmbar thront die Fortalezza Santa Teresa über der Ebene

harmoniert nicht mit den feingeschliffenen und sogar weich wirkenden Felsen. Es ist eine Hommage an José Artigas und Simon Bolivar, die beiden großen Kämpfer für eine freies Lateinamerika.

Abends sind die Felsen ein beliebter Treffpunkt von Anglern. In der Saison können in Punta del Diablo Apartments gemietet werden, am Meer direkt gibt es das schöne Restaurant »Punta Ballena«, im Ort das kleine Museo Ozeanografico.

Von Punta del Diablo geht es wieder auf die Ruta 9 nach Norden. Vorbei an dem Badeort La Coronilla führt kurz vor dem Grenzort Chuy (auf brasilianischer Seite heißt er Xui) rechts eine kleine Straße ab, auf der man nach Barra del Chuy, dem letzten Badeort an der uruguayischen Atlantikküste, gelangt.

Der Grenzort **Chuy** liegt 340 km von Montevideo entfernt und ist Freihandelszone. Damit ist auch schon fast alles gesagt, denn die meisten Besucher kommen zum Einkaufen nach Chuy. Auf der brasilianischen Seite werden Nahrungs- und Arzneimittel in großen Supermärkten verkauft, auf der

uruguayischen Seite Luxusartikel in Duty-free-Shops. Eine breite Straße trennt, oder besser verbindet, die beiden Staaten: sie heißt auf der uruguayischen Seite **Avenida Brasil,** auf der brasilianischen **Avenida Uruguay.** Auf ihrem kleinen Mittelstreifen verkaufen Straßenhändler Tonbandkassetten, Obst, Kleidung und Kurzwaren. In Chuy gibt es natürlich auch ein **Kasino;** gute Busverbindungen bestehen nach Montevideo (mit Onda, Avenida Brasil 587, und Rutas de Sol, Numancia 217) und Porto Alegre (Brasilen), die brasilianische Botschaft ist auf der Ekke der Straßen Tito Fernández und Samuel Priliac. Wer länger bleiben will, kann im Hotel Plaza, Avenida General Artigas/Ecke Arachanes, übernachten. Die Hotels auf der brasilianischen Seite der Stadt sind allerdings billiger.

Von Chuy führt die Ruta 19 nach Westen ins Landesinnere. Nach 5 km folgt die **Fuerte de San Miguel,** ein Fort, das die Portugiesen ab 1737 hier anlegten. Das Fort ist ähnlich gebaut wie die Fortalezza Santa Teresa (S. 228).

Die Felsen am Punta del Diablo

Teile der Fuerte de San Miguel dienen heute als Luxushotel

Es liegt auf einem kleinen Hügel, und über seine uneinnehmbar wirkenden gelblichen Granitmauern hat man einen guten Blick über die nähere Umgebung. Nahebei ist ein kleines **Gaucho-Museum.** Die Fuerte de San Miguel dient heute als Museum und Luxushotel. Vom Hotel aus werden lohnenswerte Ausflüge zur Vogelbeobachtung organisiert.

Die Ruta 19 wird hinter der Fuerte de San Miguel schmaler. Die Straße führt wieder durch große Palmenhaine und Sumpfgebiete, Rinder weiden unter Palmen in Wiesenmooren, *cañadas* werden diese flachen Sumpf- und Moorgebiete genannt. Westlich der Ruta 19 erstrecken sie sich über viele Kilometer, sie sind gefährdet, weil sich diese Region gut zum Reisanbau eignet. Reis benötigt viel Feuchtigkeit, allerdings müssen für den Reisanbau die Felder drainiert werden. Hierbei wird das Wasser in Kanälen abgeleitet und nur zu bestimmten Zeiten und in ganz bestimmter Menge in die Felder gelassen. Durch die Monokultur werden die natürlichen Sumpfgebiete zerstört, die Überdüngung der Felder sorgt gleichzeitig für eine Verschmutzung des Wassers, Lebensraum für einige Sumpftierarten geht verloren.

Nach etwa 40 km auf der Ruta 19 zweigt rechts die Ruta 15 nach Cebollati ab. **Cebollati** nennt sich selbst auf den Ortseingangsschildern »capital del

Nächste Doppelseite: Sumpfgebiet in Rocha

Die Thermoskanne mit heißem Wasser für die mate neben sich, den Stuhl in den Schatten gerückt: er verkauft leña, Feuerholz für den Grill

arroz«, »Hauptstadt des Reisanbaus«. Nach Hauptstadt sieht der kleine Ort aber nirgendwo aus. Nur wenige Häuser verlieren sich an der Straße, sie wirken wie eine Kolonie, die für die Arbeiter im Reisanbau gegründet wurde. Der Ort selbst besteht aus einigen zusammengewürfelten Gebäuden, eine touristische Infrastruktur fehlt vollständig. Nur der obligatorische Fußballplatz und der Paddle-Club fehlen nicht.

Von Cebollati aus fährt man weiter in Richtung des Ortes General Enrique Martínez. Hinter dem Ort Cebollati muß der Río Cebollati überquert werden. Die Straße führt, später als Schotterpiste, bis zum Fluß. Dort bricht sie ab, es gibt eine kleine Rampe in der Wiese bis zur Fährstation. Wenn diese Fähre, wie häufig, nicht funktioniert, gibt es eine zweite Möglichkeit, den Río Cebollati zu überqueren. Etwa 3 km zuvor zweigt links von der Straße, die von Cebollati zum Fluß führt, ein kleiner Schotterweg ab. Auch er führt zum Fluß. Dort liegt eine kleine Treidelfähre, die aber durchaus Pkw (sogar mit Anhänger oder Wohnwagen) befördern kann. Die Treidelfähre wird nicht von einem Motor betrieben, sondern ein Pferd, das auf dem Zuweg zur Fähre auf und ab geführt wird, sorgt für den nötigen Antrieb des Bootes.

Der Río Cebollati ist die Grenze zwischen den Departementos Rocha und Treinta y Tres. Treinta y Tres ist nach den 33 Orientales benannt, die 1825 unter Führung von General Lavalleja von Argentinien kommend den Río Uruguay überschritten, um ihr Vaterland von der Fremdherrschaft zu befreien.

Charakteristisch für das 9 700 km² große Departemento Treinta y Tres ist der Reisanbau, vor allem im Osten der Provinz, wo Treinta y Tres an die Laguna Merín, in deren Mitte die uruguayisch-brasilianische Grenze verläuft, stößt. Die Lagune, die gewundenen Flüsse und einige Schluchten im nördlichen Teil der Provinz sind die schönsten Besucherziele.

Hat man die Fähre verlassen, gelangt man auf die Ruta 17. Nach links

(Westen) führt diese nach Treinta y Tres, der gleichnamigen Hauptstadt der Provinz. Nach etwa drei Kilometern führt nach links ein kleiner Weg weiter nach **La Charqueada,** einem kleinen Badeort am Río Cebollati, kurz vor dessen Mündung in die Laguna Merín. Das Dorf hatte seinen Ursprung in einer Pökelfleischfabrik, die hier, am einzigen Hafen der Provinz, gegründet wurde. Unterkünfte, auch *cabañas* (kleine Bungalows), gibt es auf dem Campingplatz, von hier sind Exkursionen mit dem Boot auf die **Laguna Merín** und den Río Cebollati möglich. Auch die Sandstrände an der Lagune und am Flußufer laden zum längeren Verweilen ein.

Über die Ruta 17 erreicht man **Treinta y Tres,** die Hauptstadt des Departementos.

Treinta y Tres

Die etwa 30000 Einwohner zählende Kleinstadt wird von Touristen nur wenig besucht, dabei ist sie sehr typisch für das ländliche Leben in Uruguay. Sie hat den perfekten Schachbrettgrundriß, vorwiegend niedrige Kolonialbauten und einen schönen, baumbestandenen Platz (Plaza 19 de Abril) im Zentrum. Das Leben ist verschlafen bis ruhig, mit alten Autos und Pferdewagen kommen die Provinzbewohner hierher zum Einkaufen. Treinta y Tres liegt 286 km nordöstlich von Montevideo und ist über die gut ausgebaute Ruta 8 von dort zu erreichen. Diese verkehrsgünstige Anbindung hat die Stadt zu einem Zentrum des Reishandels gemacht.

Nicht versäumen sollte man einen Besuch des Ufers des **Río Olimar,** der südwestlich der Innenstadt vorbeifließt. Hier laden Grillplätze zum Picknick ein. Ebenfalls südlich der Innenstadt liegt der kleine **Zoo,** hier kann man sich über die einheimische Tierwelt informieren. Wer Anfang Oktober in Treinta y Tres weilt, sollte unbedingt die Exposición Rural am 9. und 10. Oktober besuchen. Hier werden die landwirtschaftlichen Produkte der Region vorgestellt, dazu kommen große Tierversteigerungen.

Busverbindungen

Onda und Nuñez haben beide ihr Büro direkt an der Plaza 19 de Abril. Beide fahren etwa 8mal täglich über Minas nach Montevideo.

Hotels

Treinta y Tres, Lavalleja 688, Tel. 23 25

Central, Lavalleja 243, Tel. 30 95

Hospedaje Olimar, Lavalleja 564, Tel. 21 15

Post und Telefon

Das Postamt ist auf der Calle Manuel Freire 520, das Antel-Büro auf der Avenida Miranda 468.

Über die Ruta 8 verläßt man Treinta y Tres nach Norden. Die Ruta 8 ist auf diesem Stück eine der schönsten Strekken in Uruguay. Sie führt auf der Höhe über die Ausläufer der **Cuchilla Grande,** nach rechts und links ergeben sich immer wieder weite Ausblicke über das Land. Etwa bei km 306, kurz nachdem man den Fluß Paso de la Arena überquert hat, führt nach links ein Weg zur **Quebrada de los Cuervos,** zur Rabenschlucht. Etwa 20 bis 30 km geht es nur über Schotterstraßen, links kommt dann ein Gatter, an dem der Wegweiser »Quebrada de los Cuervos« befestigt ist. Entweder geht man nun zu Fuß zwei bis drei Kilometer durch die Wiesenlandschaft oder fährt mit dem Wagen noch ein Stück weiter. Bald geht es nur noch zu Fuß weiter, dann ist die 12 km lange Schlucht über dem Arroyo Yerbal Chico erreicht. Bis zu 100 m hat der Fluß sich in das Gestein gegraben, an den steilen Hängen

Blick in die Quebrada de los Cuervos

Landschaft auf dem Weg nach Melo: Auf den Felsflächen wachsen zahlreiche Sukkulenten

wachsen die unterschiedlichsten einheimischen, teilweise seltenen Pflanzen, auch weil das Binnenklima in dieser Schlucht den Wuchs eher tropischer Pflanzen begünstigt. Rabenschlucht heißt der Felseinschnitt, weil – vor allem in der Dämmerung – oft Tausende von Raben über dem engen Tal kreisen. Aber auch andere, seltenere Vögel sind zu sehen, darunter Berggänse, blaue Elstern und Schleiereulen.

Zurückgekehrt auf die Ruta 8 geht es weiter nach Norden über die Höhen der Ausläufer der Cuchilla Grande. Die Mittelgebirgslandschaft ist unbewaldet, nur ab und an tauchen einzelne Baumgruppen auf, ansonsten sieht man teilweise den Fels aus der Weide hervorbrechen.

Auf etwa der Hälfte der Strecke zwischen Treinta y Tres und Melo, beim Arroyo del Parao, überquert man die nächste Provinzgrenze. **Cerro Largo,** das Departemento ganz im Nordosten Uruguays, ist erreicht. Cerro Largo ist traditionell ein Gebiet der Viehzucht auf großen Estanzias. Erst spät wurde das viertgrößte Departemento Uruguays (13 850 km^2) besiedelt. Als am Ende des 19. Jh. die Fleischpreise rapide stiegen, lohnte sich auch die Viehzucht weit von der Hauptstadt Montevideo entfernt, zumal die Estanzias damals riesig waren: Das gesamte Gebiet des heutigen Departementos gehörte zu jener Zeit vier großen Estanzieros.

Ebenso traditionell wie die Viehzucht ist ein anderer, allerdings illegaler Einkommenszweig: der Schmuggel. Die Region weitab der Haupthandelswege am Río de la Plata orientierte sich auf den Warenaustausch mit dem Nachbarland Brasilien. Auch heute leben viele Bewohner von Cerro Largo davon, so viele, daß der uruguayische Dichter Osiris Rodríguez Castilo in einem Lied den *quilero,* den Transporteur großer Warenmengen, besingt.

»Hay un camino en mi tierra
del pobre que va por pan;
camino de los quileros
por la sierras de Aceguá.«

»Es gibt einen Weg in meinem Land
des Armen, den er geht für Brot;
der Weg der ›quileros‹,
durch die Wälder von Aceguá.«

Aceguá ist eine Kleinstadt direkt an der urguayisch-brasilianischen Grenze. Sie liegt ebenfalls an der Ruta 8, knappe 60 km nördlich von Melo.

Melo

Die Provinzhauptstadt von Cerro Largo ist 112 km von der Stadt Treinta y Tres entfernt, etwa 50 km von der Provinzgrenze und 387 km von Montevideo. Die Kleinstadt mit heute etwa 40 000 Einwohnern – das ist mehr als die Hälfte aller Einwohner der Provinz – wurde bereits 1795 gegründet. Sie liegt am Schnittpunkt zweier wichtiger Straßen, der Ruta 8 von Montevideo bis nach Brasilien und der 26, die von der uruguayisch-brasilianischen Grenze über Melo und Tacuarembó bis nach Paysandú führt.

Melo hat einen etwas untypischen Grundriß für eine Stadt in Uruguay. Zwar ist auch hier das Rastermuster vorherrschend, es gibt aber nicht eine zentrale Plaza, sondern deren zwei. Das Zentrum liegt zwischen den beiden Plätzen, die Hauptstraße ist die **Calle Justino Muniz.** Die Häuser sind meist ältere Kolonialbauten, viele einstöckig, die moderneren mit zwei Etagen.

Beim Stadtbummel wird schnell deutlich, daß Melo das Zentrum des Landwirtschaftsgebietes ist. Hier kaufen die Estanzias ihre Arbeitsgeräte, hier werden Autos repariert. *Remate*-Büros kündigen Viehversteigerungen an, und wer schönes, versilbertes Zaumzeug, den Stolz eines jeden Gauchos, sucht, wird hier schnell fündig.

Steinkorral an der Antigua Postal del Chuy

Westlich der Stadt liegt der **Parque Rivera,** ein Freizeitpark mit Grillplätzen und anderen Freizeiteinrichtungen.

Bus

Der Busbahnhof liegt an der Calle Ramírez zwischen den Straßen 18 de Julio und Treinta y Tres. Regelmäßige Verbindungen gibt es nach Norden an die Grenze, nach Tacuarembó, nach Río Branco und natürlich nach Montevideo.

Hotels

Crown, Batlle y Ordóñez/Ecke La Rosa

Virrey Pedro de Melo, J. Muñoz 727, Tel. 26 73

Nuevo Melo, Ituzaingó 609, Tel. 26 84

Español, Saravia 729, Tel. 20 64

Post und Telefon

Das Postamt ist auf der Calle Luis A. de Herrera 671, das Antel-Büro auf der 18 de Julio/Ecke Luis A. de Herrera.

Restaurant

Empfehlenswert ist das Restaurant und Confiteria Washington auf der Luis A. de Herrera 641. Andere Restaurants finden sich um die Plaza im Norden der Stadt an der Calle F. Sanchez.

Von Melo sind es zwar nur 59 km über die Ruta 8 nach Norden zur uruguayisch-brasilianischen Grenze, ein Ausflug dorthin lohnt aber nicht besonders. Der Grenzort **Aceguá** ist bloß geschäftig. Schöner dagegen ist die Fahrt von Melo aus in Richtung Osten zur Antigua Postal del Chuy und zu dem kleinen Badeort Lago Merín, 20 km hinter Melo gelegen.

Abstecher zur Antigua Postal del Chuy und nach Lago Merín

(Hin- und Rückfahrt insgesamt 210 km)

Von Melo aus nimmt man die Ruta 26 Richtung Río Branco. Nach etwa 15 km zweigt nach links der gut ausgeschilderte Weg ab zur **Antigua Postal del Chuy.** Über einen holprigen, teilweise mit Feldsteinen gepflasterten Weg geht es etwa fünf Kilometer, bis die alte Station erreicht ist. Sie wurde 1859 von Don Bertram Etcheverry errichtet; sie lag auf dem Weg von Río Branco nach Melo und diente dazu, die Benutzer der Diligencia, der staatlichen Pferdefuhrwerke, zu verköstigen. Gleichzeitig wurden hier die Pferde gewechselt, die Gäste konnten etwas zu essen bekommen und auch die Nachtruhe hier ver-

bringen; diese war auch nötig, denn eine Fahrt mit einer Diligencia war alles andere als ein reines Vergnügen (S. 135). Die Antigua Postal de Chuy hat einen Schalterraum mit einem Schutzgitter für den Kassierer, das gesamte Interieur erinnert ein wenig, aber nicht zufällig, an einen alten Western. Die Postal ist ein weißgetünchtes Bruchsteinhaus mit zwei Etagen, heute wird es als Museum genutzt (Mo. geschlossen, Führung möglich). Teilweise sind die Räume originalgetreu eingerichtet, teilweise sind zusammengetragene Gegenstände des Landlebens ausgestellt. Eine besondere Attraktion ist der alte, kreisrunde Steinkorral, in den früher die Tiere zusammengetrieben wurden.
Zurück auf der Ruta 26, geht die Fahrt weiter Richtung **Río Branco.** Der kleine Grenzort, 90 km von Melo entfernt, ist bald erreicht. Hier gibt es nicht viel Sehenswertes, deshalb geht die Fahrt noch 20 km weiter bis nach **Lago Merín,** dem am weitesten östlich gelegenen Ort in Cerro Largo und in Uruguay. Seit 1939 ist der kleine verschlafene Ort zwischen den Mündungen der Flüsse Río Yoguarón, der weiter nördlich die Grenze zu Brasilien bildet, und dem Río Tacuari, der Grenze nach Treinta y Tres, ein lohnenswerter Badeort. Die Strände sind weiß und feinsandig, das Wasser der Laguna Merín sehr flach. Im Badeort gibt es einen Campingplatz, dort können auch kleine *cabañas* gemietet werden.

Auf dem gleichen Weg zurückgekehrt, verläßt man Melo über die Ruta 7 Richtung Montevideo. Die Strecke führt durch verschiedene Provinzen: durch Cerro Largo, Treinta y Tres, Florida und zuletzt Canelones. Auf größere Orte trifft man unterwegs nicht, nur ein paar kleine Flecken liegen an den Straßenkreuzungen. Dafür

läßt sich wieder uruguayische Einsamkeit genießen: ausgedehnte Weiden, auf denen ab und an eine Rinderherde, dann wieder einige Ñandus zu sehen sind, auch Gauchos, die kleinere Herden die Straße entlangtreiben. Die gut ausgebaute Straße führt lange Zeit über die Höhe der Cuchilla Grande. So ergeben sich immer wieder zahlreiche schöne Ausblicke über das weite Land. Verkehr gibt es kaum, erst im Departemento Canelones sieht man wieder mehr Autos. Auch die Bebauung wird dichter, je näher man der Hauptstadt kommt. Nach einer von Melo aus 477 km langen Fahrt auf der Ruta 7 ist Montevideo, der Ausgangspunkt unserer Route, wieder erreicht.

Ferien auf einer Estanzia

Allgemeines

Estanzias nennt man die großen Viehzuchtbetriebe in Argentinien und Uruguay. Viele uruguayische Estanzias sind in den letzten Jahren umgebaut worden. Sie lassen sich heute von Touristen besuchen, die dorthin Tagesausflüge machen oder dort auch längere Aufenthalte buchen können.

Urlaub auf einer Estanzia darf man nicht mit europäischen Ferien auf dem Bauernhof verwechseln. Diese Estanzias habe riesige Ländereien. Anders als ein Hof in Mitteleuropa, der vielleicht ein, zwei Pferde für Besucher besitzt, die nur unter Aufsicht geritten werden dürfen, ist der Betrieb einer uruguayischen Estanzia ohne Pferde gar nicht möglich. Estanzia-Urlaub ist auch nicht so schlicht wie ein Urlaub auf dem Bauernhof, viele der großen Landgüter bieten recht viel Luxus.

Doch der hat seinen Preis. Der Aufenthalt ist meist sehr teuer, viele Estanzias verlangen bis zu 100 US-$ pro Tag und Person (mit Übernachtung), allerdings sind darin meist alle Kosten – für Mahlzeiten, Grillabende, Getränke zwischendurch usw. – enthalten. Zusätzlich Geld ausgeben fällt schwer, da die Lage weitab von Städten Einkäufe fast unmöglich macht. Nicht nur bei längeren Aufenthalten empfiehlt sich das Handeln.

Paradies für Pferdefreunde: Ferien auf einer Estanzia

Über das Land verstreut gibt es etwa 80 mehr oder weniger große Estanzias, die Urlauber aufnehmen. Die meisten Estanzias werden zentral von Reisebüros in Montevideo aus vermarktet. Die beiden wichtigsten Reisebüros bzw. Organisationen sind: Estancias de Turismo, Red de Estancias con Servicio Hostería Rural, Oficina Coordinadora Central, Río Branco 1359, Apto. 705, Montevideo, Uruguay, Tel. 00598-2-910698, Fax 984519, und Cecilia Regules Viajes, Bacacay 1313, Montevideo, Uruguay, Tel. 00598-2-963011, Fax 963012.

Nächste Doppelseite:
Criollos und Shetlandponys auf einer Estanzia

Urlaub als Gaucho

Weite, nichts als Weite. Bis zum Horizont reicht die gelblich-grüne Grasebene, auf der das Sonnenlicht schon am frühen Morgen gleißt. Hier und dort versprechen Baumgruppen, aus der Ferne klein wie Grasbüschel, ein wenig Schatten. Dazwischen nichts. Stille. Doch der erste Eindruck täuscht: Die weißen Flecke, die ein paar hundert Meter entfernt leuchten, sind Schafe. Der graue Punkt noch ein Stück weiter ist ein Pferd, und daneben grasen braun-weiße Rinder.

»Hundert werden wir holen«, ruft María und treibt ihr Pferd zu einem langsamen, kraftsparenden Galopp. Hundert Rinder will die junge Frau heute aus der weiten Ebene zur Estanzia, der Farm, treiben, dort werden sie gewogen und geprüft – das Kühlhaus wartet auf Nachschub. Um die Herde ins Gatter zu treiben, reichen zwei Pferde und zwei Menschen: María del Carmen Zavala, die Estanziera, und José, ihr Gaucho. Doch je mehr Treiber, desto besser, daher sind Gäste, die ein Pferd beherrschen, gern gesehen.

Die erste Rindergruppe ist erreicht. Der Hund jagt die Tiere zusammen, und lautes »he, ho« treibt sie in Richtung Estanzia, irgendwo hinter dem Horizont. Langsam

Gauchos beim Zusammentreiben von Vieh

setzt sich die träge Masse in Bewegung. Ein Rind bricht aus. Sofort jagt der Gaucho hinterher und treibt das Tier mit der Peitsche zur Herde zurück. Im langsamen, schwerfälligen Galopp stampfen die braunen Leiber vorwärts. Nichts ist zu hören als das Trappeln der Tiere, ein leises Rauschen des Windes und hin und wieder ein Muhen.

»Die ist nicht zu sehen«, beantwortet María in der Mittagspause die Frage nach der Grenze ihres Landes. 1000 Hektar Boden gehören zur Estanzia »La Esperanza«, ein für uruguayische Verhältnisse mittelgroßer Besitz im Landesinneren, im Bezirk Flores. Etwa 50 Kühe, über 400 Rinder, 1000 Schafe und 50 Pferde, den genauen Viehbestand weiß niemand, grasen das ganze Jahr auf den Wiesen. Noch vor ein paar Jahrzehnten versprach ein solcher Betrieb Reichtum. Rindfleisch und Wolle brachten viel Geld. Doch dann verfielen weltweit die Preise für Nahrungsmittel, und anstatt der Wolle trat die Kunstfaser ihren Siegszug an.

Heute ermöglichen die Herden nur noch einen gediegenen Wohlstand: Die Großmutter von María reiste 14mal mit dem Ozeandampfer zu Besuch nach Europa, die Enkelin war erst einmal dort. Doch auch heute reicht es noch zu einem Lebensstandard weit über dem Landesdurchschnitt. Die Suche nach neuen Einnahmequellen brachte einige Estanzieros auf die Idee, ihre Türen für Touristen zu öffnen. Ein Büro in Montevideo verteilt seither die zahlenden Gäste auf etwa 50, im ganzen Land verstreut liegende Estanzias. Ferien auf einer Estanzia, das ist Bonanza auf uruguayisch, Urlaub als Cowboy – es ist genau wie in den Kinderträumen, allerdings heißt Little Joe hier Joselito.

Die Einsamkeit ist da, die Weite, die sauberen Flüsse, der Geruch von Leder und schwitzenden Tieren. Zum Jagen, Wandern oder Angeln, wegen der Vögel oder der Viehzucht kommen die Gäste. Doch nur wenige Touristen verirrten sich bisher ins Landesinnere des kleinen südamerikanischen Landes, das einst als Puffer zwischen Brasilien und Argentinien entstand. Bisher bevölkern die eine Million Urlauber, die jedes Jahr vornehmlich aus dem Großraum Buenos Aires anreisen, nur die weißen Sandstrände am Río de la Plata und am Atlantik.

Doch weil auch in Uruguay wichtige Wirtschaftsbranchen lahmen, gilt der Tourismus wie in vielen anderen Ländern auf der Welt als Hoffnungsträger. Deshalb will

Gauchos beim Viehtrieb, ausnahmsweise nicht zu Pferd

Ein Rind wird in eine Manschette geklemmt und mit einem schwarzen Insektenschutzmittel am Kopf eingepinselt

man Touristen aus Europa mit »Ökotourismus« locken. Das Prinzip ist einfach: Natur gibt es genug. Uruguay, halb so groß wie Deutschland, hat gerade drei Millionen Einwohner, die Hälfte davon lebt in der Hauptstadt Montevideo. Das weite, von Flüssen durchzogene Grasland besiedeln nur wenige Menschen – eine ideale Gegend für Naturliebhaber.

Doch Uruguay ist teuer. Etwa 100 Dollar kostet der Tag auf einer Estanzia – ein Luxus, den sich nur wenige Reisende leisten werden. Die Estanzieros setzen daher auch auf ein Publikum, das wie sie im Wohlstand lebt. Ihre Gäste wohnen nach Gutsherrenart mit der Familie. Da die Besitzer ihr Gut meist nur verwalten und weniger mit der alltäglichen Arbeit beschäftigt sind, haben sie häufig Zeit, dem Gast Haus und Land zu zeigen.

José, der Gaucho, hat heute viel Arbeit: Das zusammengetriebene Vieh muß einzeln gewogen werden. Er bindet sich eine Lederschürze um und treibt die Rinder mit einem langen Stock zur Waage. Das Vieh ist unruhig, die Tiere scharren und drängen sich an das Gatter. Der Holzzaun ächzt, lautes Gemuhe, Hufgetrappel, Hundegebell, »vaca, vaca, vaca«-Rufe, Stockschläge. Dreck spritzt, das erste Rind springt den engen Stieg zur Waage hoch: 465 Kilogramm. Die Estanziera notiert sich das Gewicht, José stampft durch den morastigen Boden zum nächsten Tier.

Dann endlich sind alle Viecher gewogen. José legt die Schürze ab, schwingt sich auf seinen braunen Hengst und – der Gaucho-Mythos lebt: Hoch aufgerichtet sitzt er auf dem Pferd; er trägt schwarze, weite Hosen, Lederstiefel und ein offenes, weißes Hemd, das mit den braungebrannten Armen konstrastiert. Den Hut tief ins Gesicht gezogen, grüßt er kurz und galoppiert davon.

Der Gaucho: In Montevideo wird er vorgeführt. Aus Bronze gegossen sitzt er an der Hauptstraße auf seinem ebenfalls bronzenen Pferd. Er galt als unbeugsam, ehrenhaft, voller Verachtung für Besitz und das Streben nach Wohlstand, selbstzufrieden, auch mit seinem harten Los. Ein Mann, der Frauen, Pferde und Waffen beherrschte. Er stand oft außerhalb der gesetzlichen Ordnungen und gehorchte nur seinen eigenen Regeln, so wissen Schrifttafeln im Gaucho-Museum der uruguayischen Hauptstadt zu berichten.

Die Wirklichkeit ist einfacher: Weil das Land schnell unter Großgrundbesitzern aufgeteilt war, blieb allen anderen nichts übrig, als sich als landlose Nomaden durchzuschlagen. Heute gibt es weniger Gauchos, aber immer noch haben viele Männer auf dem Land nur hin und wieder Arbeit. Nur manche finden eine Dauerstellung auf einer Estanzia.

Auf der Estanzia Esperanza arbeiten zwei Familien: José und seine Frau als Verwalter, die Eltern als Wirtschafterin und als Knecht. Sie versorgen ein Haus, das von den alten Zeiten erzählt: Der erste Bau stammt bereits aus der frühen Kolonialzeit, die heutigen Mauern wurden Anfang des Jahrhunderts errichtet. In den Zimmern sammeln sich wertvolle Möbel, Bilder und Tand verschiedenster Stile und Jahrzehnte. Viele Estanzias gleichen Palästen der Kolonialzeit, manche liebevoll restauriert, manche ohne Rücksicht auf Stile renoviert. Wieder andere wurden in den letzten Jahrzehnten neu als Phantasieschlösser eigenwilliger Architekten erschaffen.

Eins ist allen gleich: die Lage fern von Städten, mitten in einer menschenleeren, nur extensiv genutzten Natur. Einsam auch die Landstraße, an der die Estanzia »San Cirilo« liegen soll. Endlos ziehen sich die Wiesen, auf denen immer wieder Kuh- oder Schafherden, Pferde und Ñandus, eine Straußenart, weiden. Dann beginnt, bei Kilometer 81, ein staubiger Feldweg, einer von jenen, auf denen der Autovermieter seinen Wagen bestimmt nicht gern sähe. Vorbei an den obligatorischen Wiesen, Eukalyptuswäldern, dann ein Sonnenblumenfeld und wieder Wiese um Wiese, diesmal leicht gewellt.

Die Schlaglöcher in der Fahrspur werden immer tiefer, mitten auf dem Weg liegt, in der dörrenden Mittagssonne, eine tote, steife Kuh. Wohl mehr aus psychologischen Gründen wächst plötzlich der Durst. Dann, an einem Abhang, San Cirilo.

Der unverputzte Betonbau aus den sechziger Jahren gleicht mit seinen kleinen Fenstern einer exzentrischen Burg. Das kühle Innere gibt dem Baumeister recht, ein Schutz vor der Hitze ist diese Burg und auch ein extravagantes Museum: Im Kontrast zu den auch im Inneren unverputzten Betondecken zeugen die Möbel vom Glanz der alten Zeiten. Hier hängen Familiengemälde in Barockrahmen über Biedermeierkommoden, Kunst der zwanziger Jahre findet sich, schwere Ledersessel stehen vor dem Kamin, den Hirschgeweihe schmükken. Minola Mailhos, ihr Bruder, dessen

Gauchos beim Tränken ihrer Pferde

Frau und deren zwei Kinder bewohnen nur einen kleinen Teil des Hauses. So gibt es viel zu viele ungenutzte Zimmer.

»Urlauber bringen nicht nur ein wenig Geld, um die kostspieligen Häuser zu unterhalten, sie sorgen auch für neue Gespräche«, erklärt Minola ihre neuentdeckte Lust am Tourismusmarkt. Die Chefin des Hauses spricht deutsch, wie bei vielen Uruguayern sind die Wurzeln der blonden 28jährigen europäisch. Sie hat durchgesetzt, daß die Türen für Urlauber geöffnet werden. Ähnlich ist es in anderen Estanzias. Gerade die Frauen forcieren das neue Geschäft, das Abwechslung vom eintönigen Alltag verspricht.

Nach dem Begrüßungstrunk warten die gesattelten Pferde. Der erste Ritt führt durch einen Wald entlang des nahe gelegenen Arroyo Negro. Arroyo heißt Bach – dieser Bach hat etwa die Breite der Ruhr, ist aber unverschmutzt. Walt Disney könnte den Ausflug nicht besser inszenieren: Grüne, kreischende Papageien fliegen auf, Rehe jagen über den Weg, ein Gürteltier eilt ins Gebüsch, das Stinktier glücklicherweise auch, und die Wachteln entwischen immer erst Sekunden bevor der Pferdehuf zutritt. Das alles in einer Stunde Ausritt – danach ein Bad im Bach.

Der Abschied von San Cirilo fällt schwer. Es ist schwül und stickig, die Strekke staubig. Doch dann kommt Wind auf und fegt über die Sandpiste. Schwarze Wolken ballen sich zusammen. Endlich, auf der Asphaltstraße, bricht das Gewitter los, der Scheibenwischer bewältigt die dicken Tropfen kaum. Da tauchen sie aus der grauen Regenfront plötzlich auf: Drei Gauchos, die eine kleine Herde Rinder von der Straße drängen.

Hochaufgerichtet sitzen sie auf ihren tänzelnden, dampfenden Pferden und versuchen, die unruhig muhenden Rinder am Ausbrechen zu hindern. Die Kapuzen ihrer Ponchos haben sie tief ins Gesicht gezogen, trotzdem tropft ihnen der Regen vom Kinn. Einem hängt der kalte Zigarettenstummel noch im Mundwinkel. Als der Wagen vorüberfährt, schauen sie kurz auf, schwingen zum Gruß die Peitschen, und schon hat sie der Regen verschluckt.

(Text: Petra Pinzler und Günther Wessel)

Beim Ausritt: Blick über die Pferdeohren hinweg auf den Arroyo Negro

Landschaft bei Melo; im Baum ein aus Lehm gebautes Vogelnest

Uruguay von A bis Z

Adressen

Die Adressen in Uruguay sind zunächst ungewohnt. Alle Straßen *(calles)* haben Namen, sie heißen meist nach Revolutionshelden, ehemaligen Präsidenten oder anderen Städten. Der Zusatz »Straße« *(calle)* fällt im Namen aber immer weg, so daß die Calle Artigas (deutsch Artigasstraße) einfach nur »Artigas« heißt. Die Hausnummern parallel laufender Straßen verlaufen fast immer gleich, d.h. zwei Häuser, die in zwei parallel verlaufenden Straßen auf gleicher Höhe stehen, haben meist die gleiche Hausnummer. Üblicherweise werden wegen der regelmäßigen Blocks der Stadtarchitektur bei Adressenangaben die beiden Stichstraßen angegeben, zwischen denen das Haus exakt liegt.

Aktiv-Urlaub

In Uruguay gibt es bislang keine ausgewiesenen Einrichtungen für Aktiv-Urlauber. In den Badeorten am Río de la Plata und Atlantik sind sämtliche Formen des Wassersports möglich, bei Besuchen auf Estanzias kommen Reiter und Jäger auf ihre Kosten. Es fehlt hingegen eine Infrastruktur für Wanderer (markierte Wege usw.). Uruguay eignet sich als sanft gewelltes hügeliges Land gut für einen Urlaub mit dem Fahrrad. Dabei sollte man allerdings entsprechend ausgerüstet sein (keine zu schmalen Felgen wegen der Schotterstraßen, eher ein stabiles Mountain-Bike als ein labiles Rennrad) und es vor allem in Montevideo nicht an Vorsicht mangeln lassen. Von Nachtfahrten auf dem Land ist ebenfalls abzuraten.

Arbeitsaufnahme

Touristen ist die Aufnahme einer Erwerbstätigkeit untersagt. Zur Arbeitsaufnahme benötigt man ein Visum, das bei dem zuständigen Konsulat/der Botschaft im Heimatland beantragt werden muß (siehe auch Einreise, S. 252).

Ansonsten gibt es kaum Zulassungsbeschränkungen in einzelnen Branchen für ausländische Arbeitnehmer. Lediglich die Luftfahrtgesellschaften dürfen nur uruguayische Staatsbürger beschäftigen, und in Unternehmen der Seefahrt und Fischerei darf der Anteil des ausländischen Personals lediglich 50 % betragen.

In den meisten Berufszweigen sind für ausländische Arbeitnehmer kaum Beschäftigungsmöglichkeiten vorhanden. In der Regel stehen genügend einheimische Fachkräfte zur Verfügung, nur im technisch-industriellen Bereich, insbesondere der Chemieindustrie, besteht ein gewisser Bedarf.

Auswanderung

Informationen zur Auswanderung erhält man beim Bundesverwaltungsamt, Informationsstelle für Auslandtätige und Auswanderer, 50728 Köln (Postanschrift). Das Dienstgebäude befindet sich auf der Marzellenstraße 50–56 in Köln, Tel. 02 21/75 80.

Auto

Touristen benötigen in Uruguay offiziell einen internationalen Führerschein. Besucher dürfen ein Auto, Wohnmobil oder Motorrad für einen Zeitraum bis zu sechs Monaten zollfrei einführen. Die Wagenpapiere müssen dabei dem Zoll vorgelegt werden. Wenn der Halter nicht auch der Eigentümer des Wagens ist, muß er eine vom Besitzer ausgestellte, notariell beglaubigte und vom zuständigen uruguayischen Konsulat legalisierte Vollmacht vorlegen. Der Abschluß einer Haftpflichtversicherung ist in Uruguay nicht Pflicht, wird aber empfohlen.

Bei Fahrten über Land sollte man immer an seinen Benzinvorrat denken. Zwar finden sich in jeder größeren Stadt Tankstellen, aber oft kommt es vor, daß den Tankstellen das Benzin ausgegangen ist. Bleifreies Benzin ist weitgehend unbekannt, 1994 gab es im gesamten Land nur 18 Tankstellen, die es führten, davon sechs in Montevideo und keine nördlich des Río Negro.

Die Verkehrsregeln in Uruguay entsprechen im wesentlichen denen in Europa. Es herrscht Rechtsverkehr, rechts vor links ist auch die Vorfahrtsregel bei ungekennzeichneten Straßen. Im Zweifel empfiehlt es sich aber, nicht auf sein Vorfahrtsrecht zu bestehen. Eine Besonderheit ist, daß bei vielen schmalen Brücken, auf die nur jeweils ein Auto paßt, eine Vorfahrtsregelung besteht. Das Zeichen »Pare« entspricht dem deutschen Stoppschild.

Um Uruguay auf eigene Faust zu erkunden, ist es ratsam, sich für einige Zeit ein Auto zu leihen.

Die Preisunterschiede zwischen einzelnen Vermietern sind teilweise beträchtlich, daher sollte man ruhig verschiedene Vermieter auch nach Preisnachlässen befragen. Während der Hauptsaison, also Dezember und Januar, sind Automieten sehr hoch, danach sinken die Preise häufig um mindestens die Hälfte. In der Hauptsaison muß man mit etwa 80 US-$ am Tag rechnen, danach ist ein Wagen auch schon für 30 US-$ täglich zu haben (Preise in Montevideo für einen Fiat Uno oder ein vergleichbares Auto bei einer Mietdauer von einer Woche, ohne Kilometerbeschränkung, inklusive Vollkaskoversicherung bis 1000 US-$ Eigenbeteiligung und der Mehrwertsteuer).

Man sollte – und das bieten die meisten Vermieter auch an – den Wagen immer ohne Kilometerbeschränkung leihen. Der Abschluß einer Vollkaskoversicherung, die allerdings 1000 US-$ Selbstbeteiligung vorsieht, ist ebenfalls ratsam und bei einigen Vermietern obligatorisch. Beim Fragen nach dem Preis sollte man darauf achten, daß die Mehrwertsteuer (IVA, derzeit 22 %) bereits mitgenannt wurde.

Die meisten Autovermieter vermieten keine Neuwagen, die Autos haben oft schon 50 000 bis 60 000 km auf dem Tacho, häufig haben sie auch einige Schrammen oder kleinere Schönheitsfehler. Beim Verleih werden die größten Mängel in eine Liste aufgenommen. Wer neuere oder größere Wagen möchte, sollte zu den – allerdings teureren – Vertretungen der internationalen Verleihfirmen gehen.

Populär bei Autovermietern sind Mittelklassewagen wie der Fiat Uno. Normalerweise kommt man mit diesem Fahrzeug auch über alle Wege, die Straßen – selbst die Schotterpisten – sind in Uruguay nicht so schlecht, Vorsicht ist allerdings angesagt. Achten Sie beim Autoleihen unbedingt darauf, daß der Wagen technisch in Ordnung ist, daß Handbremse und Beleuchtung funktionieren und das Reserverad genügend Luft hat. Offiziell müssen Sie einen internationalen Führerschein und die nationale Fahrerlaubnis mit sich führen, viele Autoverleiher geben sich aber mit dem nationalen Führerschein zufrieden.

Baden

Uruguay eignet sich hervorragend für einen Badeurlaub. Die Badesaison beginnt offiziell am 8. Dezember, aber oft läßt das Klima schon vorher einen Aufenthalt an den Stränden zu. Im allgemeinen wird von Mitte/Ende November bis Mitte/Ende März gebadet, aber selbst im April ist es zeitweise noch möglich.

Die besten und beliebtesten Badegebiete sind die Strände am Río de la Plata westlich und vor allem östlich der Hauptstadt Montevideo sowie die Strände am Atlantik von Punta del Este bis zur uruguayischen Grenze mit Brasilien. Von Montevideo bis nach Brasilien verläuft fast durchgehend ein breiter, weißer Sandstrand.

Auch im Landesinnern finden sich viele Bademöglichkeiten. Keiner der Flüsse wird industriell genutzt, in allen kann gebadet werden. Am Río Uruguay liegen einige schöne Sandstrände, auch entlang des Río Negro und vieler kleinerer Flüsse. Die beiden großen Stauseen im Landesinnern laden ebenfalls zum Baden ein.

Die großen Strände am Río de la Plata und Atlantik sind meist gut ausgestattet. Flaggen weisen darauf hin, ob das Baden erlaubt ist, Rettungsstationen sind eingerichtet.

Banken

Montevideo ist der wichtigste Bankenplatz im südlichen Lateinamerika. Hier haben fast alle internationalen Großbanken ihren Sitz oder ein Partnerunternehmen. Die meisten Banken haben nur nachmittags geöffnet.

Der Geldwechsel erfolgt jedoch besser bei einem der zahlreichen Wechselbüros. Vereinzelt nehmen – aber nur in Montevideo – diese Wechselbüros auch Eurocheques an, besser beraten ist man aber mit Traveller-Schecks von American Express oder Thomas Cook. Die Kommission für Schecks ist bei den verschiedenen Wechselstuben unterschiedlich, sie beträgt meist um 1 %.

Camping/Caravaning

Camping wird in Uruguay immer beliebter, zur Zeit gibt es 67 gut auf das Land verteilte Campingplätze. Die meisten Stellplätze sind gut ausgestattet, sie besitzen elektrische Anschlüsse, häufig nahe gelegene Geschäfte und meist auch je Zelt- oder Wohnwagenstellplatz einen eigenen festgemauerten Grillplatz. Einige haben Schwimmbäder, andere Tennis-, Paddle- oder Fußballfelder, wieder andere auch kleine Spielhallen oder einen sogenannten Salon Social, einen großen Aufenthaltsraum mit Restaurationsbetrieb. Eine genaue Aufstellung gibt das Tourismusministerium heraus, sie ist an den Informationsständen in Montevideo zu bekommen. Auf vielen Plätzen werden auch – interessant für Reisende ohne Zelt – Wohnmobile oder Wohnwagen und kleine Hütten *(cabañas)* vermietet.

Devisen

siehe Währung (S. 261)

Einreise- und Aufenthaltsbestimmungen

Inhaber gültiger Reisepässe der Bundesrepublik Deutschland, Österreichs und der Schweiz benötigen für einen Aufenthalt bis zu drei Monaten kein Visum. Die Grenzkontrollen am Flughafen Carrasco sind eher locker, dasselbe gilt auch für die Einreise von Argentinien. Von Brasilien auf dem Landweg einreisende Touristen dagegen werden mitunter genauer kontrolliert.

Soll der Aufenthalt in Uruguay drei Monate überschreiten (oder zur Arbeitsaufnahme dienen), muß bei den konsularischen Vertretungen Uruguays ein Visum beantragt werden.

Zum Erwerb einer Daueraufenthaltsgenehmigung müssen im allgemeinen folgende Unterlagen beigebracht werden: gültiger Reisepaß und polizeiliches Führungszeugnis, ein ärztliches Attest, in dem bescheinigt wird, daß der Antragsteller keine ansteckenden Krankheiten hat, sowie eine beglaubigte Bescheinigung, daß der Antragsteller eine Tätigkeit ausübt oder Vermögen besitzt, d.h., daß er den Lebensunterhalt für sich und seine Familie bestreiten kann.

Estanzias

Über das Land verstreut gibt es etwa 80 mehr oder weniger große Estanzias, die Urlauber aufnehmen (S. 241). Der Aufenthalt ist meist recht teuer, viele Estanzias verlangen bis zu 100 US-$ pro Tag und Person (mit Übernachtung), allerdings sind darin meist alle Kosten – für Mahlzeiten, Grillabende, Getränke zwischendurch usw. – enthalten.

Feier- und Festtage

1. Januar
Año Nuevo (Neujahr)
6. Januar
Día de los Reyes (Dreikönigstag), auch Día del Niño (Tag des Kindes) genannt
19. April
Desembarco de los 33 Orientales (Jahrestag der Landung der 33 Orientalen am Strand von Agraciada 1825)
1. Mai
Día de los Trabajadores (Tag der Arbeiter)
18. Mai
Batalla de Las Piedras (Jahrestag der Schlacht bei Las Piedras 1811)

Mosaik für den Volkshelden José Artigas

19. Juni
Natalicio de Gral. José Artigas (Geburtstag des General José Artigas)
18. Juli
Jura de la Constitución (Jahrestag der Verfassung 1830)
25. August
Declaratorio de la Independencia (Jahrestag der Unabhängigkeit 1825)
12. Oktober
Descubrimiento de América oder Día de la Raza (Jahrestag der Entdeckung Amerikas 1492)
2. November
Día de los Difuntos (Allerseelen)
8. Dezember
Día de las Playas (Eröffnung der Badesaison)
25. Dezember
Navidad (Weihnachten), auch Día de las Familias (Tag der Familien) genannt

Zu diesen festen Feiertagen kommen noch die beweglichen Feste wie Karneval (ab Rosenmontag teilweise einige Tage frei) sowie die Osterwoche von Karfreitag bis Ostersonntag (in Uruguay Semana de Turismo genannt).

Fotografieren

Es empfiehlt sich, das Fotomaterial aus Europa mitzubringen. Selbst in den Duty-free-Shops der Grenzstädte ist es immer noch wesentlich teurer als in Deutschland, Österreich oder der Schweiz. Auch Ersatzteile wie Batterien sollte man in ausreichender Zahl mitbringen. Batterien sind ebenfalls teurer, und wegen der teilweise hohen Luftfeuchtigkeit entladen sie sich mitunter schnell.

Am Río de la Plata, aber auch im Land, ist es oft diesig, die Lichtverhältnisse sind nicht immer gut. In der Mittagszeit ist auch bei bedecktem Himmel das Licht zu grell; besser ist es, auf den späten Nachmittag zu warten, wenn das Licht weicher und farbintensiver wird. Für Innenaufnahmen empfiehlt es sich, auch einige empfindlichere Filme mitzunehmen (200 oder gar 400 ASA), normalerweise sind aber 100-ASA-Filme durchaus ausreichend.

Geschäftszeiten

Die meisten Geschäfte sind montags bis freitags von 9–12 und 14–19 Uhr geöffnet, kleine Läden auch manchmal nachmittags von 16–21 Uhr, große auch durchgehend von 9–19 Uhr. Samstags ist in der Regel nur vormittags geöffnet, sonntags vollständig geschlossen. Ausnahmen sind die großen Supermärkte in Montevideo, von denen viele sieben Tage in der Woche von 9 bis 20 oder 21 Uhr geöffnet haben, ebenso viele kleine Geschäfte in den einzelnen Stadtvierteln.

Banken haben meist nur am Nachmittag geöffnet, einige Wechselstuben dagegen jeden Tag in der Woche (sonntags ist der Kurs schlechter).

Gesundheitliche Vorsorge

Uruguay hat eines der besten Gesundheitssysteme in Lateinamerika. Die Einrichtungen des öffentlichen Gesundheitssystems sind gut ausgebaut, allerdings gibt es ein starkes Gefälle in der Ärztedichte zwischen Montevideo und dem Landesinnern. Die ärztliche Versorgung ist für Uruguayer kostenfrei, für Reisende aus Deutschland, Österreich und der Schweiz empfiehlt sich der Abschluß einer zusätzlichen Auslandskrankenversicherung, da Uruguay keine Sozialversicherungsabkommen mit diesen Ländern hat.

Spezielle Impfungen sind nicht notwendig, wenn die Tetanus- und Polio-Prophylaxen allerdings zu lange zurückliegen sollten, empfiehlt sich eine Erneuerung. Eine Vorsorge gegen Malaria ist nicht notwendig, dagegen kommt die Tollwut in bestimmten Regionen Uruguays vor. Wer ein erhöhtes Risiko eingeht (Jäger), sollte sich vor Reiseantritt impfen lassen.

Von offizieller Seite wird in Uruguay inzwischen vor zu langem Sonnenbaden gewarnt. Die Intensität der Sonnenstrahlen hat in den letzten Jahren wegen der dünner werdenden Ozonschicht zugenommen, die erhöhte UV-Strahlung verstärkt nach einhelliger Ansicht der Wissenschaft das Hautkrebsrisiko deutlich. Am besten benutzt man im Sommer eine Sonnencreme mit hohem Lichtschutzfaktor (mindestens 10) und vermeidet den Aufenthalt in der Sonne zwischen 11 und 16 Uhr.

Da die Ernährung in Uruguay, abgesehen von den großen Fleischmengen, nahezu europäisch ist, besteht wenig Gefahr für Magen-Darm-Verstimmungen. Das Trinkwasser in Montevideo und allen anderen Städten ist gut, es kann bedenkenlos getrunken werden. Auf dem Land sollte es mitunter abgekocht werden.

Die Apotheken in Uruguay haben oftmals bis tief in die Nacht geöffnet. Viele Medikamente, die beispielsweise in Deutschland nur auf Rezept zu erhalten sind, können dort frei erworben werden. Die Rezeptpflicht für Medikamente ist nicht sehr streng. Uruguay ist ein Land, in dem die Selbstmedikation sehr weit verbreitet ist.

Hotels

siehe Unterkünfte (S. 260)

Impfungen

siehe Gesundheitliche Vorsorge (S. 254)

Information

Uruguay hat keine eigenen Fremdenverkehrsämter in Deutschland, Österreich und der Schweiz. Auskünfte erteilen die Botschaften der Republik Uruguay in den einzelnen Ländern (S. 262).

Jugendherbergen

Die wenigen Jugendherbergen in Uruguay sind Mitglied im Internationalen Jugendherbergswerk. Kontaktstelle ist das nationale Büro in Montevideo, die Asociación de Alberguistas del Uruguay, Calle Pablo de Mará 1583, Montevideo, Tel. 0 05 98/2/98 12 34. Hier erhält man auch ein nationales Jugendherbergsverzeichnis.

Karten

Gute Straßenkarten und Stadtpläne sind Mangelware. An Tankstellen, bei Straßenhändlern, beim uruguayischen Automobilclub und auch in Buchhandlungen erhält man eine Straßenkarte ohne Reliefdarstellung, die den Verlauf der Nationalstraßen darstellt. Auf ihrer Rückseite oder einem Extrablatt ist ein Stadtplan von Montevideo gedruckt, bei einigen Ausgaben auch andere Stadtpläne. Die Landesdarstellung ist etwa im Maßstab von 1:85 000, die Karte von Montevideo folgt einem Maßstab von etwa 1:25 000. Nützlich ist auch das Straßenverzeichnis von Montevideo.

Bei den lokalen Fremdenverkehrsämtern kann man kleine Stadtpläne erhalten.

Kleidung

Im allgemeinen ist man in Uruguay recht leger gekleidet. In der Politik und der Geschäftswelt herrschen bei den Männern die gleichen Grau- und Blautöne vor wie weltweit. Aber auch etwas lässigere Kleidung fällt dort nicht unangenehm auf, nur vor allzu Modischem sollte man sich hüten. Ansonsten gilt: ruhig leger, aber nicht schlampig. Jeans und Hemd sind in der Stadt erlaubt, Shorts und T-Shirts dagegen nur am Strand. Oben ohne am Strand ist tabu.

Wer in den Sommermonaten (Dezember–Februar) das Land besucht, sollte möglichst leichte Kleidung mitnehmen, allerdings ist ein leichter Pullover, vor allem bei Aufenthalten am Meer oder im Land, auch im Sommer in den Abendstunden mitunter nützlich. Regenzeug sollte zu jeder Jahreszeit mitgenommen werden. Bequemes Schuhwerk ist auch in Montevideo sinnvoll, da die Bürgersteige häufig schief sind und viele Löcher aufweisen.

Maße und Gewichte

Normalerweise ist das metrische System vorherrschend, auf dem Land werden Entfernungen mitunter auch in dem alten spanischen Maß der Leguas (1 Legua entspricht in etwa 5 km) ausgedrückt. Bei Hohlmaßen wird in

Kubikzentimetern bzw. Litern gerechnet.

Post

Die Post ist preiswert, aber nicht immer zuverlässig. Luftpostbriefe nach Europa kosten umgerechnet etwa 1,50 DM, sie brauchen etwa 3–14 Tage. Wichtige Sendungen sollte man als Einschreiben *(certificado)* schicken. Briefe aus Europa nach Uruguay dauern länger.

Reisezeit/Wetter

Die beste Reisezeit liegt zwischen November und April, im uruguayischen Sommer. In den Monaten Januar und Februar wird es mitunter für Mitteleuropäer zu heiß (siehe Klimadaten, S. 18). Im Landesinnern ist es dann trocken-heiß, an der Küste kann es mitunter schwül und feucht werden. Einmal wöchentlich entlädt sich diese Schwüle dann meistens in einem heftigen Gewitter.

Die beste Reisezeit ist in den Monaten Februar und März. Im März ist die Hitze nicht mehr ganz so groß, die Strände sind leerer, und das Wasser an der Atlantikküste ist angenehm warm. Der traditionelle Urlaubsmonat vieler Uruguayer und Argentinier ist der Januar, dann ist es schwer, an der Küste noch ein preiswertes Zimmer zu finden.

Die Winter sind nicht sehr kalt, Probleme schafft aber die hohe Luftfeuchtigkeit. Auch wenn es in Montevideo nur 2–3 °C kalt wird, so wird diese Kälte doch durch die Feuchtigkeit als sehr unangenehm empfunden. Die meisten Häuser sind darauf nicht eingestellt. Sie sind leicht gebaut, die Feuchtigkeit kriecht durch sämtliche Ritzen, und richtige Heizungen gibt es in Montevideo nur in den besseren Vierteln wie Pocitios und Carrasco. Alle anderen heizen mit Kaminen oder elektrisch; Feuerholz *(leña)*, das auch zum Grillen benutzt wird, ist sommers und winters überall zu bekommen.

In Uruguay fällt Weihnachten in den Hochsommer

Reiten

Uruguay ist ein Paradies für Pferdefreunde. Jede Estanzia im Landesinnern hat Pferde, einige Reisebüros in Montevideo bieten sogar mehrtägige Pferdetouren durch das Land an. Zwei zur Auswahl:

Estancias de Turismo, Red de Estancias con Servicio Hostería Rural, Oficina Coordinadora Central, Río Branco 1359, Apto. 705, Montevideo, Uruguay, Tel. 00598-2-910698, Fax 00598-2-984519; Cecilia Regules Viajes, Bacacay 1313, Montevideo, Uruguay, Tel. 00598-2-963011, Fax 00598-2-963012.

Wer sich mehr für Pferdesport interessiert, sollte die Rennbahnen in Montevideo (Sa, So nachmittags) und Las Piedras (Do, Sa, So) aufsuchen.

Remates

Remates bieten eine Gelegenheit, das Landleben in Uruguay zu studieren. *Remates* sind Versteigerungen. Sie werden auf den Rural-Seiten der Tageszeitungen (am besten in »El Pais« schauen) angekündigt. Meistens sind es Viehversteigerungen im großen Stil. Manchmal 500, manchmal 1000, mitunter sogar 2000 Tiere werden an einem Tag per Angebot verkauft. Veranstaltet werden die *remates* von Auktionshäusern *(escritorios)*. Von verschiedenen Estanzias kommen die Besitzer zusammen, der eine hat 30 Tiere, der nächste 50 anzubieten. Die Tiere werden von Gauchos in die Korrale getrieben, und später beginnt die Versteigerung. Einzelne Tiere werden vorgeführt, gekauft werden aber in der Regel nicht einzelne Tiere, sondern ganze Gruppen. Ein Schaf kostet etwa 40, ein junges Rind 600 Pesos (etwa 15 bzw. 220 DM). Allein das ganze Ambiente mit rauchenden Grills, stampfenden Tieren und echten Gauchos ist schon ein Erlebnis. Für viele Landarbeiter ist die *remate* ein Festtag. Nur da besteht die Möglichkeit, mit vielen anderen Gauchos zusammenzukommen und auch einmal das eigene Können zu demonstrieren.

Auf anderen *remates* werden ganze *ranchos,* kleine Landhäuser, oder sogar ganze Estanzias versteigert. Wer das Leben auf dem Land aufgibt und in die Stadt zieht, nimmt nur wenig seiner persönlichen Habe mit. Alles andere bleibt im Haus und wird versteigert. Eßservices, Schmuck, Sporen, Werkzeug, Tische, Kühlschränke, komplette Eß- oder Schlafzimmer, Möbel, Bilder und Teppiche, alles kommt unter den Hammer. Auch die Antiquitätenhändler aus Montevideo kaufen hier ein. Diese Art von *remates* werden weniger oft angekündigt, bei großen Estanzias auch auf den Rural-Seiten, bei kleineren Ranchos meist nur in den lokalen Blättern. Manchmal weist auch nur ein Schild in einem Büro eines *escritorio* oder eines an der Landstraße darauf hin.

Rundfunk und Fernsehen

Der staatliche und private Rundfunk und das Fensehen senden auf spanisch.

Internationale Programme senden die Deutsche Welle und der BBC World Service. Sie sind mit einem Weltempfänger auf folgenden Frequenzen zu empfangen:

Deutsche Welle	
MHz	17,68, 15,41, 13,69, 9,700
Meterband	16,80, 19,47, 21,91, 30,93

BBC	
MHz	15,26, 15,18, 11,75, 9,915
Meterband	19,66, 19,76, 25,53, 30,26

Das Programm der Deutschen Welle kann man anfordern bei:

Schmackhafte Kleinigkeiten wie chivitos und hamburguesas verkaufen auch Straßenstände

Deutsche Welle, Öffentlichkeitsarbeit, Postfach 100444, 50588 Köln, Tel. 0221/3890, Fax 0221/3893000.

Souvenirs

Typische Mitbringsel aus Uruguay sind Leder und Lederbekleidung, verarbeitete und nicht verarbeitete Halbedelsteine sowie Wollprodukte (S. 139).

Speisen und Getränke

Ein Frühstück im mitteleuropäischen Sinne ist in Uruguay unbekannt. Meistens wird morgens nur ein Kaffee getrunken, dazu gibt es vielleicht ein Croissant *(media luna)* oder ein kleines Marmeladenbrötchen.

Mittag- und Abendessen sind allerdings für europäische Verhältnisse mehr als reichlich. Sie bestehen normalerweise aus Vorspeise, Hauptgericht und Nachtisch, hinterher gibt es Kaffee.

Rindfleisch in allen Variationen beherrscht die Speisenfolge in Uruguay. Daher sind die Parrilladas (Grillrestaurants) auch die beliebtesten Speiselokale. *Asado* (Rindfleisch vom Grill), *asado de tira* (Rippchen), *pulpa* (Rindfleisch ohne Knochen), *lomo* (Filetsteak) und *bife de chorrizo* (Rumpsteak) sind beliebt. *Costillas* (Schnitzel) und *milanesas* (panierte Schnitzel) werden fast immer mit Pommes Frites und Salat serviert, sind aber auch nur mit Brot zu haben. Ein *chivito* ist ein belegtes Brötchen mit Rindfleisch, Salat und Ei, eventuell auch mit zusätzlich Käse und Schinken. Der *puchero,* ein landestypischer Eintopf, besteht aus Rindfleisch, Bohnen, Speck, Gemüse und Wurst. In der *cazuela,* einem anderen Eintopf, werden auch *mondongos* (Kutteln) mitgekocht.

Äußerst beliebt bei allen Uruguayern sind Grillabende, sogenannte *asados* (S. 90).

Neben Rindfleisch gibt es in Uruguay aufgrund der vielen italienischen Einwanderer gute Pizza; auch Pasteten, Geflügel, Fisch und Meeresfrüchte bereichern die Speisenkarten.

Zum Nachtisch werden *chaja,* ein kugelförmiger Kuchen, der mit Sahne und Marmelade gefüllt ist, *massini* (Sahnetörtchen), Zitronentörtchen, Eischnee oder andere Süßigkeiten serviert.

Uruguay ist sowohl ein Bier- als auch Weinland. Das Bier ist sehr gut, die bekanntesten Marken sind Patricia, Norteña und Pilsen. Die Qualität des Weines (rot und weiß) ist schwankend und sehr vom Preis abhängig. Als einheimische Spirituosen werden Grappa, *caña* (Zuckerrohrschnaps) und auch Gin und Whisky aus Uruguay konsumiert. Das klassische Getränk der meisten Uruguayer ist allerdings *mate*-Tee (S. 90).

Sprache

Die Landessprache ist Spanisch mit einigen Spezifika (S. 264). Englisch wird in Montevideo oder Punta del Este im Tourismussektor verstanden, ist aber nicht üblich. Deutsch sprechen ebenfalls einige Uruguayer.

Staatsangehörigkeit

Das Bürgerrecht der República del Uruguay kann erworben werden
– durch Geburt: In Uruguay geborene Personen haben automatisch die uruguayische Staatsangehörigkeit, auch wenn die Eltern eine andere Staatsangehörigkeit besitzen. Kinder deutscher Eltern, die in Uruguay geboren sind, sind demnach doppelstaatig. Kinder eines uruguayischen Elternteils, die außerhalb des Landes geboren sind, erwerben die Staatsangehörigkeit Uruguays erst dann, wenn sie sich in Uruguay niedergelassen haben und im Bürgerregister eingetragen sind.
– durch Einbürgerung: Ausländer über 18 Jahre können bei Vorlage eines polizeilichen Führungszeugnisses die uruguayische Staatsangehörigkeit bekommen, wenn ihre Familie ihren Wohnsitz in Uruguay hat und diese über Bargeld oder Grundbesitz im Land verfügt und seit mindestens drei Jahren in Uruguay lebt. Hat jemand weder Familie noch Angehörige mit Bargeld oder Grundbesitz im Lande leben, so kann er die uruguayische Staatsangehörigkeit dennoch bekommen. Allerdings muß er dann seit fünf Jahren im Land leben und sich wissenschaftlich betätigen oder ein Gewerbe betreiben.

Der Beweis der Aufenthaltsdauer muß durch eine beglaubigte Urkunde erfolgen.

Die uruguayische Staatsangehörigkeit wird nicht durch Eheschließung mit einem Staatsbürger des Landes erworben. Der Ehepartner kann jedoch nach mindestens drei Jahren Aufenthalt im Land die Staatsbürgerschaft beantragen.

Stromspannung

Die Stromspannung beträgt generell 220 Volt. Mit Stromausfällen muß hin und wieder gerechnet werden.

Für europäische Geräte sind Adapter wichtig (im Land überall zu bekommen). Die meisten Estanzias im Landesinnern sind nicht an das normale Stromnetz angeschlossen. Sie versorgen sich über Generatoren oder Windräder selbst.

Taxis

Taxis halten auf Zuruf und können auch telefonisch bestellt werden. Es gibt allerdings in ganz Uruguay zu wenig Taxis.

Montevideo hat die geringste Taxidichte aller Hauptstädte in Lateinamerika. Die Taxis haben Taxameter, die in Korrespondenz mit einer gedruckten Liste den Fahrpreis anzeigen. Wer in Carrasco mit dem Flugzeug landet, sollte sich nicht wundern, wenn der Taxameter ausgeschaltet bleibt. Von hier nach Montevideo gelten Festpreise, zur Zeit kostet die Fahrt etwa 30 DM.

Telefon

Die staatliche Telefongesellschaft ANTEL hat das Monopol im Telefonwesen. Von Montevideo und anderen Städten gibt es einen Selbstwählferndienst, dennoch kommen Auslandsgespräche nicht immer zustande. In vielen kleinen Orten auf dem Land werden die Gespräche noch von einer Telefonzentrale handvermittelt.

Für Gespräche von öffentlichen Telefonzellen sind Jetons erforderlich, besser ist jedoch, das Büro von Antel aufzusuchen, um von dort zu telefonieren. Telefongespräche nach Europa sind sehr teuer, der Minutenpreis liegt bei knapp 6 DM.

Die Internationale Vorwahl für Uruguay ist 0 05 98, danach wird die 0 der Vorwahl weggelassen.

Die Vorwahlnummern für die wichtigsten Orte:

Artigas	0642
Atlántida	0372
Bella Unión	0739
Canelones	0332
Cármelo	0542
Chuy	0474
Colonia del Sacramento	0522
Dolores	0534
Durazno	0362
Florida	0352
Fray Bentos	0535
La Paloma	0473
Maldonado	0422 und 0423
Melo	0462
Mercedes	0532
Minas	0442
Montevideo	02
Nueva Palmira	0544
Paysandú	0722
Piriápolis	0432
Punta del Este	0424
Rivera	0622
Rocha	0472
Salto	0456
San José de Mayo	0342
Tacuarembó	0632
Treinta y Tres	0452
Trinidad	0364

Trinkgelder

Trinkgelder sind üblich und verbreitet. Man gibt etwa 10% der Rechnungssumme und läßt das Trinkgeld meist nach dem Bezahlen auf dem Tisch liegen.

Trinkwasser

siehe Gesundheitliche Vorsorge (S. 254)

Unterkünfte

Die Fremdenverkehrsgebiete an der Küste sind mit einer Vielzahl unterschiedlichster Unterkünfte auf verschiedenem Niveau ausgestattet. Hier kann es lediglich im Januar zu einzelnen Engpässen kommen. In der Regel erhöhen an den Küsten die Hoteliers ab dem 8. Dezember, der Eröffnung der Badesaison, ihre Preise empfindlich, und ab Weihnachten sind die Preise für Hotelzimmer an der Küste meist doppelt so hoch wie außerhalb der Saison. Für ein Doppelzimmer mit Frühstück in einem einfachen bis mittelklassigen Hotel in Piriápolis, einem Ferienort der Mittelklasse, muß man dann etwa 50 US-$ kalkulieren. Außerhalb der Saison sind die Preise jedoch realistischer.

Im Landesinnern sind die Hotelpreise ebenfalls hoch. Die Versorgung ist schlecht, und mitunter hat man den Eindruck, daß jeder Besucher für die Gäste mitbezahlen muß, die nicht kommen.

Die preisgünstigsten Möglichkeiten sind entweder Camping auf den gut ausgestatteten Plätzen oder das Anmieten von Apartments oder kleinen *cabañas.* Die *cabañas* werden häufig von den Stadtverwaltungen vermietet und sind daher wesentlich billiger als vergleichbare Hotelzimmer. Außerdem haben sie meist eine kleine Kochgelegenheit.

Vogelbeobachtung

Uruguay ist ein Paradies für Vogelkundler. Besonders im Osten des Landes, in den Feuchtgebieten von Rocha an den großen Lagunen, leben unzählige Vogelarten. Einige Reisebüros sind auf die Vogelbeobachtung spezialisiert, so z. B. Ecological Tours, Viajes Continental, 25 de Mayo 732, 11000 Montevideo, Uruguay, Tel. 00598-2-920930, Fax 920996, und Estancias de Turismo, Red de Estancias con Servicio Hostería Rural, Oficina Coordinadora Central, Río Branco 1359, Apto. 705, Montevideo, Uruguay, Tel. 00598-2-910698, Fax 984519.

Währung und Zahlungsmittel

Währung ist seit 1993 der Peso, er ersetzte den Neuen Peso. Grund für die Umstellung war die hohe Inflation. Der heutige Peso entspricht 1000 Neuen Peso. Offiziell ist der Peso in 100 Centésimos unterteilt. Als Scheine sind die alten Noten (Neuer Peso) jedoch noch im Umlauf. Sie sind in Stückelungen zu 1000 (Wert 1 Peso), 5000 (Wert 5 Pesos) und 10000 (Wert 10 Pesos) gebräuchlich, es gibt auch noch 500er und kleinere Noten, diese verschwinden aber immer mehr aus dem Alltag und werden durch Münzen ersetzt.

Der Umtausch von Deutscher Mark, von österreichischen Schilling oder Schweizer Franken in Pesos ist in Uruguay wesentlich günstiger als in Europa. Die Inflation des Peso ist hoch, daher schwankt der Tageskurs.

Uruguay kennt keinerlei Devisenbeschränkungen. Alle Währungen können unbegrenzt ein- und ausgeführt werden. Auch in den Wechselstuben gilt inzwischen das Bankgeheimnis. In Montevideo sind alle Währungen tauschbar, auf dem Land empfiehlt sich die Mitnahme von US-$. Kreditkarten (Visa, American Express, Euro- bzw. Mastercard) sind gebräuchlich, allerdings empfiehlt sich oftmals die Barzahlung, da dann bis zu 15 % Rabatt *(discuento)* eingeräumt werden.

Zeitdifferenz

Die Differenz zur mitteleuropäischen Zeit beträgt minus vier Stunden, d.h., wenn es in Frankfurt 12 Uhr ist, dann ist es in Montevideo erst 8 Uhr. Während der mitteleuropäischen Sommerzeit ist die Zeitdifferenz noch eine Stunde größer.

Zeitungen und Zeitschriften

Alle Tages- und Wochenzeitungen werden auf spanisch veröffentlicht. In Buenos Aires erscheint das deutschsprachige »Argentinische Tageblatt«, das trotz des Namens eine Wochenzeitung ist und auch in Montevideo an den Kiosken auf der 18 de Julio verkauft wird.

Zollbestimmungen

Zollfrei ist das persönliche Reisegepäck mit den Gegenständen des täglichen Gebrauchs, Filme, gebrauchte Fotoapparate, Videokamera, Ferngläser, Radios, Tonbänder usw. Daneben dürfen 400 Zigaretten oder 50 Zigarren, 1 l Spirituosen und 5 kg Lebensmittel eingeführt werden. Der Gesamtwert dieser Güter darf aber 150 US-$ nicht übersteigen.

Wichtige Anschriften für deutschsprachige Besucher

Diplomatische und konsularische Vertretungen

Vertretungen Uruguays in der Bundesrepublik Deutschland

Botschaft der Republik Uruguay,
Gotenstraße 1–3, 53175 Bonn,
Tel. 0228/356570, Fax 361410,
Sprechzeit: Mo–Fr 9–13 Uhr

Außenstelle Berlin
Clara-Zetkin-Str. 97, 10117 Berlin,
Tel, 030/2291424, Fax 2292839,
Sprechzeit: Mo–Fr 9–13, 14.30–17 Uhr

Honorarkonsulat von Uruguay,
Wagnerstraße 26, 40212 Düsseldorf,
Tel. 0211/353435, Fax 358143,
Sprechzeit: Mo–Fr 9–13 Uhr

Honorarkonsulat von Uruguay,
Eschersheimer Landstraße 563,
60431 Frankfurt/Main,
Tel. 069/518510, Fax 538643
Sprechzeit: Mo–Fr 9–13 Uhr

Generalkonsulat von Uruguay,
Hochallee 76, 20149 Hamburg,
Tel. 040/4106542, Fax 4108401,
Sprechzeit: Mo–Fr 9–15 Uhr

Honorarkonsulat von Uruguay,
Sendlinger-Tor-Platz 8,
80336 München,
Tel. 089/591361, Fax 591362,
Sprechzeit: Mo–Fr 8.30–12.30 Uhr

Honorarkonsulat von Uruguay,
Budapester Str. 24,
10787 Berlin (für Potsdam),
Tel. 030/26117998, Fax 2629620,
Sprechzeit: Mo–Fr 9–13 Uhr

Honorarkonsulat von Uruguay,
Böblinger Str. 104, 70199 Stuttgart,
Tel. 0711/648491, Fax 648489,
Sprechzeit: Mo–Fr 7.30–11.30 Uhr

Vertretung Uruguays in Österreich

Botschaft der Republik Uruguay,
Krugerstraße 3/1/4, 1010 Wien,
Tel. 0222/5132240, Fax 5139913
Sprechzeit: Mo–Fr 9–12 Uhr

Vertretung Uruguays in der Schweiz

Botschaft der Republik Uruguay,
Kramgasse 63, 3011 Bern,
Tel. 031/3121400, Fax 3112747
Sprechzeit: Mo–Fr 9–12 Uhr

Vertretungen deutschsprachiger Länder in Uruguay

Botschaft der Bundesrepublik Deutschland
Calle La Cumparsita 1417/1435,
Casilla de Correo 20014,
11200 Montevideo,
Tel. 02/925222, Fax 923422

Die Republik Österreich unterhält keine eigene Botschaft in Uruguay. Deren Geschäfte werden von der Botschaft in Argentinien wahrgenommen: Österreichische Botschaft, French 3671, Buenos Aires,
Tel. 0054/1/8027195

Österreichisches Generalkonsulat
Maldonado 1193, piso 2,
11100 Montevideo,
Tel. 02/914000

Botschaft der Schweizer Eidgenossenschaft, Ing. Federico Abadie 2936/40,
11300 Montevideo,
Casilla de Correo 810,
11000 Montevideo,
Tel. 02/704315, Fax 715031

Informationsstellen

Da Uruguay keine eigenen Fremdenverkehrsbüros in Europa hat, sind die Botschaften auch ansprechbar bei touristischen Fragen. Informationen über das Land, Broschüren und Tips erhält man bei Einsendung eines frankierten Rückumschlages (A 4) an die Botschaft.

Ministerio de Turismo,
Lavalleja 1409, piso 5 + 6,
11100 Montevideo,
Fax 02/92 16 24

Dirección National de Turismo, Agraciada 1409, 4°, 5°, 6°, Montevideo, Tel. 02/90 41 48

(Buchung von Estanzia-Aufenthalten) Cecilia Regules Viajes, Bacaeay 1313, Montevideo, Tel. 02/96 30 11, 95 73 08, Fax 96 30 12

Bundesstelle für Außenhandelsinformationen, Blaubach 13, 50676 Köln, Tel. 02 21/20 57–1

Bundesverwaltungsamt, Informationsstelle für Auslandtätige und Auswanderer, Postanschrift: 50728 Köln, Dienstgebäude: Marzellenstraße 50–56, Köln, Tel. 02 21/75 80

Deutsch-uruguayische Handelskammer (Camará de Comercio Uruguayo-Alemana), Calle Zabala 1379, 4°, 11000 Montevideo,
Casilla de Correo (Postfach) 1499, 11100 Montevideo,
Tel. 02/97 03 07-08, Fax 96 32 81,
Sprechzeit: Mo – Fr 9 – 13, 13.30 – 17.30 Uhr

Vereine

Associación Austriaca del Uruguay, Calle Solano García 2469, Montevideo, Tel. 02/70 29 32

Deutscher Alpenländerverein, Mateo Vidal 3228, 11600 Montevideo, Tel. 02/81 30 69

Deutscher Klub, Paysandú 935, 4. Stock, 11100 Montevideo, Tel. 02/91 74 96

Deutscher Männerchor, Deutscher Ruderverein, Riachuelo 173, 11300 Montevideo, Tel. 02/70 17 52

außerhalb Montevideos:

Deutsche Kulturvereinigung Paysandú, Joaquin Suarez 1177, 60000 Paysandú, Tel. 07 22/77 82. Vereinslokal Calle Montevideo 1159

Schulen

Deutsche Schule Montevideo, Avenida Dr. F. Soca 1356, 11300 Montevideo, Tel. 02/79 06 22

Kirchengemeinden

Katholische Gemeinde, Pater Brand, Paysandú 763, 11000 Montevideo, Tel. 02/90 56 39
Evangelische Gemeinde, Pastor Winkler, J. M. Blanes 1116, 11200 Montevideo, Tel. 02/48 30 66

Ärzte

Dr. Wolfgang Goller (Vertrauensarzt der deutschen Botschaft), Hector Miranda 2403/802, Montevideo, Tel. 02/70 60 38

Prof. Dr. Carlos Oehninger, Avenida Brasil 3074 Piso 2, Montevideo, Tel. 02/78 88 29 (Lufthansa-Vertragsarzt)

Dr. Monika Wagner (Kinderärztin), Montevideo, Tel. 02/61 12 32

Kleine Sprachkunde

In Uruguay wird spanisch gesprochen, allerdings unterscheidet sich das uruguayische Spanisch *(castellano genannt)* in Grammatik und Aussprache ein wenig vom Spanischen auf der Iberischen Halbinsel.

Grammatik

Uruguay gehört wie Argentinien zu den »vos«- statt »tu«-Ländern. Anstelle des spanischen »tu« der zweiten Person Singular wird im uruguayischen Spanisch häufig das »vos« gebraucht. »Du sagst« heißt somit nicht »tu dices«, sondern »vos dicés«. Der Plural des »du«, also »ihr«, wird mit »ustedes« statt wie im Spanischen mit »vosotros« gebildet.

Aussprache

Im großen und ganzen bereiten Aussprache und Betonung spanischer Wörter auch dem Anfänger keine besonderen Schwierigkeiten. Bei Wörtern, die mit Vokal oder n und s enden, liegt die Betonung auf der vorletzten Silbe, bei Wörtern auf Konsonant (außer n und s) auf der letzten Silbe. Abweichende Betonungen werden durch Akzent gekennzeichnet, z. B. alemán (deutsch). Vokale haben eine mittlere Länge, sind also weder ganz lang noch ganz kurz; Diphtonge werden getrennt ausgesprochen, also a-i, e-i usw.

Wohl durch den großen italienischen Einfluß haben sich in den La-Plata-Ländern einige Besonderheiten in der Aussprache herausgebildet. Bei den Konsonanten gibt es folgende Ausspracheunterschiede zum Deutschen, wobei hier gleichzeitig die Besonderheiten des Río-de-la-Plata-Raumes berücksichtigt werden.

c vor a, o, u und Konsonanten wie deutsches k: casa (Haus); vor e und i wie stimmloses s in Straße: cinco (fünf)

ch wie tsch in Pritsche: mucho (viel)

g vor e und i wie ch in Dach: gerente (Geschäftsführer)

h ist immer stumm

j wie ch in Dach: jefe (Chef)

ll wird in Spanien und vielen lateinamerikanischen Ländern wie eine Kombination von l und j oder nur als j gesprochen, z. B. calle (calje, caje, Straße). Am Río de la Plata ist das anders: Hier wird das »ll« eher als »sch« ausgesprochen: llamar (schamar, anrufen)

ñ wie eine Kombination von n und j in Champagner: niño (Kind)
qu immer wie k: quince (fünfzehn)
s wie stimmloses s in Straße: casa (Haus); nur vor stimmhaften Konsonanten wie stimmhaftes s im sagen: mismo (selbst)
v am Wortanfang wie b: viejo (alt)
x vor Vokalen wie ks: próximo (der nächste); vor Konsonanten wie stimmloses s: exposición (Ausstellung)
y ist die zweite Ausnahme der Länder am Río de la Plata. In Spanien und anderen Ländern wird es zwischen Vokalen und am Wortanfang wie j in ja gesprochen, also yo (jo, ich). Am Río de la Plata wird auch dieses y wie sch ausgesprochen, also yo (scho, ich); am Wortende wird y wie i gesprochen: hoy (heute)
z wie stimmloses s in Straße: zorro (Fuchs)

Allgemeines

Herr	el señor	Mann	el hombre
Frau	la señora	Frau	la mujer
Fräulein	la señorita	Kind	el niño, la niña
Junge	el muchacho el chico	Mädchen	la muchacha la chica
junger Mann	el joven	junges Mädchen	la joven
Freund	el amigo	Freundin	la amiga
Ehemann	el esposo	Ehefrau	la esposa
ja	si	nein	no
ich bin	estoy	wir sind	estamos
ich habe	tengo	wir haben	tenemos
Deutschland	Alemania	Deutsche(r)	alemán, alemana
Österreich	Austria	Österreicher(in)	austríaco, austríaca
Schweiz	Suiza	Schweizer(in)	suizo, suiza

Verständigung

Sprechen Sie deutsch?	Habla Usted alemán?
Verstehen Sie englisch?	Entiende Usted el inglés?
Ich spreche nicht spanisch.	No hablo español (oder castellano).
Ein wenig	Un poco
Ich verstehe nicht.	No entiendo.
Ich verstehe nichts.	No comprendo nada.
Ich habe nicht verstanden.	No he comprendido.
Schreiben Sie das bitte auf!	Escriba Usted esto, por favor!

Verstehen Sie mich?	Me entiende Usted?
Sprechen Sie bitte etwas langsamer!	Hable Usted más despacio, por favor!
Was sagten Sie?	Qué dijo Usted?
Wie heißt das im Spanischen?	Cómo se llama (esto) en español?
Wie spricht man dieses Wort aus?	Cómo se pronuncia esta palabra?
Ich möchte mit einem Dolmetscher sprechen.	Quisiera hablar con un interprete.

Wochentage, Tages- und Jahreszeiten

Montag	el lunes
Dienstag	el martes
Mittwoch	el miércoles
Donnerstag	el jueves
Freitag	el viernes
Samstag	el sábado
Sonntag	el domingo
Tag	el día
Woche	la semana
Monat	el mes
Jahr	el año
heute	hoy
gestern	ayer
morgen	mañana
übermorgen	pasado mañana
morgens	por la mañana
mittags	a mediodía
gegen Mittag	hacia mediodía
nachmittags, abends	por la tarde
nachts	de noche
um Mitternacht	a medianoche
heute morgen	esta mañana
heute abend	esta tarde
heute nacht	esta noche
voriges Jahr	el año pasado
nächstes Jahr	el año próximo
Frühling	la primavera
Sommer	el verano

Herbst	el otoño
Winter	el invierno
Wie spät ist es?	Qué hora es?
Es ist 1 Uhr.	Es la una.
Es ist 10 nach 2.	Son las dos y diez.
Es ist ein Viertel nach 3.	Son las tres y cuarto.
Es ist halb 5.	Son las cuatro y media.
Es ist viertel vor 5.	Cinco menos un cuarto.

Zahlen

0 cero	1 uno	2 dos	3 tres	4 cuatro
5 cinco	6 seis	7 siete	8 ocho	9 nueve
10 diez	11 once	12 doce	13 trece	14 catorce
15 quince	16 dieciséis	17 diecisiete	18 dieciocho	19 diecinueve
20 veinte	21 veintiuno	30 treinta	40 cuarenta	50 cincuenta
usw.				
60 sesenta	70 setenta	80 ochenta	90 noventa	100 cien/ ciento/a
200 doscientos	1000 mil	2000 dos mil		

Adjektive und Adverbien

gut	bueno/a	schön	hermoso/a, lindo/a
schlecht	malo/a	warm	caliente
kalt	frío/a	groß	grande
klein	pequeño, chico/a	lang	largo/a
kurz	corto/a, breve	früh	temprano/a
spät	tarde	rechts	a la derecha
links	a la izquierda	kaputt	destruido/a
dumm	estúpido/a	lustig	alegre
müde	cansado/a	krank	enfermo/a
billig	barato/a	teuer	caro/a
leicht	fácil	schwer	difícil
viel	mucho/a	wenig	poco/a
hoch	alto/a	niedrig	bajo/a
oben	arriba	unten	abajo
alt	viejo/a	neu	nuevo/a
jung	joven	schnell	rápido/a
langsam	lento/a	traurig	triste
sauber	limpio/a	schmutzig	sucio/a

Himmelsrichtungen

Osten	el este	Westen	el oeste
Norden	el norte	Süden	el sur

Farben

weiß	blanco	gelb	amarillo
blau	azul	grün	verde
braun	marrón, moréno	grau	gris
schwarz	negro		

Im Restaurant

Restaurant	el restaurante	Frühstück	el desayuno
Mittagessen	el almuerzo	Abendessen	la cena
Essen	la comida	Getränke	las bebidas
Speisenkarte	la carta	Tisch	la mesa
Kellner	el camarero	Kellnerin	la camarera
Milchkaffee	el café con leche	Tee	el té
Ei	el huevo	Rühreier	huevos revueltos
Schinken	el jamón	Käse	el queso
Brot	el pan	Brötchen	los panecillos
Toastbrot	el pan tostado	Butter	la mantequilla, la manteca
Saft	el jugo	Wein	el vino
Bier	la cerveza	Serviette	la servilleta
Teller	el plato	Tasse	la taza
Glas	el vaso	Flasche	la botella
Löffel	la cuchara	Gabel	el tenedor
Messer	el cuchillo	Rechnung	la cuenta
Trinkgeld	la propina	Eis	el helado
Zucker	el azúcar	Salz	la sal
Pfeffer	la pimienta	Öl	el aceite
Essig	el vinagre	Reis	el arroz
Salat	la ensalada	Kartoffeln	las patatas, las papas
Fleisch	la carne	Suppe	la sopa
Fisch	el pescado	Hähnchen	el pollo

Unterkunft

Hotel	el hotel	Jugendherberge	el albergue para la juventud
Haus	la casa	Quartier	el alojamiento
Wohnung	la residencia	Zimmer	el cuarto, la habitación
Schlafzimmer	el dormitorio	Bett	la cama
Bad	el baño	Dusche	la ducha
Toilette	el baño	Toilettenpapier	el papel higíenico
fließend Wasser	el agua corriente	Handtuch	la toalla
Seife	el jabón	Schlüssel	la llave
Licht	la luz	Heizung	la calefacción
Bettdecke	la frazada	Kissen	la almohada
Schrank	el armario	Koffer	la maleta
Fahrstuhl	el ascensor		

Ich möchte ein Einzelzimmer.	Deseo un cuarto para una persona.
mit Bad	con baño
ein Zimmer mit 2 Betten	un cuarto con dos camas
ein Zimmer mit Doppelbett	un cuarto de matrimonio
Was kostet es?	Cuánto cuesta?
Wie hoch ist der Preis?	Cuál es el precio?
Alles inbegriffen?	Todo incluido?
Kann ich das Zimmer sehen?	Puedo ver el cuarto?
Dieses Zimmer gefällt mir nicht.	Esto cuarto no me gusta.
Es ist zu klein.	Es demasiado pequeño.
Es ist zu teuer.	Es demasiado caro.
Haben Sie ein billigeres Zimmer?	Tienen un cuarto más barato?
Ist Post für mich da?	Hay correo para mí?
Haben Sie Briefmarken?	Tienen Usted estampillas?
Bitte wecken Sie mich um 6 Uhr!	Por favor, llámeme a las seis!
Wir fahren morgen.	Partimos mañana.
Die Rechnung bitte!	La cuenta, por favor!

Bibliographie

Uruguay: Geographie, Reisen, Allgemeines

Bürger, Otto: Uruguay. Leipzig 1928

García Alvarado, José María: Uruguay. Madrid 1988

Hübener, Karl-Ludolf: Verhalten in Uruguay. Arbeitsmaterialien für den landeskundlichen Unterricht aus der Reihe »Verhaltenspapiere«, Heft 42. Zentralstelle für Auslandskunde, deutsche Stiftung für internationale Entwicklung. Unkel/Rhein 1993

Länderbericht Uruguay 1989. Hg. v. Statistischen Bundesamt. Stuttgart 1990

Lehmann-Nitsche, R.: Einzelheiten zur Entdeckungs- und Kulturgeschichte des östlichen Südamerika. III. Der Name Montevideo (1520). Ibero-Amerikanisches Archiv, XI, 4, 1937/38, S. 487–496

May, Karl: Am Río de la Plata. Herausgegeben von Hermann Wiedenroth und Hans Wollschläger. Band 14 der »Züricher Ausgabe«. Zürich 1992

Mertins, Günter/Bähr, Jürgen/Gans, Paul: Beiträge zur Stadtgeographie von Montevideo. Marburg 1988

Nelke, W.: Das Deutschtum in Uruguay. Stuttgart 1921

Satius, Guiatur: Guía de atractivos y servicios turísticos de Uruguay. Montevideo 1993

Uruguay: Geschichte, Politik, Wirtschaft

Bodemer, Klaus/Licio, Marta/Nolte, Detlef (Hg.): Uruguay zwischen Tradition und Wandel. Münster 1993

Kerbusch, Ernst J.: Das uruguayische Regierungssystem 1952–67. Köln 1971

Kroch, Ernesto: Uruguay. Zwischen Diktatur und Demokratie. Ein lateinamerikanisches Modell? Frankfurt/Main 1991

Licio, Marta: Uruguay: Land zwischen Kontinuität und Wandel. Eine Analyse der Wahlen vom November 1989 mit ausgewählten Dokumenten. Hamburg: Institut für Iberoamerika-Kunde 1990 (Beiheft Nr. 8)

Manig, W.: Vom Leben und Sterben der Ureinwohner Uruguays. »Südamerika«, III, 5. Buenos Aires 1953, S. 478–482

Rosencof, Maurico/Huidobro, E. Fernandez: Wie Efeu an der Mauer. Erinnerungen aus den Kerkern der Diktatur. Hamburg 1990

Servicio Paz y Justicia: Uruguay. Nunca mas. Informe sobre la violación a los derechos humanos (1972–1985). Montevideo 1989

Servicio Paz y Justicia: Informe 1993. Derechos Humanos en Uruguay. Montevideo 1993

Spaett, Günther: Das erste Jahr des Präsidenten Lacalle in Uruguay. In: Auslandsinformationen der Konrad-Adenauer-Stiftung Nr. 7, S. 31–37, 1991

Uruguay Reader. Hg. von der Redaktion Pitirre. Bremen Dezember 1992

Wagner, Christoph: Politik in Uruguay 1984–1990. Probleme der demokratischen Konsolidierung. Münster 1991

Uruguay: Literatur (in deutscher Übersetzung)

Benedetti, Mario: Die Sterne und du. Erzählungen aus Uruguay. Wuppertal 1984

Benedetti, Mario: Literatur und Revolution. Essays. Zürich 1985
Benedetti, Mario: Verteidigung der Freude. Gedichte. Bremen 1985
Benedetti, Mario: Frühling im Schatten. Roman. Wuppertal 1986
Benedetti, Mario: Danke für das Feuer. Roman. Zürich 1987
Benedetti, Mario : Die Gnadenfrist. Roman. München 1989
Benedetti, Mario: Auf den Feldern der Zeit. Erzählungen. Zürich 1990
Benedetti, Mario: Das Mädchen und der Feigenbaum. Roman. Göttingen 1994
Erkundungen. 21 Erzähler vom Río de la Plata. Berlin 1993
Galeano, Eduardo: Tage und Nächte von Liebe und Krieg. Autobiographischer Bericht. 3. Aufl. Wuppertal 1992
Galeano, Eduardo: Von der Notwendigkeit, Augen am Hinterkopf zu haben. Wuppertal 1992
Onetti, Juan Carlos: Die Werft. Roman. Frankfurt/Main 1976
Onetti, Juan Carlos: Das kurze Leben. Roman. Frankfurt/Main 1978
Onetti, Juan Carlos: Lassen wir den Wind sprechen. Roman. Frankfurt/Main 1986
Onetti, Juan Carlos: Leichensammler. Roman. Frankfurt/Main 1988
Onetti, Juan Carlos: Magda. Roman. Frankfurt/Main 1989
Onetti, Juan Carlos: Der Schacht. Roman. Frankfurt/Main 1989
Onetti, Juan Carlos: So traurig wie nie. Erzählungen. Frankfurt/Main 1989
Onetti, Juan Carlos: Der Tod und das Mädchen. Roman. Frankfurt/Main 1993
Onetti, Juan Carlos: Abschiede. Roman. Frankfurt/Main 1995
Rodó, José Enrique: Ariel. Mainz 1993
Rosencof, Mauricio: Hundeleben. Literarische Einmischungen eines Tupamaros. Texte und Gedichte. Hamburg 1990

Lateinamerika: Geographie, Reisen, Allgemeines

Eugster, Kuno: Lateinamerika. Das Bild eines Kontinentes aus der Sicht des Tourismus. Bern 1982
Handbuch der Dritten Welt. Bd. 2: Südamerika. Vollst. neubearb. Aufl. Bonn 1992
Isabelle, Arsenio: Viaje a Argentinia, Uruguay y Brasil en 1830. Buenos Aires 1943
Lateinamerika im Brennpunkt. Aktuelle Forschungen deutscher Geographen. Berlin 1987
Lateinamerika-Jahrbuch. Frankfurt/Main 1992
Die Neue Welt. Chroniken Lateinamerikas von Kolumbus bis zu den Unabhängigkeitskriegen. Frankfurt/Main o. J.
Niggestich, Kajo (Hg.): Städte in Lateinamerika. Wuppertal 1976
Schmidel, Ulrich: Reise nach Südamerika in den Jahren 1534 bis 1554. Nach einer Münchener Handschrift hrsg. von V. Langmantel. Stuttgart 1889
Wilhelmy, Herbert: Die La-Plata-Länder. Argentinien, Paraguay, Uruguay. Braunschweig 1963
Wilhelmy, Herbert/Borsdorf, Axel: Die Städte Südamerikas. Teil II: Die urbanen Zentren und ihre Regionen. Berlin, Stuttgart 1983
Wulschner, Hans Joachim (Hg.): Vom Río Grande zum La Plata. Deutsche Reiseberichte des 19. Jahrhunderts aus dem südlichen Amerika. Tübingen und Basel 1975

Lateinamerika: Geschichte, Politik, Wirtschaft

Bellers, Jürgen/Wittkämper, Gerhard W.: Lateinamerika – Westeuropa: Annäherung oder Distanzierung. Politische und wirtschaftliche Analysen. Münster 1988

Fröschle, Hartmut (Hg.): Die Deutschen in Lateinamerika. Schicksal und Leistung. Tübingen, Basel 1979

Galeano, Eduardo: Die offenen Adern Lateinamerikas. Die Geschichte eines Kontinents von der Entdeckung bis zur Gegenwart. Wuppertal 15. Aufl. 1992

Galeano, Eduardo: Erinnerung an das Feuer. 3 Bde. Wuppertal 1989

García Méndez, Emilio: Recht und Autoritarismus in Lateinamerika. Argentinien, Uruguay und Chile. 1970 – 1980. Frankfurt/Main 1985

Guía del Tercer Mundo 91/92, Países y Temas del Mundo vistos desde el Sur, Hechos, Datos, Opiniones, Instituto del Tercer Mundo. Montevideo 1990

Halperin Donghi, Tulio: Geschichte Lateinamerikas von der Unabhängigkeit bis zur Gegenwart. Frankfurt/Main 1994

Hübener, Karl-Ludolf/Karnofsky, Eva/Lozano, Pilar: Weißbuch Lateinamerika. Eigenes und Fremdes. Wuppertal 1991

Junker, Detlev/Nohlen, Dieter/Sangmeister, Hartmut (Hg.): Lateinamerika am Ende des 20. Jahrhunderts. München 1994

Kahle, Günter u. a. (Hg.): Lateinamerika-Ploetz. Die Geschichte der Länder Lateinamerikas zum Nachschlagen. Freiburg 1989

Kronzucker, Dieter: Der Tag des Kondors. Von Kuba bis Brasilien. Die politische Biographie eines Kontinents. Reinbek bei Hamburg 1992

Lateinamerika. Analysen und Berichte. Bd. 14: Vom Elend der Metropolen. Hamburg 1990

Lindqvist, Sven: Lateinamerika. Der geplünderte Kontinent. Hamburg, Düsseldorf 1971

Waldmann, Peter/Krumwiede, Heinrich-Wilhelm (Hg.): Politisches Lexikon Lateinamerika. München, 3. neubearbeitete Auflage 1992

Nolte, Detlef (Hg.): Lateinamerika im Umbruch? Wirtschaftliche und politische Wandlungsprozesse an der Wende von den 80er zu den 90er Jahren. Münster 1991

Weber, Gaby: Die Guerilla zieht Bilanz. Gespräche mit Guerilla-Führern in Argentinien, Bolivien, Chile und Uruguay. Gießen 1989

Wöhlcke, Manfred: Der Fall Lateinamerika. Die Kosten des Fortschritts. München 1989

Lateinamerika: Kultur

Adler, Heidrun: Politisches Theater in Lateinamerika. Von der Mythologie über die Mission zur kollektiven Identität. Berlin 1982

Eitel, Wolfgang (Hg.): Lateinamerikanische Literatur der Gegenwart. In Einzeldarstellungen. Stuttgart 1978

Floeck, Wilfried/Kohut, Karl: Das moderne Theater Lateinamerikas. Frankfurt/Main 1993

Gretenkord, Barbara/Mainzer, Barbara/Stehlik, Brigitte: Mutter Erde – Vater Regen. Indianische Mythen und Legenden aus Lateinamerika. Freiburg 1994

Kießling, Wolfgang: Exil in Lateinamerika. Kunst und Literatur im antifaschistischen Exil 1933–45, Band 4. Leipzig 1980

Lateinamerikanische Kunst des 20. Jahrhunderts. München 1993

Müller, Karl: Die Indianer Lateinamerikas. Ein ethnostatistischer Überblick. Berlin 1984

Rapela, Enrique: Cosas de Nuestra Tierra Gaucha. Buenos Aires o. J. (vermutl. um 1960)

Reichardt, Dieter: Melancholie der Vorstadt, Tango. Frankfurt/Main 1982

Reichardt, Dieter (Hg.): Tango. Frankfurt/Main 1984

Reichardt, Dieter (Hg.): Autorenlexikon Lateinamerika. Frankfurt/Main 1992

Schreiner, Claus: Musica Latina.– Musikfolklore zwischen Kuba und Feuerland. Frankfurt/Main 1982

Siebenmann, Gustav: Die lateinamerikanische Lyrik 1892–1992. Berlin 1993

Strausfeld, Michi (Hg.): Lateinamerikanische Literatur. Frankfurt/Main 1989

Fotonachweis

Bildagentur Schuster, Oberursel: Titelbild

Historisches Bildarchiv der Stadt Montevideo: S. 30, 32

Alle übrigen Fotos stammen vom Autor.

Register

Aceguá 238, 239
Acevedo Díaz, Eduardo 72
Aguas Dulces 225–226
Aharonián, Coriún 79, 88
Alazayar, Francisco 205
Aldunante, Wilson Ferreira 39, 41
Amaru, Túpac 34
Amézaga, José 38
Andresito 206
Antigua Postal del Chuy 239–240
Arias, Hernando 27
Arreguis, Mario 73
Arroyo Catalán Chico 198
Arroyo de las Vacas 179, 180
Arroyo del Parao 237
Arroyo Jabonería 202
Arroyo Negro 248
Arroyo San Juan 27, 37
Arroyo Tacuarembó Chico 201
Arroyo Valizas 224
Arroyo Yerbal Chico 235
Artigas (Provinz) 194, 198
Artigas (Stadt) 100, 198
Artigas, José Gervasio 28, 30, 37, 71, 117, 121, 134, 179, 229
Astori, Danilo 42
Atlántica 220
Atlántida 149–151
Atlantik 14, 16, 17, 163, 215, 217, 219, 223, 252
Auguatini, Delmira 72

Baldomir, Alfredo 33, 38
Balneario Argentino 152
Balneario Las Cañas 185
Balneario Solís 152
Banchini, Antonio 134
Band, Hans 79
Barcala, Washington 82
Barra de Maldonado 216
Barra de Valizas 221, 223
Barra del Chuy 229
Barios Sur 109
Barradas, Rafael (Perez) 82
Battalla, Hugo 42
Batlle y Ordóñez, José 31, 32, 33, 38, 41
Bauzá, Ramón 144
Beatles 88
Bella Unión 100, 190, 195, 198
Belloni, José 82, 122, 129, 130, 136, 228
Benedetti, Mario 11, 74, 75, 80, 87, 121
Béquer 72
Bernhard, Sara 119
Blanes, Juan Manuel 30, 81, 130, 137
Boca de Cufre 170
Boix y Merino, Emilio 121
Bolivar, Simon 229
Bordaberry, Juan María 35, 36, 39
Brel, Jacques 88
Bucht von Montevideo 104, 109
Bürger, Otto 66, 107
Burmeister, Hermann 31, 135

Cabo Polonio 97, 220, **221–224**
Caboto, Sebastiano 27, 37
Calera de las Huérfanas 178, 179
Campos, Roberto 67, 69
Canelones (Provinz) 48, 49, 152, 208, 212, 214
Canelones (Stadt) 208, 241
Carlos III. (König) 215
Cármelo 179–180
Carrasco 63, 64, 68, 87, 94, 98, 104, 108, 132
Caruso, Enrico 119
Cascada del Peniente 144
Castel Pujol 50
Castillos 226
Castilo, Osiris Rodríguez 237
Caymmi, Dorival 88
Ceballos, Don Pedro de 215
Cebollati 231–234
Cerro Arequita 144
Cerro Catedral 15, 219
Cerro de Montevideo 15, 45, 105, 106, 108
Cerro del Inglés 154, 156
Cerro Largo 237, 241
Cerro Pan de Azúcar 153, 154
Cerro San Antonio (siehe Cerro del Inglés)
Cerro Verdun 144
Cervantes Saavedra, Miguel de 127
César, Clemente 19
Chuy 100, 229–230
Cisplatina (Provinz) 30, 38
Colonia (Provinz) 52, 170
Colonia del Sacramento 17, 28, 37, 61, 82, 98, 100, 105, **173–178**
Colonia Delta 93
Colonia Gartental 186
Colonia Suiza (siehe Nueva Helvecia)
Costa Azul 220
Costiglio, José Pedro 82
Cuadra, Miguel Ignacio de la 205
Cuchilla Grande 15, 16, 144, 235, 237, 241
Cuchilla de Haedo 15, 198, 199, 201
Cuchilla del Hospital 15, 199, 201

Damiani, Jorge 82
Dante, Alighieri 127
Debalí, Francisco 79
Delacour, Adolphe 126
Díaz de Solís, Juan 27, 37
Dieste, Eladio 151
Discépolo, Enrique Santos 80
Dolores 181
Dumas, Alexandre 38
Durazno (Provinz) 204, 205
Durazno (Stadt) 15, 102, **204**, 205, 206
Duse, Eleonora 119
Dylan, Bob 88

Eiffel, Gustave 154
El Fortin 148, 149
El Palmar 59
El Pinar 148
Elío, Francisco Xavier de 137
Errecart, Héctor Tosar 79
Estanzia El Terruño 144, 172
Etcheverry, Don Bertram 239
Ezeiza 98

Fabini, Eduardo 79, 144
Ferrari, Juan 113
Figari, Pedro 82, 130
Flores 38
Flores (Provinz) 55, 205
Florida (Provinz) 206
Florida (Stadt) 30, 38, **206–207**, 208, 241
Fortalezza Santa Teresa 228, 231
Fray Bentos 16, 53, 59, 63, 92, 100, **183–186**
Fuente del Puma 144
Fuente del Toro 156
Fuerte de San Miguel 230
Fuente de Venus 156

Galeano, Eduardo Hughes 11, 29, 76
Gamara, José 82
Gardel, Carlos 78, 79, 80
Garibaldi, Giuseppe 31, 38, 116
Garibaldi, Tomás 77
Garmendia, Francisco Xavier 119
Garsini, Ignacio 80
Gartental s. Colonia Gartental
General Enrique Martínez 234
Gestido, Oscar Daniel 38
Giebert, Georg 52, 92, 183
Gómez, Leandro 187
Gómez, Manuel Espinola 82
Gruta del Palacio 205

Heber, Margarita Uriarte de 121
Hernández, José 72, 126
Herrera, Luis Alberto de 41, 121
Herrera y Obes, Julio 31
Herrera y Reissig, Julio 72, 119
Hequet, Diógenes 82
Hügelland 15, 18
Huidobro, Eleuterio Fernández 34

Isabelle, Arsento 106
Isla de los Ombues 144
Isla Gorriti 164
Isla de los Lobos 164

Jaureguiberry 152
Jorge Newberry 98

Kailitz von Holmberg, Baron Eduard 92
Kentenich, Josef 172

Lacalle, Luis Alberto 37, 39, 41
La Charqueada 235
La Coronilla 229
La Foresta 152
Lago, Sylvia 73
Lago de Rincón del Bonete 202, 203
Lago de Salto Grande (Stausee) 192, 193
Lago Merín 239–240
Laguna de Castillos 223, 224
Laguna de Rocha 216, 217
Laguna del Sauce 158, 214
Laguna Garzón 216, 217
Laguna José Ignacio 216
Laguna Merín 14, 16, 49, 234, 235
Laguna Negra 227
La Paloma 58, 63, **219–220**
La Pedrera 220
Laroche, Fernando 134
Larreta, Antonio 77
Las Toscas 152
Las Piedras 29, 37
La Teja 104
Latorre, Lorenzo 31, 38, 56
Lavalleja (Provinz) 144, 214
Lavalleja, Juan Antonio 30, 38, 115, 125, 144, 234
Le Corbusier 121
Liebig, Justus von 184
Livi, José 123
Longa, Hugo 82
López, Hilda 82
Los Calchaleros 88
Los Panchos 88

Maciel, Francisco Antonio 118
Magellan, Fernando 27, 106, 137
Maggi, Carlos 77
Maldonado (Provinz) 144, 152, 214
Maldonado (Stadt) 16, 158, **159–161**
Marindia 148
Marra, Nelson 74
Martín Chico 178
Martínucci, Don Andrés 207
Masliah, Leo 80
Masoller 198
Massüe, Alfredo 121
May, Karl 126
Meano, Victor 134
Medina (General) 36
Melo 15, 16, 201, **238–239**, 248
Méndez, Aparicio 36
Merello, Tita 80
Mercedes 27, 181, **182–183**
Mesas 15
Meseta de Artigas 189
Meyer-Clason, Curt 73
Milhanovich, Nicolás 177
Minas 144, 214
Mitrione, Dan 34, 38
Monte des Ombues 223–224
Montevideo (Provinz) 104
Montevideo (Stadt) 11, 12, 16, 18, 22, 24, 25, 26, 28, 29, 32, 34, 35, 37, 38, 40, 45, 48, 52, 59, 61, 62, 63, 64, 65, 66, 67, 69, 70, 71, 72, 73, 74, 75, 76, 77, 78, 79, 82, 83, 84, 85, 86, 87, 88, 89, 90, 92, 94, 96, 98, 100, 101, 102, **104–143**, 144, 148, 162, 170, 174, 187, 199, 204, 208, 212, 241, 252, 255
Moretti, Cayetano 134
Mortet, Luis Cluzeau 79

Napoleon Bonaparte (Kaiser) 28
Neptunia 148
Neruda, Pablo 151
Nijinsky, Waslaw 119
Nono, Luigi 79
Nueva Helvecia 144, 170, 172
Nueva Palmira 15, 63, 180, 181
Nuevo Berlin 94, 186

Onetti, Juan Carlos 11, 73, 74
Oribe, Manuel 31, 38, 107, 116

Pacheco Areca, Jorge 35, 38, 42
Páez Vilaró, Jorge 82, 158, 159
Palermo 109
Palmares 226
Palmenwälder 18
Pampa 15, 21
Pan de Azúcar (Berg) 15
Pan de Azúcar (Stadt) 214
Pando 34, 212
Paraná-Uruguay-Tiefland 16
Para, Violeta 88
Pareja, Miguel Angel 82
Parque de Plata 152
Parque Nacional de Santa Teresa 228
Parque Salus 144
Paso de la Arena 235
Paso de los Toros 75, 203, 204
Paysandú (Provinz) 29, 187
Paysandú (Stadt) 15, 59, 63, 100, **187–189**, 201
Peñarol 104
Pinamar 148
Pinzón, Vicente Yañez 37
Piria, Francisco 152, 154, 155
Piriápolis 15, 144, 146, **152–157**
Playa Brava 149
Playa del El Emir 164
Playa Mansa 149, 163
Playa Pascual 170
Pocitos (Playa) 32, 68, 87, 131
Pozo y Marquez, José del 114, 137
Puente International Libertador San Martín 185
Punta Ballena 158, 159
Punta del Diablo 228, 230
Punta del Este 16, 17, 63, 84, 87, 100, 101, 102, 144, 148, 158, 159, **162–167**, 174, 215, 216, 252

Quiroga, Rosita 80
Quebrada de los Cuervos 235, 236

Rabú, Victor 19
Ramos, Nelson 82
Real de San Carlos 177
Reino, Oscar Garcio 82
Represa del Canelon Grande (Park um Stausee) 208
Reyles, Carlos 72
Rincón del Baygorria 59
Rincón del Bonete (Staudamm) 59, 204
Río Arapey 193, 195
Río Branco 100, 201, 240
Río Cebollati 234, 235
Río Cuareim 195, 198
Río Daymán 189
Río de la Plata 11, 14, 15, 16, 17, 18, 22, 24, 26, 27, 28, 30, 37, 48, 63, 74, 79, 80, 104, 105, 106, 108, 109, 118, 122, 132, 137, 144, 146, 148, 156, 158, 161, 163, 170, 173, 174, 178, 179, 215, 219, 252, 254
Río Grande 16
Río Negro (Fluß) 16, 27, 59, 181, 182, 183, 204, 205, 206, , 252
Río Negro (Provinz) 183
Río Olimar 235
Río Paraná 16, 17, 18, 179
Río Queguay 189
Río San Salvador 181
Río Santa Lucía 104, 144, 170, 173
Río Solis 37
Río Tacuari 240
Río Uruguay 14, 15, 16, 17, 18, 24, 27, 30, 37, 57, 59, 63, 94, 100, 178, 179, 180, 181, 184, 185, 186, 187, 189, 190, 195, 252
Río Yí 204
Río Yoguarón 240
Rivera (Provinz) 198, 199
Rivera (Stadt) 100, 101, 198, **199–201**
Rivera, Bernabé 26, 38
Rivera, Fructuoso 30, 31, 115, 204
Rocha (Provinz) 13, 18, 49, 210, 217, 218, 226, 227, 234
Rocha (Stadt) 11, **217–218**
Rodó, José Enrique 72
Rodríguez, Matos 79
Rondeau, José 134
Roos, Jaime 80
Rosas, Juan Manuel de 31
Rosencof, Mauricio 34, 77
Ruta Panorámica 214

Saavedra, Hernandeo Arias de 51
Saa y Faria, José Custodio de 114
Salinas 148
Saez, Federico 82
Salto (Provinz) 190, 191, 195
Salto (Stadt) 16, 59, 100, 189, **190–192**, 195, 196
Salto Grande (Stausee) 190
Salto Grande (Wasserwerk) 59, 190
San Antonio 220
San Carlos 164, 214
Sánchez, Florencio 72, 77
Sandú, Pater P. 187
San Felipe y Santiago de Montevideo s. Montevideo
San Francisco de Olovares s. Soriano
Sanguinetti, Julio María 36, 37, 39, 41
San José (Provinz) 170
San Salvador (Festung) 27
Santa Ana 152
Santa Lucía 170
Santa Monica 216
Santana do Livramento 199
Santo Domingo de Soriano 27, 37
Schaljapin, Fjodor 119
Sendic, Raúl 34, 38, 39
Seregni, Liber 39, 42
Sinatra, Frank 88
Solari, Luis Alberto 82, 130

Somers, Armonía 73
Soriano (Provinz) 181, 183
Soriano (Stadt) 181
Spikermann, Andres 92
Spikermann, Juan 92
Spósito, Américo 82
Stausee Río Negro 168
Sumpfgebiete von Rocha 20, 227, 232

Tacuarembó (Provinz) 25, 201
Tacuarembó (Stadt) 101, 201
Termas del Arapey 192, 193, 194
Termas del Daymán 189
Termas de Guaviyú 189
Terra, Gabriel 33, 38
Tomás Gomensoro 195
Torres García, Joaquín 82, 130
Toribio, Tomás 114, 115
Toscanini, Arturo 119
Treinta y Tres (Provinz) 234, 235
Treinta y Tres (Stadt) 235, 240, 241
Tres Bocas 186
Trinidad 205

Valle del Eden 202
Varela, Jacobo Vázquez 134
Vázquez, Dr. Tabaré 37, 39, 42
25. de Augusto 101
Vergara, Juan de 181
Viana, Javier de 72
Viana, José Joaquin de 159
Viari 130
Viglietti, Daniel 80
Villa Argentina 148
Villa de Cerro 104
Vitales, Don Arquimedes 207

Wald von Lussisch 158

Yepes, Eduardo Díaz 151
Young 186

Zabala, Bruno Mauricio de 28, 115, 145
Zanelli, Agnes 121
Zitarrosa, Alfredo 80
Zorrilla de San Martín, José Luis 82, 125, 127, 179
Zorrilla de San Martín, Juan 72, 178
Zucchi, Carlos 119
Zweig, Stefan 17

Übersichtskarte mit Blattschnitt

Zeichenerklärung zum Reiseatlas

- Straße vierspurig, befestigt
- Straße zwei- oder mehrspurig, befestigt
- Straße einspurig, befestigt
- Straße, geschottert
- Straße ohne Befestigung
- Eisenbahn mit Haltepunkt außerhalb von Ortschaften
- Staatsgrenze
- Provinzgrenze

0 10 20 30 km

- ROCHA Río Negro Sehenswerter Ort /Objekt
- Verkehrsflughafen
- Flugplatz
- Objekt
- Höhle
- Hafen
- Leuchtturm
- Staudamm
- Wasserfall
- Heiße Quelle
- Campingplatz
- Sumpf
- Palmenhain

João Fagundes
A
B
Isla Brasileña
(Contestado)
Islote Correntino (R.A.)
Franquia
Barra do Quaraí
Isla Correntina (R.A.)
Monte Caseros
Cuareim
Río Quaraí
ARGEN-
TINA
Bella Unión
Río Cuareim
Bernabé Rivera
A° Yacot
A° Yacaré
Grande
La Bougle
Río Uruguay
27
A° Tres Cruces Grande
14
1
Azucarera
Cainsa
Tomás Gomensoro
Juan Pujol
Lenguazo
107
30
A° Cuaró Grande
A° Pelado
Colonia
Estrella
A° Ñaquiñá
A° Itacumbú
A° Yucutujá
Zanja del Sauce
3
Colonia
San Gregorio
A° Mandiyú
Parada Itacumbú
A° Yucutujá
Colonia Palma
Mini
Cuaró
75
A° Guaviyú
Parada Yucutujá
Pda. Artola
82
ARTIGAS
Grande
Cuchilla
de Belén
A° Sarandí
A° Palma Sola
Baltasar Brum
Chajarí
Belén
Brigadier General
Diego Lamas
Villa del Rosario
A° Yacuy
A° Patitos
A° de las Cañas del Sauce
Parada María
A° Ceballos
Colonia
Ensanche Sauce
Mandisoví
Santa Ana
Termas del Arapey
Termas del
Arapey
2
Arapey
Río
Sequeira
Embalse
de Salto
Grande
245
Espinillar
A° Palomas
Arapey
Chico
Constitución
Palomas
Río Arapey Grande
Lavalleja
Saucedo
Lluveras
Zanja
Honda
Ferreira
88
Grande
A° Itapebí Chico
A° Tangarupá
4
A° del Sauce
arada
yuí
3
660
A° de las Tunas
Biassini
C° del Durazno
Itapebí
C° Fortaleza
Valentín
A° Sopas
Represa de
Salto Grande
La Viticola
A° Itapebí Grande
A° S. Antonio Grande
Cuchilla del Daymán
88
31
on-
rdia
San Antonio
A° Valentín Grande
SALTO
Albisu
SALTO
31
A° Palacias del Tala
Termas
del Daymán
La Bolsa
Silveira
nitas
cas
A° Laureles Grande
Cuchilla
de Salto
A° de las Cañas
Río Daymán
3
Daymán
Sauce Chico
C° Ubajay
Meseta
de Artigas
A° Chapicuy Chico
Chapicuy
Bella Vista
A° Carumbé
PAYSANDÚ
282
a Guaviyú
(R.O.U.)
82
A° Guaviyú
Río Daymán

A
B
1
2
3
A° Yacot
Cerro Chato
A° del Sauce
Topador
Colonia General Rivera
A° Guaviyú
ARTIGAS
Quaraí
Puente Internacional de la Concordia
171
Passo da Guarda
65
317
A° Tres
Javier de Viana
Pda. Fariña
A° Tres Cruces
Cruces Grande
Tamanduá
C° Pintado
Chico
Pintado Grande
Colonia Piedra Pintada
C° Piedra Pintada
Coxilh
Pedregal
131
A° Pelado
4
A° Cuaró Chico
Tres Cerros del Catalán
Río Cuareim
Río Quaraí
ARTIGAS
268
A° del Catalancito
A° Catalán Grande
119
Cda del Sarandí
A° Cuaró
Grande
A° del Medio
A° Catalán Chico
30
A° Catalán Seco
A° Sepulturas
Campamento
Cuchilla de Belén
A° Sarandí
281
Cerros Vichadero
A° Maneco
Tres Cerros del Arapey
A° de Sequeira
Cañada Espirillo
141
Territorio contestado
Sequeira
A° Sarandí
Sarandí del Arapey
Cuch
A° del Cerro Chato
Masoller
412
Olivera
A° Juan Pérez
A° Rubio Chico
Río Arapey Grande
A° Mataojo Chico
La Palma
C° de los Peludos
Tra
A° Mataojito
Mataojo
Cerro Minuano
Mataojo Grande
Brigad Civiles
Cayetano
Cuchilla de Haedo
A° Laureles
Cerr
A° Sopas
A° Mataojo
Grande
A° de las Cañas
SALTO
Quintana
Laureles
C° Chapeu
406
A° Mataojito
Gajo Norte del Tres Cruces
Bañado de Cañas
Río Tacuarembó
Mario Rubio
C° Travieso
Paso del Cerro
Pepe Núñez
C° Charrúa
Cerros Lambaré
332
A° Arerunguá
C° de Carumbé
Carumbé
145
Paso de las Carretas
Bañado de Rocha
35
TACUAREMBÓ
Gruta de los Helechos
31
Zapará
A° del Tapado
Quiebra Yugos
A° Tres Cruces
Arerunguá
Rincón de la Aldea
TACUAREM
283
C° del Ataque
A° Tranqueras
26
Los Rosanos
A° Gua

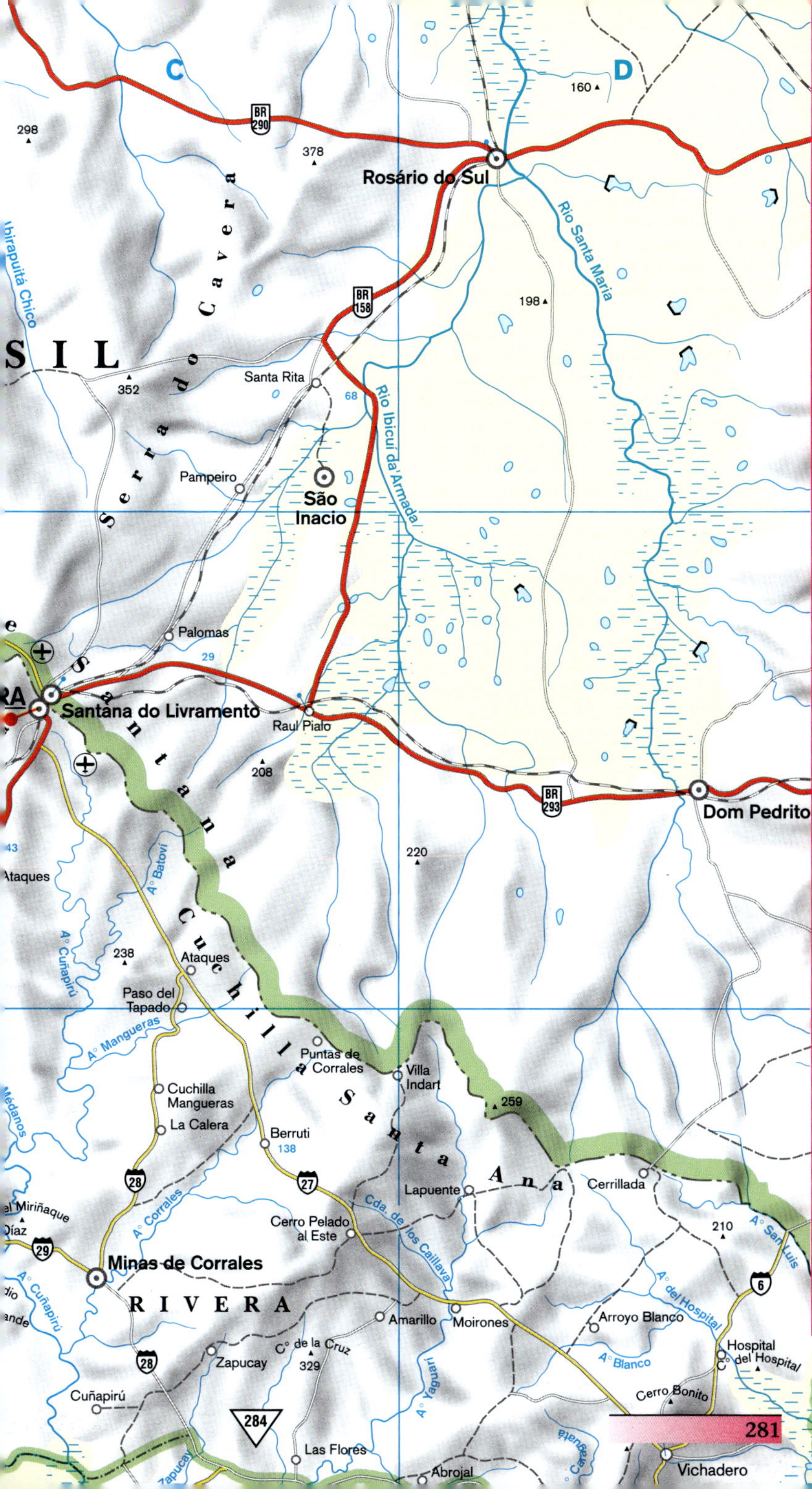
C
D
BR 290
160
298
378
Rosário do Sul
Ibirapuitã Chico
Rio Santa Maria
Cavera
198
BR 158
SIL
Santa Rita
352
68
Rio Ibicuí da'Armada
Serra do
Pampeiro
São Inacio
Palomas
29
Santana do Livramento
Raul Pialo
RA
208
BR 293
Dom Pedrito
Santana
43
A° Batoví
220
Ataques
A° Cuñapirú
238
Cuchilla
Ataques
Paso del Tapado
A° Mangueras
Puntas de Corrales
Villa Indart
Médanos
Cuchilla Mangueras
259
La Calera
Berruti
138
28
27
Santa Ana
Lapuente
Cerrillada
el Miriñaque
Díaz
Cerro Pelado al Este
Cda. de los Caillava
A° Corrales
210
A° San Luis
29
Minas de Corrales
A° del Hospital
6
RIVERA
A° Cuñapirú
Amarillo
Moirones
Arroyo Blanco
Hospital
C° del Hospital
C° de la Cruz
329
Zapucay
A° Blanco
28
A° Yaguarí
Cerro Bonito
Cuñapirú
284
Caraguatá
Las Flores
Zapucay
Abrojal
Vichadero

A
B
1
2
3
279
287
Nueva Escocia
Pedernal
Chapicuy
Bella Vista
Isla Redonda (R.O.U.)
Isla Guaviyú (R.O.U.)
A° Carumbé
A° Guaviyú
Ubajay
Río Uruguay
Isla San José (R.A.)
Rivas
Termas del Guaviyú
Cerro Chato
Sacachispas
Puntas de Gualeguay
A° Malo
Arroyo Malo
Quebracho
Palmar del Quebracho
Soto
Berduc
El Horno
Paso de los Carros
A° Quebracho
A° de Soto
Cerros Buricayupí
A° Buricayupí
A° Gualeguay
Zeballos
Federal
Isla Pepeají (R.A.)
Lorenzo Geyres
Queguay
C° de los Difuntos
Sauce del Queguay
Cascadas del Río Queguay
Río Queguay Grande
Liebig
Isla del Queguay Grande (R.O.U.)
Isla del Queguay Chico (R.O.U.)
Constancia
El Brillante
Isla San Francisco (R.O.U.)
A° Ñacurutú Grande
A° Guayabos Grande
A° Capilla Vieja
Colón
Isla de Hornos (R.A.)
Nuevo Paysandú
PAYSANDÚ
Colonia Hughes
Isla Caridad (R.A.)
Guayabos
Esperanza
Isla Pelada (R.A.)
San Félix
Porvenir
Piedras Coloradas
Pandule
Termas de Almirón
Isla Almirón (R.O.U.)
Isla Almerías (R.O.U.)
Estación Porvenir
Orgoroso
Casa Blanca
Islote Braulio (R.O.U.)
Cerro Pelado
Algorta
Concepción del Uruguay
A° Valdez
Estación Km. 408
A° Negro
La Tentación
Talita
A° Bellaco
Villa Maria
Menafra
Uleste
Cuchilla
RÍO N
Colonia Elia
Isla Dolores (R.A.)
San Javier
Young
Isla San Genaro (R.A.)
Colonia Dr. Luis A. de Herrera
Tres Bocas
A° Don Esteban Grande
A° Grande
Isla Colón Grande (R.A.)
Colonia Gartental
Bellaco
A° Sánchez Grande
Sanchez
415
El Ombú
Isla Rica (R.A.)
Isla Román Grande (R.O.U.)
A° Coladeras
C° de la Cruz
Est. Haedo Km. 504
Arroyo Grande
Sauce
ARGENTINA
Cerro Pelado
Isla San Lorenzo (R.A.)
Nuevo Berlin
Haedo
El Mulero
Isla Filomena Grande (R.O.U.)
Río Negro
Represa de Palmar
Isla Inés Dorrego (R.A.)
Isla Sauzal (R.A.)
Rincón de Cololó
Puente Internacional Libertador Gral. San Martín
Villa Darwin
A° Cololó
A° de Vera
FRAY BENTOS
Ombucitos
C° de las Cañas
C° Colorado
SORIANO
Cerro Vera
Las Cañas
30
Liebigs
El Tala
La Tabla
Rincón de Cololó
Cerro Malvenir
Cerro Curupí
MERCEDES
Río Negro
A° Grande
A° Bequeló

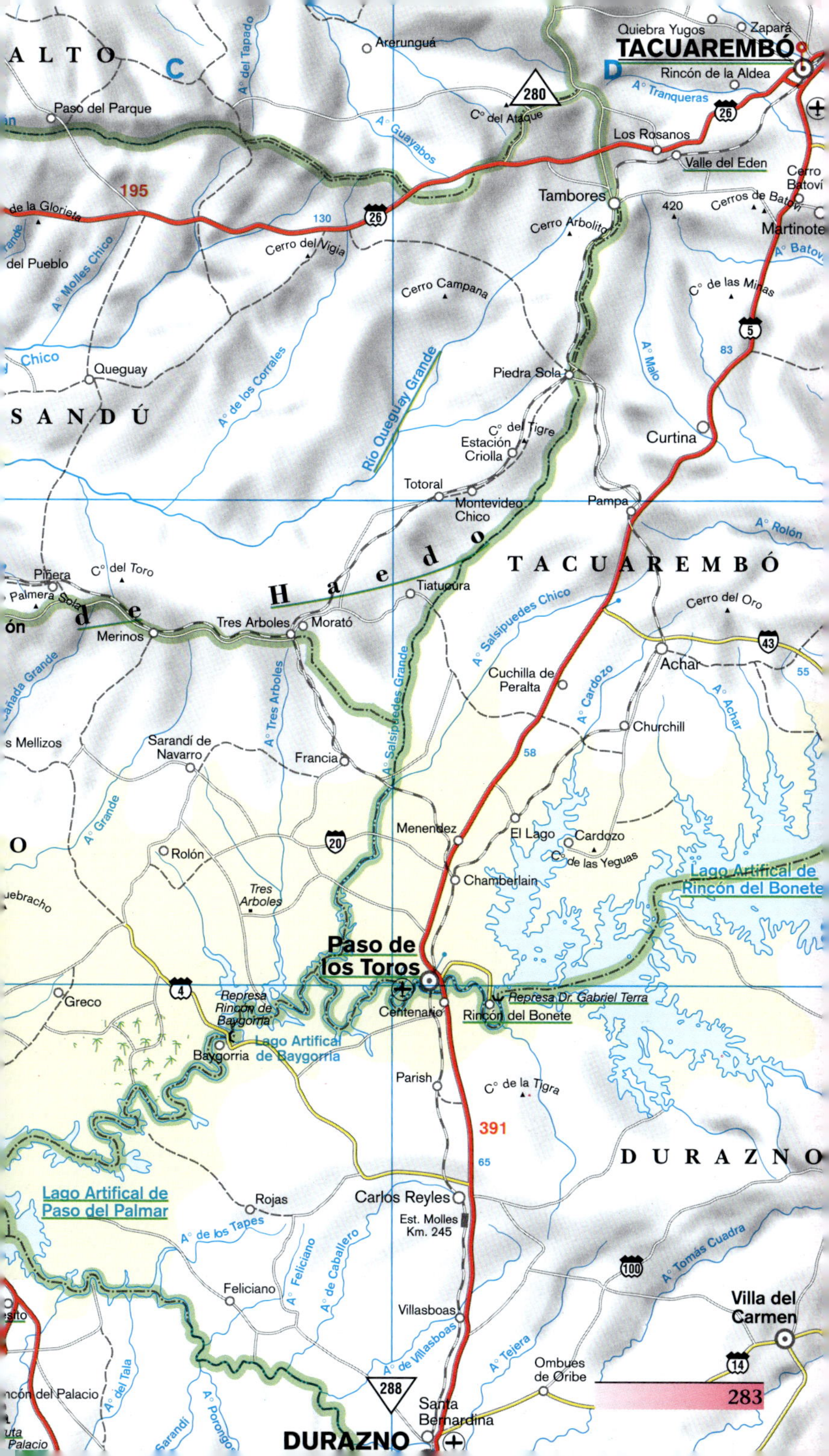
ALTO
C
D
Quiebra Yugos
Zapará
TACUAREMBÓ
Rincón de la Aldea
Arerunguá
A° del Tapado
280
C° del Ataque
A° Tranqueras
26
Paso del Parque
A° Guayabos
Los Rosanos
Valle del Eden
Cerro Batoví
195
Tambores
420
Cerros de Batoví
de la Glorieta
130
Cerro Arbolito
Martinote
A° Batoví
del Pueblo
A° Molles Chico
Cerro del Vigia
Cerro Campana
C° de las Minas
5
A° Malo
83
Chico
Queguay
A° de los Corrales
Río Queguay Grande
Piedra Sola
SANDÚ
C° del Tigre
Estación Criolla
Curtina
Totoral
Montevideo Chico
Pampa
A° Rolón
Haedo
TACUAREMBÓ
Piñera
C° del Toro
Tiatucura
Palmera Sola
de
Cerro del Oro
A° Salsipuedes Chico
Merinos
Tres Arboles
Morató
43
Achar
55
Cuchilla de Peralta
A° Cardozo
A° Achar
Cañada Grande
A° Tres Arboles
A° Salsipuedes Grande
Churchill
s Mellizos
Sarandí de Navarro
Francia
58
A° Grande
Menendez
El Lago
Cardozo
20
Rolón
C° de las Yeguas
Lago Artifical de Rincón del Bonete
Chamberlain
uebracho
Tres Arboles
Paso de los Toros
4
Greco
Represa Rincón de Baygorria
Centenario
Represa Dr. Gabriel Terra
Rincón del Bonete
Lago Artifical de Baygorria
Baygorria
Parish
C° de la Tigra
391
DURAZNO
65
Lago Artifical de Paso del Palmar
Rojas
Carlos Reyles
Est. Molles Km. 245
A° de los Tapes
A° Feliciano
A° de Caballero
100
A° Tomás Cuadra
Feliciano
Villa del Carmen
Villasboas
A° de Villasboas
A° Tejera
Ombues de Oribe
14
288
ncón del Palacio
A° del Tala
A° Porongos
Sarandí
Santa Bernardina
DURAZNO
283

Gruta de los Helechos
TACUAREMBÓ
A
280
54
28
Zapucay
Cº de la Cruz
329
B
RIV
Cuñapirú
A° Carpintería
A° Yaguarí
Las Flores
Abrojal
112
A° Zapucay
26
Pueblo de Arriba
Los Vázquez
Ansina
Cuaro
A° Cuaró
Cerro Batoví
Martinote
A°
Tacuarembó Chico
Cerro del Ñandú
1
A° Batoví
Pueblo de Barro
59
Paso de los Novillos
A° Yaguarí
A° Co
Picada de Cuello
Cerro del Arbolito
A° Veras
Río Tacuarembó
63
Sauces
35
Las Arenas
Bañado de Los Cinco
TACUAREMBÓ
Larrayos
204
Las Toscas
Clara
Cuchilla Caraguatá
A° Caraguatá
26
A° Rolón
A° de Clara
6
Blanquillos
Las Chircas
43
A° Malo
55
Parada Km. 329
Río Negro
Paso Pereira
2
Cañada del Sauce
Cuchilla de Ramírez
San Gregorio de Polanco
A° del Estado
Arévalo
A° Tarariras
113
La Paloma
A° de las Cañas
Estación Km. 296
Verdun
Pablo Páez
A° Pablo Páez
60
6
43
Cerro Convento
San Jorge
A° Chileno Grande
A° del Blanquillo
Cerrozuelo
A° Lechiguana
A° del Cordobés
Santa Clara de Olimar
7
Capilla de Farruco
Blanquillo
Carpintería
DURAZNO
A° de las Palmas
42
Las Cañas
Puntas de Malbajar
Chileno
Cuchilla Grande del Durazno
3
Cerro Chato
30
19
Cherro Chato
Puntas de Herrera
A° de la
19
A° Antonio Herrera
Rossell y Rius
A° Malbajar
Elías Regules
30
Río Yí
Villa del Carmen
6
Valentines
289
Cerro Valentines
19
59
Cerro Pescado
A° del Pescad
Río
Sarandí del Yí
Tabare

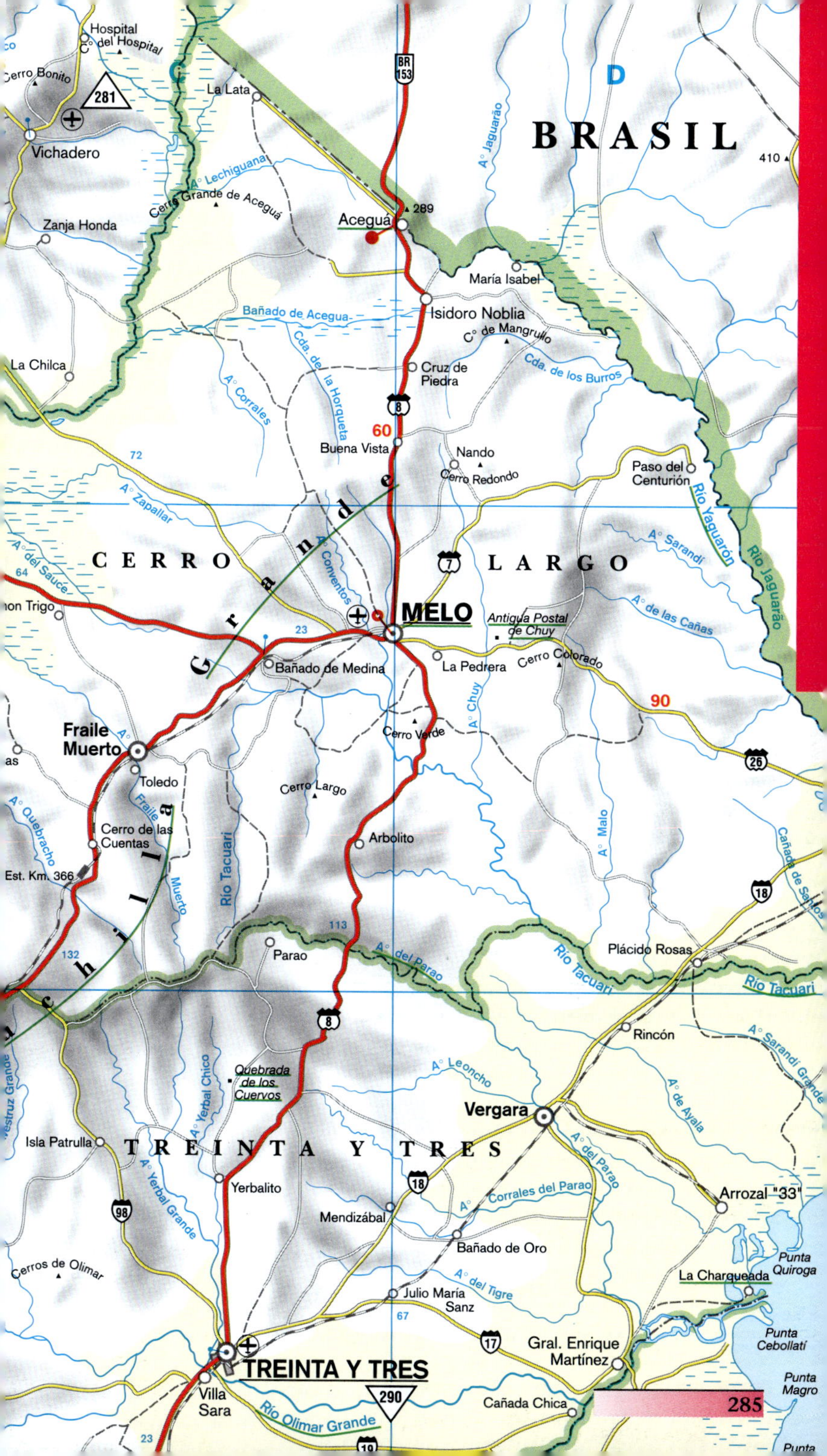
BRASIL
CERRO LARGO
TREINTA Y TRES
Cuchilla Grande
C
D
Hospital
Cº del Hospital
Cerro Bonito
281
Vichadero
La Lata
BR 153
Aº Jaguarão
410
Aº Lechiguana
Cerro Grande de Aceguá
Zanja Honda
Aceguá
289
María Isabel
Bañado de Acegua
Isidoro Noblia
Cº de Mangrullo
La Chilca
Cda. de la Horqueta
Aº Corrales
Cruz de Piedra
Cda. de los Burros
8
60
Buena Vista
Nando
Cerro Redondo
Paso del Centurión
72
Aº Zapallar
Río Yaguarón
Río Jaguarão
Aº Sarandí
Aº del Sauce
64
Aº Conventos
7
Aº de las Cañas
Ramon Trigo
MELO
Antigua Postal de Chuy
23
Bañado de Medina
La Pedrera
Cerro Colorado
90
Aº Chuy
Cerro Verde
Fraile Muerto
Toledo
26
Cerro Largo
Aº Quebracho
Aº Fraile Muerto
Cerro de las Cuentas
Río Tacuarí
Arbolito
Aº Malo
Cañada de Santos
Est. Km. 366
18
113
132
Parao
Aº del Parao
Río Tacuarí
Plácido Rosas
Río Tacuarí
8
Rincón
Aº Sarandí Grande
Quebrada de los Cuervos
Aº Yerbal Chico
Aº Leoncho
Aº de Ayala
Aº Avestruz Grande
Vergara
Isla Patrulla
Aº Yerbal Grande
Aº del Parao
Yerbalito
18
Aº Corrales del Parao
Arrozal "33"
98
Mendizábal
Bañado de Oro
Cerros de Olimar
Punta Quiroga
Aº del Tigre
La Charqueada
Julio María Sanz
67
17
Punta Cebollatí
Gral. Enrique Martínez
TREINTA Y TRES
Villa Sara
290
Cañada Chica
Punta Magro
Río Olimar Grande
23
19
Punta

A
B
285
Cerro Verde
A° Chuy
Cerro Largo
CERRO
LARGO
Arbolito
A° Malo
26
Uruguay
Jaguarão
Puente Internacional
Río Branco
Río Jaguarão
Río Yaguarón
San Servando
Cañada de Santos
18
Pte. Dr. Getulio Vargas
Punta Muniz
Lago Merín
Punta Cachimbar
Puerto Amaro
Plácido Rosas
A° del Parao
Río Tacuarí
8
Rincón
A° Sarandí Grande
139
A° Leoncho
A° de Ayala
Punta Catumbera
Punta Rabotieso
Vergara
TREINTA Y TRES
A° del Parao
Arrozal "33"
A° Corrales del Parao
Mendizábal
Bañado de Oro
Laguna Merín
Lagoa Mirim
Punta da Canoa
Punta Quiroga
La Charqueada
A° del Tigre
Julio María Sanz
67
Punta Cebollatí
M. Vicencio
17
Gral. Enrique Martínez
Río Olimar Grande
Cañada Chica
Cebollatí
Punta Magro
2
19
32
Picada de Techera
15
Punta Pelotas
Río Cebollatí
A° de Pelotas
Punta San Luis
Santa Vitória do Palmar
La Coronilla
Punta de las Piedras
19
San Luis al Medio
Punta San Miguel
34
A° Sarandí
A° Xui
14
Lascano
43
Xui
18 de Julio
Fuerte de San Miguel
Chuy
A° de la Coronilla
ROCHA
Barra del Chuy
A° Sarandí de los Amarales
A° de la India Muerta
9
Banado de San Miguel
3
La Coronilla
14
Punta de la Coronilla
Fortaleza y Parque Nacional de Santa Teresa
Laguna Blanca
A° Sauce del Peñón
Punta de la Moza
Embalse de la India Muerta
16
Punta Cerro Chato
Laguna Negra o de Los Difuntos
Punta del Barco
Santa Teresa
Punta del Diablo
Punta del Diablo
13
290
Angostura

A
B
Soriano
A° de las Maulas
Grito de Asencio
282
C° de los Ladrones
A° Bequeló
A° Coquimbo
A° Grande
A° Bizcocho
80
Palmitas
C° de la Casa de Piedra
Gruta del Aguila
99
Dolores
A° del Aguila
Río San Salvador
a Concordia
1
C° del Espinillo
SORIANO
151
Egaña
Risso
Cuchilla del Perdido
Colonia Concordia
A° del Durazno
A° del Perdido
A° del Espinillo
96
Cañada Nieto
José E. Rodo
nal Chico
A° Maciel
21
San Martín
Santa Catalina
ejandrina
A° San Martín
12
Palo Solo
Castillos
embarco de los 33 Orientales
Agraciada
109
Cardona
Nueva Palmira
Juan J. Jackson
Florencio Sanchez
97
A° de las Viboras
Capilla de Narbona
Viboras
12
Ombues de Lavalle
Colonia Estrella
El Cerro
Isla Juncal (R.O.U.)
A° de las Vacas
55
Cármelo
Campana
Miguelete
Punta Piedras
Calera de las Huérfanas
COLONIA
elta
A° Miguelete
52
A° Juan Gonzáles Grande
Cerro de las Armas
Río San Juan
Isla Dos Hermanas (R.O.U.)
Buenahora
92
231
106
54
Tres Esquinas
Isla Timoteo Domínguez (R.O.U.)
Minas de Narancio
El Cuadro
del
Terminal
Martín Chico
Conchillas
C° de la Campana
Manantiales
2
Isla Martín García (R.A.)
A° San Luis
A° Colla
2
Cerros de San Juan
83
22
rana
San Luis
Punta Pereyra
Punta Francesa
Los Cerros de San Juan
Barker
Colonia Suiza
Paso de la Horqueta
Nueva Helvecia
Tarariras
A° Sauce
21
Rosario
Estación Estanzuela
61
Colonia Valdense
San Pedro
La Estanzuela
59
La Paz
El Terruño
50
52
51
El Caño
Juan L. Lacaze
1
Boca del Rosario
Parque Fomento
Punta Hornos
Real de San Carlos
Riachuelo
Fomento
Punta Santa Rita
Punta Angostura
Punta Artilleros
Punta del Rosario
Punta de los Patos
Isla San Gabriel
COLONIA DEL SACRAMENTO
UENOS AIRES
Avellaneda
Quilmes
Río de la Plata
Lomas Zamora
1
210
Berisso
2
215
LA PLATA
Gen. Mansilla
ARGENTINA

A
B
1
2
3
Gruta del Palacio
A° Sarandí
A° Porongos
A° Marincho
283
Santa Bernardina
DURAZNO
A° Maestrecampo
40
Juan J. Castro
TRINIDAD
FLORES
Goñi
Polar
87
Puntas de Maciel
Batalla del Sarandí
A° Sarandí
Cuchilla del Perdido
A° Grande
Cerros de Ojosmín
Manantiales
Cerro Colorado
A° Chamangá
A° del Tala
A° Maciel
Sarandí Grande
60
Cuchilla Grande
del Cuervo
Pintado
Puntas del Sauce
Costas de San José
96
A° San Gregorio
San Gregorio
Juan J. Jackson
Ismael Cortinas
San Gregorio Carrio
C° de los Portugueses
La Cruz
A° de Pintado
C° de la Macana
Santa Teresa
Río
Guaycuru
Cerro Clara
C° de
203
Cerros Negros
Coronilla
SAN JOSÉ
FLORIDA
Piedra
Mal Abrigo
Carreta Quemada
A° de la Virgen
Berrondo
Río Rosario
Cufré
C° San José
Río San José
25 de Mayo
A° Cufre
Colonia América
A° Carreta Quemada
Mendoza C
González
Colonia Suiza
A° Pavón
Represa de Paso Severino
Mendoza
Nueva Helvecia
35
Juan Soler
SAN JOSÉ DE MAYO
Cardal
52
Santa Lucía
Pavón
Raigón
Independencia
27
Ecilda Paullier
Río
La Paz
Colonia Valdense
Scavino
Puntas de Cañada Grande
Rodríguez
25 de Agosto
Parque Fomento
Fomento
Boca del Cufre
A° Luis Pereira
47
Embalse
Santa Lucía
Pueblo Nuevo
A° Canelon Grde
Colonia San Joaquin
Rafael Perazza
Margat
37
Rincón del Pino
Aguas Corrientes
CANELO
117
Puntas de Valdez
Rincón de Buschental
90
Joanicó
Los Cerillos
46
Libertad
Progreso
A° Toledo
Punta Jesús María
Río Sta. Lucía
El Colorado
Punta de San Gregorio
Kiyú
Ordeig
Las Piedras
Tropa Vieja
Delta del Tigre
Poquito
Playa Pascual
Punta del Tigre
La Paz
Isla del Tigre
Santiago Vazques
Punta del Espinillo
Pajas Blancas
Parque D. R.
C° de Montevideo
Punta Yeguas
Punta Carretas
MONTEVIDEO
Río de la Plata

C
D
284
Tabare
A° del Pescado
A° Molles del Pescado
Río Olimar Chico
Est. Capilla del Sauce Km. 211
Capilla del Sauce
A° Illescas
José Battle y Ordoñez
Nico Pérez
A° del Sauce
Est. Zapicán Km. 253
Zapicán
70
14
387
A° Timote
A° Mansavillagra
C° San Francisco
Estación Dr. Alejandro Gallinal
6
Illescas
A° de Los Molles
Mansavillagra
56
A° de Los Chanchos
A° Timote
Pda. Arteaga
Talita
120
7
Cuchilla Grande
Polanco
Cerro Colorado
Polanco Sur
FLORIDA
100
A° Baringa
A° Tapes Grande
8
Reboledo
56
33
LAVALLEJA
San Gabriel
Mariscala
A° Casupá
Cerro Espuelitas
377
Casupá
Est. Casupá Km. 121
A° Marmaraja
A° del Chamizo
Fray Marcos
A° del Soldado
Río Sta. Lucía
Barrancas
17
Bolívar
Chamizo
A° del Aiguá
Cerro Arequita
Gruta Arequita
San Ramón
Tala
38
8
Villa Serrana
12
Ortiz
Verdún
Castellanos
A° del Tala
40
Ombues de Bentancour
Solís
Cerro Verdún
Cascadas de Agua del Penitente
65
80
Ingeniero Andreoni
MINAS
CANELONES
108
Puma
Fuente del Puma
Parque de Vacaciones de U.T.E.
81
San Bautista
Migues
39
Santa Rosa
7
Montes
58
81
Ruta Panorámica
12
70
A° Solís Grde.
Estación Migues
Tapia
A° Pan de Azúcar
MALDONADO
San Jacinto
83
A° Solís Chico
80
Solís de Mataojo
11
60
A° San Carlos
Cruz de los Caminos
Pedrera
Empalme Olmos
La Querencia
65
8
12
Soca
Arroyo
Piedra del Toro
Parque del Plata
La Floresta
70
Nueva Carrara
Abra de Perdomo
9
501
Repecho
34
1
95
Piedras de Afilar
Gregorio Aznárez
San Carlos
Salinas
Atlántida
San Luis
Las Flores
31
67
Pan de Azúcar
Estación Km. 144
37
Laguna del Sauce
El Pinar
Punta Solís
10
C° Pan de Azúcar
Solymar
Lagomar
Piriápolis
93
39
104
Maldonado
Punta Colorada
MALDONADO
La Barra de Maldonado
C° San Antonio
Punta Rasa
Punta Ballena
San Rafael
Isla de Flores
Punta del Este
Punta del Este

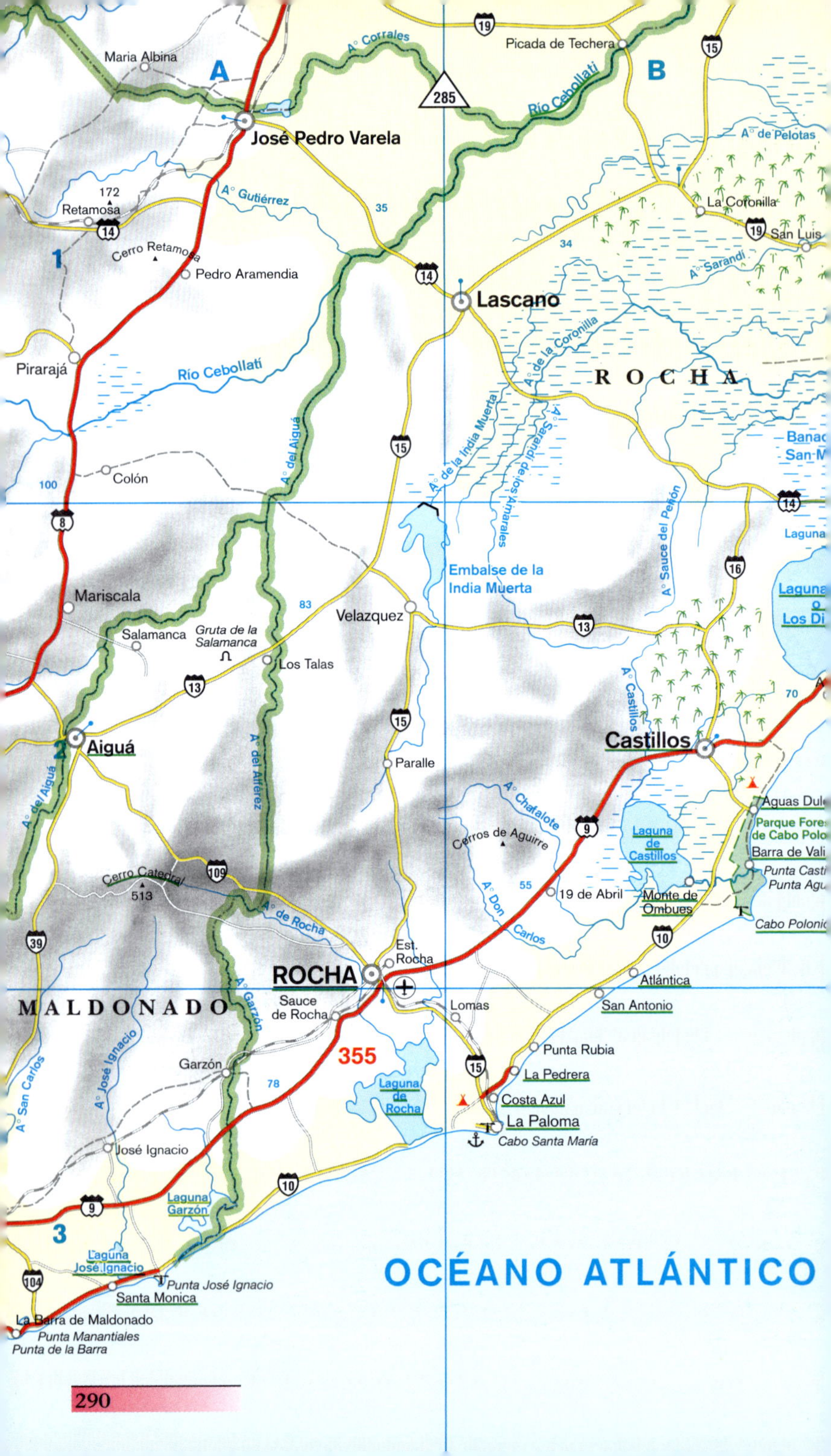

A
B
1
2
3
285
José Pedro Varela
Maria Albina
Picada de Techera
A° Corrales
Río Cebollatí
A° de Pelotas
172
Retamosa
A° Gutiérrez
35
La Coronilla
San Luis
Cerro Retamosa
Pedro Aramendia
34
A° Sarandí
Lascano
Pirarajá
Río Cebollatí
A° de la Coronilla
ROCHA
A° de la India Muerta
A° Sarandí de los Amarales
A° del Aiguá
Colón
100
Embalse de la India Muerta
A° Sauce del Peñón
Laguna
Mariscala
Salamanca
Gruta de la Salamanca
83
Velazquez
Los Talas
Aiguá
A° del Alférez
A° Castillos
70
Castillos
Paralle
A° Chafalote
Cerros de Aguirre
A° del Aiguá
Cerro Catedral
513
A° de Rocha
55
19 de Abril
A° Don Carlos
Laguna de Castillos
Monte de Ombues
Aguas Dulces
Parque Forestal de Cabo Polonio
Barra de Valizas
Punta Castillos
Punta Aguda
Cabo Polonio
Est. Rocha
ROCHA
Atlántica
MALDONADO
Sauce de Rocha
Lomas
San Antonio
A° Garzón
355
Punta Rubia
Garzón
A° José Ignacio
78
A° San Carlos
Laguna de Rocha
La Pedrera
Costa Azul
La Paloma
Cabo Santa María
José Ignacio
Laguna Garzón
Laguna José Ignacio
Punta José Ignacio
Santa Monica
La Barra de Maldonado
Punta Manantiales
Punta de la Barra
OCÉANO ATLÁNTICO

Ortsregister zum Reiseatlas

Zum Auffinden der Orte dient das blaugedruckte Suchgitter mit den dazugehörigen halbfetten Suchbezeichnungen am Kartenrand. Nach dem Ortsnamen steht als erste Zahl die Seite, danach die Bezeichnung des entsprechenden Suchfeldes.

18 de Julio 286 B3
19 de Abril 290 B2
25 de Agosto 288 B2
25 de Mayo 288 B2

A
Abra de Perdomo 289 D3
Abril, 19 de 290 B2
Abrojal 284 B1
Aceguá 285 D1
Achar 283 D2
Agosto, 25 de 288 B2
Agraciada 287 A1
Aguas Corrientes 288 B3
Aguas Dulces 290 B2
Aiguá 290 A2
Albisu 279 A3
Alejandrina 287 A1
Algorta 282 B2
Amarillo 281 C3
Andresito 283 C3
Angostura 286 A3
Ansina 284 A1
Arapey 279 A2
Arbolito 285 C2
Arenal Chico 287 A1
Arenitas Blancas 279 A3
Arerunguá 280 A3
Arévalo 284 B2
Arroyo Blanco 281 D3
Arroyo Grande 282 B3
Arroyo Malo 282 A1
Arrozal „33" 286 A2
Artigas 280 A1
Ataques 281 C2
Atlántica 290 B2
Atlántida 289 C3
Azucarera Cainsa 279 A1

B
Baltasar Brum 279 B2
Bañado de Cañas 280 B3
Bañado de Medina 285 C2
Bañado de Oro 285 D3
Bañado de Rocha 280 B3
Barker 287 B2
Barra de Valizas 290 B2
Barra del Chuy 286 B3
Barrancas 289 C2
Baygorria 283 C3
Belén 279 A2
Bella Unión 279 A1
Bella Vista 279 A3
Bellaco 282 A2
Bernabé Rivera 279 B1
Berrondo 288 B2
Berruti 281 C3
Biassini 279 B3
Blanquillo 284 A3
Blanquillos 284 A2
Boca del Cufre 288 A2
Boca del Rosario 287 B2
Bolívar 289 C2
Brigadas Civiles de Rivera 280 B2
Brig. Gral. Diego Lamas 279 B2
Buena Vista 285 D1
Buenahora 287 A2

C
Campamento 280 A2
Campana 287 A2
Cañada Chica 286 A2
Cañada del Pueblo 282 B1
Cañada Nieto 287 A1
Canelón Chico 288 B3
Canelones 288 B3
Capilla de Farruco 284 A3
Capilla del Sauce 289 C1
Caraguatá 284 B1
Cardal 288 B2
Cardona 287 B1
Cardozo 283 D2
Carlos Reyles 283 D3
Cármelo 287 A2
Carpintería 284 A3
Carreta Quemada 288 B2
Carumbé 280 A3
Casa Blanca 282 A2
Castellanos 289 C2
Castillos 287 B1
Castillos 290 B2
Casupá 289 C2
Cayetano 280 A2
Cebollatí 286 A2
Centenario 283 D3
Cerrillada 281 D3
Cerro Batoví 283 D1
Cerro Chato 282 B1
Cerro Colorado 289 C1
Cerro Convento 284 A3
Cerro de las Armas 287 B2
Cerro de las Cuentas 285 C2
Cerro del Arbolito 284 A1
Cerro Pelado al Este 281 C3
Cerro Vera 282 B3
Chamberlain 283 D2
Chamizo 289 C2
Chapicuy 279 A3
Cherro Chato 284 B3
Chileno 284 A3
Churchill 283 D2
Chuy 286 B3
Clara 284 A2
Colón 290 A1
Colonia América 288 A2
Colonia Concordia 287 A1
Colonia del Sacramento 287 B2
Colonia Dr. Luis A. de Herrera 282 A2
Colonia Estrella 279 A1
Colonia Estrella 287 A2
Colonia Gartental 282 A2
Colonia General Rivera 280 A1
Colonia Palma 279 A1
Colonia Pledra Pintada 280 A1
Colonia San Gregorio 279 A1
Colonia San Joaquin 288 A2
Colonia Sanchez 288 B2
Colonia Suiza 287 B2
Colonia Valdense 287 B2
Conchillas 287 A2
Constancia 282 A1
Constitución 279 A2
Coronilla 285 C1
Coronilla 288 A2
Costa Azul 290 B3
Costas de San José 288 A1
Cruz de los Caminos 289 C3
Cruz de Piedra 285 D1
Cuaro 284 B1
Cuchilla Caraguatá 284 B2
Cuchilla de Peralta 283 D2
Cuchilla de Ramírez 284 A2
Cuchilla de Salto 279 B3
Cuchilla del Perdido 287 B1
Cuchilla Mangueras 281 C3
Cufré 288 A2
Cuñapirú 281 C3
Curtina 283 D1

D
Daymán 279 A3
Delta del Tigre 288 B3
Dolores 287 A1
Durazno 283 D3

E
Ecilda Paullier 288 A2
Egaña 287 B1
El Caño 287 B2
El Cerro 287 A2
El Colorado 288 B3
El Cuadro 287 B2
El Eucaliptus 282 B1
El Horno 282 B1
El Lago 283 D2
El Mulero 282 A3
El Ombú 282 B3
El Pinar 289 C3
El Tala 282 B3
El Terruño 287 B2
Elías Regules 284 A3
Empalme Olmos 289 C3
Esperanza 282 A2
Est. Rocha 290 A2
Est. Km. 366 285 C2
Estación Criolla 283 D1
Estación Dr. Alejandro Gallinal 289 C1
Estación Estanzuela 287 B2
Estación Km. 144 289 D3
Estación Porvenir 282 A2

F
Federación 282 B1
Feliciano 283 C3
Ferreira 279 B2
Florenncio Sanchez 287 B1
Florida 288 B2
Fomento 287 B2
Fraile Muerto 285 C2
Francia 283 C2
Franquia 279 A1
Fray Bentos 282 A3
Fray Marcos 289 C2

G
Garzón 290 A3
Goñi 288 B1
González 288 A2

Gral. Enrique Martínez 286 A2
Greco 283 C3
Gregorio Aznárez 289 C3
Grito de Asencio 287 A1
Guareim 279 A1
Guayabos 282 B2
Guaycuru 288 A2
Guichón 282 B2

H
Haedo 282 A3
Hernandarias 289 C1
Hospital 281 D3

I
Illescas 289 D1
Independencia 288 B2
Ingeniero Andreoni 289 C2
Isidoro Noblia 285 D1
Isla Patrulla 285 C3
Ismael Cortinas 288 A2
Itapebí 279 A3

J
Javier de Viana 280 A1
Joanicó 288 B3
Joaquin Suarez 289 C3
José Battle y Ordoñez 289 D1
José E.Rodo 287 B1
José Ignacio 290 A3
José Pedro Varela 290 A1
Juan J. Castro 288 A1
Juan J. Jackson 287 B1
Juan L. Lacaze 287 B2
Juan Soler 288 A2
Julio, 18 de 286 B3
Julio María Sanz 285 D3

K
Kiyú 288 A3

L
La Barra de Maldonado 289 D3
La Bolsa 279 A3
La Calera 281 C3
La Charqueada 286 B2
La Chilca 285 C1
La Concordia 287 A1
La Coronilla 286 A2
La Coronilla 286 B3
La Cruz 288 B2
La Estanzuela 287 B2
La Flores 289 D3
La Floresta 289 C3
La Lata 285 C1
La Palma 280 B2
La Paloma 284 A2
La Paloma 290 B3
La Paz 287 B2
La Paz 288 B3
La Pedrera 285 D2
La Pedrera 290 B3
La Querencia 289 C3
La Tabla 282 B3
La Tentación 282 B2
La Viticola 279 A3
Lago Merín 286 B1
Lagomar 289 C3
Lapuente 281 D3
Larrayos 284 B1
Las Arenas 284 B1
Las Cañas 282 A3
Las Cañas 284 A3
Las Chircas 284 B2
Las Flores 281 C3
Las Piedras 288 B3
Las Toscas 284 B1
Lascano 286 A3
Laureles 280 B3
Lavalleja 279 B2
Lenguazo 279 A1
Libertad 288 B3
Liebigs 282 A3
Lluveras 279 B2
Lomas 290 B3
Lorenzo Geyres 282 A1
Los Cerrillos 288 B3
Los Cerros de San Juan 287 A2
Los Mellizos 283 C2
Los Rosanos 283 D1
Los Talas 290 A2
Los Vázquez 284 B1

M
Mal Abrigo 288 A2
Maldonado 289 D3
Manantiales 287 B2
Manantiales 288 A1
Mansavillagra 289 C1
Manuel Diaz 280 B3
Margat 288 B3
Maria Albina 290 A1
Mariá Isabel 285 D1
Mario Rubio 280 A3
Mariscala 290 A2
Martín Chico 287 A2
Martinote 283 D1
Masoller 280 B2
Mataojo 280 A2
Mataojo Grande 280 A2
Mayo, 25 de 288 B2
Melo 285 D2
Menafra 282 B2
Mendizábal 285 C3
Mendoza 288 B2
Mendoza Chico 288 B2
Menendez 283 D2
Mercedes 282 A3
Merinos 283 C2
Miguelete 287 B2
Migues 289 C2
Minas 289 D2
Minas de Corrales 281 C3
Minas de Narancio 287 A2
Moirones 281 D3
Monte de Ombues 290 B2
Montes 289 C2
Montevideo 288 B3
Montevideo Chico 283 D1
Morató 283 C2

N
Nando 285 D1
Nico Pérez 289 D1
Nueva Carrara 289 D3
Nueva Helvecia 287 B2
Nueva Palmira 287 A1
Nuevo Berlin 282 A3
Nuevo Paysandú 282 A2

O
Olivera 280 A2
Ombucitos 282 A3
Ombues de Bentancour 289 C2
Ombues de Lavalle 287 B2
Ombues de Oribe 283 D3
Ordeig 288 A3
Orgoroso 282 B2
Ortiz 289 C2

P
Pajas Blancas 288 B3
Palermo 289 C1
Palmar del Quebracho 282 B1
Palmitas 287 B1
Palo Solo 287 A1
Palomas 279 A2
Pampa 283 D2
Pan de Azúcar 289 D3
Pando 289 C3
Pandule 282 B2
Parada Itacumbú 279 B1
Parada Km. 329 284 A2
Parada María 279 B2
Parada Yucutujá 279 B1
Paralle 290 A2
Parao 285 C2
Parish 283 D3
Parque del Plata 289 C3
Paso de Ataques 280 B2
Paso de la Carretas 280 B3
Paso de la Horqueta 287 A2
Paso de los Carros 282 B1
Paso de los Novillos 284 A1
Paso de los Toros 283 D2
Paso del Centurión 285 D1
Paso del Cerro 280 B3
Paso del Parque 283 C1
Paso del Tapado 281 C2
Paso Pereira 284 B2
Pavón 288 A2
Paysandú 282 A2
Pda. Arteaga 289 C1
Pda. Artola 279 B1
Pda. Fariña 280 A1
Pedrera 289 C3
Pedro Aramendia 290 A1
Pepe Nuñez 280 A3
Picada de Cuello 284 B1
Picada de Techera 286 A2
Piedra del Toro 289 C3
Piedra Sola 283 D1
Piedras Colorades 282 B2
Piedras de Afilar 289 C3
Piñera 283 C2
Pintado 288 B1
Pintado Grande 280 A1
Pirarajá 290 A1
Piriápolis 289 D3
Plácido Rosas 286 A1
Playa Pascual 288 B3
Polanco 289 D1
Polanco del Yí 288 B1
Polanco Sur 289 D1
Poquito 288 B3
Porvenir 282 A2
Progreso 288 B3
Pte. Dr. Getulio Vargas 286 B1
Pueblo de Arriba 284 A1
Pueblo de Barro 284 A1
Pueblo Nuevo 288 B2
Puerto Amaro 286 B1
Puma 289 D2
Punta del Diablo 286 B3
Punta del Este 289 D3
Punta Rubia 290 B3
Puntaas del Sauce 288 A1
Puntas de Cañada Grande 288 A2
Puntas de Corrales 281 C3
Puntas de Gualeguay 282 B1
Puntas de Herrera 284 A3
Puntas de Maciel 288 B1
Puntas de Malbajar 284 A3
Puntas de Valdez 288 A3

Q
Quebracho 282 A1
Queguay 282 A1
Queguay 283 C1
Quiebra Yugos 280 B3
Quintana 280 A3

R
Rafael Perazza 288 A3
Raigón 288 B2
Ramon Trigo 285 C2
Real de San Carlos 287 B2
Reboledo 289 C2
Repecho 289 D3
Retamosa 290 A1
Riachuelo 287 B2
Rincón 286 A1

Rincón de Buschental 288 B3
Rincón de Cololó 282 A3
Rincón de Cololó 282 B3
Rincón de la Aldea 280 B3
Rincón del Bonete 283 D3
Rincón del Palacio 283 C3
Rincón del Pino 288 A3
Río Branco 286 B1
Risso 287 B1
Rivas 282 A1
Rivera 281 C2
Rocha 290 A2
Rodrígez 288 B2
Rojas 283 C3
Rolón 283 C2
Rosario 287 B2
Rossell y Ríus 284 A3

S
Sacachispas 282 B1
Salamanca 290 A2
Salinas 289 C3
Salto 279 A3
San Antonio 279 A3
San Antonio 288 B2
San Antonio 290 B3
San Bautista 289 C2
San Carlos 289 D3
San Félix 282 A2
San Gabriel 289 C2
San Gregorio 288 B1
San Gregorio Carrio 288 A2
San Gregorio de Polanco 284 A2
San Jacinto 289 C3
San Javier 282 A2
San Jorge 284 A3
San José de Mayo 288 A2
San Luis 287 B2
San Luis 289 C3
San Luis al Medio 286 A3
San Martín 287 B1
San Pedro 287 A2
San Rafael 289 D3
San Ramón 289 C2
San Servando 286 B1
Sanchez 282 B3
Santa Ana 279 A2
Santa Bernardina 283 D3
Santa Catalina 287 B1
Santa Clara de Olimar 284 B3
Santa Lucia 288 B2
Santa Monica 290 A3
Santa Rosa 289 C2
Santa Teresa 280 B2
Santa Teresa 286 B3
Santa Teresa 288 B2
Santiago Vazques 288 B3
Sarandí Chico 282 B2
Sarandí de Navarro 283 C2
Sarandí del Arapey 280 B2
Sarandí del Yí 284 A3
Sarandí Grande 288 B1
Sauce 282 B3
Sauce 288 B3
Sauce Chico 279 A3
Sauce de Rocha 290 A3
Sauce del Queguay 282 B1
Saucedo 279 A2
Scavino 288 A2
Sequeira 279 B2
Silveira 279 B3
Soca 289 C3
Solís 289 C2
Solís de Mataojo 289 C3
Solymar 289 C3
Soriano 287 A1
Soto 282 B1

T
Tabare 284 A3
Tacuarembó 280 B3
Tala 289 C2
Talita 288 B1
Tamanduá 280 A1
Tambores 283 D1
Tapia 289 C3
Tararias 287 B2
Termas del Arapey 279 A2
Termas del Guaviyú 282 A1
Terminal 287 B2
Tiatucura 283 D2
Toledo 285 C2
Toledo 288 B3
Tomás Gomensoro 279 B1
Topador 280 A1
Totoral 283 D1
Tranqueras 280 B2
Treinta y Tres 285 C3
Tres Arboles 283 C2
Tres Bocas 282 A2
Tres Esquinas 287 B2
Tres Islas 285 C2
Trinidad 288 A1
Tropa Vieja 288 B3
Tupambaé 285 C3

U
Uleste 282 B2
Urioste 288 B2
Uruguay 286 B1

V
Valentín 279 B3
Valentines 284 B3
Valle del Eden 283 D1
Velazquez 290 A2
Verdun 284 A2
Verdún 289 D2
Vergara 285 D3
Viboras 287 A2
Vichadero 285 C1
Villa Darwin 282 B3
Villa del Carmen 283 D3
Villa Indart 281 C3
Villa María 282 B2
Villa Sara 285 C3
Villa Serrana 289 D2
Villasboas 283 D3

Y
Yerbalito 285 C3
Young 282 B2

Z
Zanja Honda 279 A2
Zanja Honda 280 B2
Zanja Honda 285 C1
Zapará 280 B3
Zapicán 289 D1
Zapucay 281 C3
Zeballos 282 B1

NOTIZEN

NOTIZEN

NOTIZEN

NOTIZEN

Und so urteilen Presse und Leser über die neuen Mai's Weltführer

Der Namibia-Führer ist der erste Band der Reihe des Mai-Verlags in neuer Gestalt: Die einzelnen Kapitel sind durch ein »Farbleitsystem« kenntlich gemacht, die inhaltliche Gliederung in die Abschnitte »Landeskunde«, »Praktischer Reiseführer« sowie »Reiseinformationen von A bis Z«, ergänzt um eine umfangreiche Bibliographie, ist schlüssig. Die Farbfotos sind gut, der abschließende Kartenteil, an dessen Beginn eine Übersichtskarte mit Blattschnitt steht, gefolgt von fünfzehn Detailkarten und einem ausführlichen Ortsregister, ist exzellent. Der Text hält das Niveau. Die Autorin beweist, daß man auch auf knappem Raum umfassend und zugleich unterhaltsam informieren kann.

Frankfurter Allgemeine Zeitung über
Mai's Weltführer »Namibia«

Wir entschlossen uns kurzfristig, Ihren Reiseführer mitzunehmen. Es war ein voller Erfolg. Dieses hochaktuelle Werk ist uns auf der Reise zu einem unersetzlichen Begleiter geworden. Alle Ratschläge, alle Hinweise und das Kartenmaterial haben wir als hervorragend empfunden. Die diversen Stadtpläne waren uns eine echte Hilfe. Lobend möchten wir auch die Restauranttips erwähnen. Unser Eindruck ist: Ihr Neuseeland-Reiseführer ist mehr als gelungen. Dafür gebührt Ihnen Anerkennung und Dank!

Ein Leser aus Bayern über
Mai's Weltführer »Neuseeland«

Optisch und inhaltlich ein starkes Stück.

Globo-Reiseführervergleich Oktober 1994 über
Mai's Weltführer »Namibia«

Meine Hochachtung der Autorin und dem Verlag ein »Glück auf« zum neuen Outfit der Mai's Weltführer!

Radio 50plus, Berlin, über
Mai's Weltführer »Namibia«